Ute Stoltenberg (Hrsg.)

**Weltorientierung durch Bildung**
**für eine nachhaltige Entwicklung**

Theoretische Grundlagen und Praxis
des Sachunterrichts in der Grundschule

Bd. 1 der Reihe

## Bildung für eine nachhaltige Entwicklung in Kindergarten und Grundschule. Lüneburger Beiträge.

Hrsg. von Ute Stoltenberg/ Verena Holz/ Susanne Offen, Leuphana Universität Lüneburg

Mit der Reihe „Bildung für eine nachhaltige Entwicklung in Kindergarten und Grundschule. Lüneburger Beiträge" sollen Erfahrungen, Konzepte und theoretische Grundlagen zur Entwicklung der Bildungsbereiche Kita und Grundschule im Sinne nachhaltiger Entwicklung eingebracht werden. Die Publikationen der Reihe richten sich an die Fachleute der angesprochenen Bildungsbereiche in Wissenschaft und Praxis, einschließlich der Studierenden. Sie sind ebenfalls adressiert an die bildungspolitisch Verantwortlichen und eine interessierte Öffentlichkeit. Vorgesehen sind Bände, die eher theoretisch orientiert sind und solche, die zeigen, wie mit dem innovativen Bildungskonzept gearbeitet werden kann.

Ute Stoltenberg (Hrsg.)

# Weltorientierung durch Bildung für eine nachhaltige Entwicklung

Theoretische Grundlagen und Praxis
des Sachunterrichts in der Grundschule

Bibliografische Information Der Deutschen Nationalbibliothek

Die Deutsche Nationalbibliothek verzeichnet diese Publikation in der Deutschen Nationalbibliografie; detaillierte bibliografische Daten sind im Internet über http://dnb.ddb.de abrufbar.

©     2013 VAS – Verlag für Akademische Schriften
               Alle Rechte vorbehalten.

| | |
|---|---|
| Herstellung, Layout: | VAS |
| | Ludwigstr. 12d, 61348 Bad Homburg v.d.H. |
| Grafik: | Katrin Eismann, Susanne Laudien, Rainer Hautau, |
| | Leuphana Universität Lüneburg |
| Titelfotos: | Eva Kristina Rahe (links oben) |
| | AQUA-AGENTEN, Büro K. Angerer (mittig) |
| Vertrieb: | Südost Verlags Service GmbH |
| | Am Steinfeld 4, 94065 Waldkirchen |

Printed in Germany • ISBN 978-3-88864-520-4

# Inhaltsverzeichnis

# Einführung: Bildung für eine nachhaltige Entwicklung – ein Konzept – eine Aufgabe – ein Prozess

„We recognize that access by all people to quality education is an essential condition for sustainable development and social inclusion. We commit to strengthening the contribution of our education systems to the pursuit of sustainable development including through enhanced teacher training and curricula development" (Rio+20 2012).

Der Band 1 der Reihe „Bildung für eine nachhaltige Entwicklung in Kindergarten und Grundschule. Lüneburger Beiträge" zeigt, wie Sachunterricht durch Orientierung an dem Konzept „Bildung für eine nachhaltige Entwicklung" als anspruchsvolles und zentrales Fach für Weltorientierung in der LehrerInnenbildung für die Grundschule konzipiert und gestaltet werden kann.[1] Die AutorInnen sind Mitglieder des Instituts für integrative Studien der Leuphana Universität Lüneburg, das interdisziplinär zusammengesetzt[2] und für die Lehre im Fach Sachunterricht verantwortlich ist.[3] Zudem wurde ein Beitrag von Studierenden des Sachunterrichts aufgenommen; beteiligt ist ebenfalls eine Absolventin des Studiengangs. Als enger Kooperationspartner für die Entwicklung des Konzepts hat zudem der Inhaber einer neu eingerichteten Professur für die Didaktik der Naturwissenschaften, die explizit auf Naturwissenschaften für eine nachhaltige Entwicklung gerichtet ist, einen Beitrag eingebracht.

Ermöglicht hat diese Publikation auch der Kontext, in dem sie entstanden ist. An der Leuphana Universität Lüneburg wird seit ca. 15 Jahren an der Entwicklung und Ausgestaltung des Konzepts „Bildung für eine nachhaltige Entwicklung" gearbeitet[4]. In Lehre und Forschung werden Bedingungen und Chancen für die Orientierung von Bildungsprozessen an diesem Konzept ausgelotet. Im Fach Sachunterricht wird den Studierenden die Auseinandersetzung mit dem Konzept durch die Diskus-

---

1    Erste Überlegungen zu den hier publizierten Beiträgen finden sich in dem gemeinsamen Beitrag im Jahresband der GDSU 2013, vgl. Stoltenberg/ Asmussen/ Golly/ Holz/ Kosler/ Offen/ Uzun 2013

2    Informationen über die Zusammensetzung des Instituts, die Lehre, Forschungsschwerpunkte und -projekte, Publikationen und Transfer durch Kooperation und Vorträge findet man unter www.leuphana.de/infis

3    Die Lehre in den sogenannten Bezugsfächern, aus denen eines ausgewählt wird und parallel als fachliche Vertiefung des Sachunterrichts studiert wird, wird an der Leuphana Universität Lüneburg von den jeweiligen Disziplinen in verschiedenen Fakultäten angeboten.

4    Vgl. u.a. Stoltenberg/ Michelsen 1999

sion um Bildungsziele, Kompetenzen und Wissenserwerb als auch durch die Arbeit
mit dem Konzept an exemplarischen Themenstellungen seit 1999 ermöglicht. Im
Jahr 2000 wurde den Studierenden der Universität die Chance eröffnet, an stu-
diengangsübergreifenden Zusatzqualifikationen für Bildung für eine nachhaltige
Entwicklung teilzunehmen. Seitdem saßen auch Lehramtsstudierende gemeinsam
mit Studierenden aller anderen Studiengänge der Universität in den inhaltlich und
hochschuldidaktisch innovativen Veranstaltungen, die Studierenden ermöglichen
sollten, Wissen und Kompetenzen für die Beteiligung an einer nachhaltigen Entwicklung zu erwerben (vgl. Michelsen/ Adomßent/ Godemann 2008). Seit Etab-
lierung der BA/MA-Studiengänge an der Leuphana Universität Lüneburg im Wintersemester 2006/2007 nehmen auch alle Lehramtsstudierenden am gemeinsamen
Leuphana Semester teil. Das heißt, dass alle Studierenden gemeinsame Module (in
studiengangsgemischter Zusammensetzung) belegen (vgl. Michelsen 2012) und dass
damit alle Studierenden das Modul „Wissenschaft trägt Verantwortung" besuchen,
das orientiert am Konzept „Bildung für eine nachhaltige Entwicklung" konzipiert
wurde. Im Rahmen dieses Moduls beteiligen sie sich an einem Projektseminar zu
ausgewählten Themenstellungen einer nachhaltigen Entwicklung, die sie jeweils
selbst im Kontext des vorgegebenen Seminarthemas bearbeiten.[5] Der Studiengang
Sachunterricht für die Grundschule orientiert sich seitdem an dem Konzept „Bildung
für eine nachhaltige Entwicklung" und ermöglicht eine systematische und kritische
Auseinandersetzung mit dem Konzept selbst als auch exemplarisches Arbeiten mit
dem Bildungskonzept und die darauf bezogene didaktische Reflexion.

Das Institut hat in den letzten Jahren durch internationale Kooperation an dem
weltweit geführten Diskurs um Bildung für eine nachhaltige Entwicklung teilgenommen (u.a. durch Teilnahme am International Network des UNESCO Chair on
Reorienting Teacher Education to Address Sustainability, Toronto). Sie reichten auch
über den Bereich des Sachunterrichts hinaus, so dass der Ort des Sachunterrichts im
Bildungssystem und in der Gesellschaft auch durch Verbindungen zu übergreifen-
den Fragen der LehrerInnenbildung bestimmt werden kann (vgl. u.a. Stoltenberg/
Holz 2012, Holz/ Stoltenberg 2011, Holz 2010, Stoltenberg 2010; 2007; 2006a;

---

5   Für alle StudienanfängerInnen werden Seminare à 25 TeilnehmerInnen zu einem ausgewählten Themenfeld
    nachhaltiger Entwicklung angeboten, in dem sie in 5-er Gruppen eigenständig im Sinne forschenden Lernens
    eine eigene Fragestellung, begleitet von den DozentInnen, bearbeiten.

2004; 2002, Engelhardt/ Stoltenberg 2002; zur Bildung im Elementarbereich vgl. Stoltenberg/ Benoist/ Kosler 2013; Stoltenberg/ Thielebein-Pohl 2011, Stoltenberg 2008; zu außerschulischem Lernen vgl. Asmussen 2011, Stoltenberg 2006; 2008a oder zu nachhaltiger Regionalentwicklung vgl. Stoltenberg/ Emmermann 2007, Stoltenberg 2007a).

Entsprechend dem zugrunde gelegten Bildungskonzept arbeitet der Sachunterricht im Institut für integrative Studien interdisziplinär und transdisziplinär. Das heißt, dass über die Verknüpfung disziplinärer Perspektiven hinaus auch solche aus der Bildungspraxis und weiter: der gesellschaftlichen Praxis einbezogen werden. Das gilt nicht nur für Forschung, sondern auch für die Lehre: In vielen Seminaren zum Sachunterricht werden AkteurInnen aus dem regionalen Umfeld einbezogen, seien es solche, die den Gegenstand des Seminars aus unterschiedlichen gesellschaftlichen Rollen beleuchten können (zum Beispiel zu Themenfeldern wie „Milch"), sei es, dass über die Kooperationspartner (Schulen, Kindergärten, außerschulische Bildungseinrichtungen, Science Centers, Museen, Umweltverbände oder Organisationen der Entwicklungszusammenarbeit) Impulse zur Reflexion des eigenen Verständnisses als Lehrperson und ihrer Arbeitsweise aufgenommen werden können.

Diese Erfahrungen im theoretischen Diskurs, in der Realisierung des Studienangebots sowie hinsichtlich inter- und transdisziplinärer Zusammenarbeit sind der Hintergrund, vor dem der Anspruch formuliert wird, mit dieser Publikation einen Beitrag für „Theoretische Grundlagen und Praxis des Sachunterrichts in der Grundschule" zu leisten. Mit der Orientierung an dem Konzept „Bildung für eine nachhaltige Entwicklung" ist auch die Erwartung verbunden, dass die AbsolventInnen des Studiengangs sich als „Change Agents" für die Transformation der Gesellschaft im Sinne einer nachhaltigen Entwicklung verstehen können (vgl. WGBU 2011).

Ute Stoltenberg
Lüneburg, im Juli 2013

# Sachunterricht für das 21. Jahrhundert – Weltorientierung durch Bildung für eine nachhaltige Entwicklung

## Ute Stoltenberg

Kinder die heute zur Schule kommen werden das 21. Jahrhundert mitgestalten. Sie leben in einer Zeit sich beschleunigender Veränderungsprozesse, deren herausragende Merkmale durch Probleme Globalen Wandels beschrieben werden: Wachsende Ungleichheit von Lebenschancen, Klimawandel mit seinen Folgen für Ökosysteme und für gesellschaftliche Strukturen, Verlust von biologischer und kultureller Vielfalt, Knappheit bzw. Erschöpfung nicht nachwachsender Rohstoffe, um nur einige zu nennen. Zugleich verfügen Menschen über Wissen, Technologien und Kommunikationsstrukturen, die ein verantwortliches Handeln im Einklang mit der Natur und anderen Menschen ermöglichen könnten. Viel weniger als frühere Generationen können Kinder die Gestaltung ihrer Biographie und die Erwartungen an die Zukunft an bisherigen Erfahrungen und kulturellen Mustern ausrichten. Denn die Notwendigkeit einer nachhaltigen Entwicklung erfordert eine „Große Transformation" (WBGU 2011), einen Strukturwandel zu einer nicht mehr kohlenstoffbasierten Wirtschaft, der alle Bereiche gesellschaftlichen Lebens betreffen wird. Die drei zentralen Transformationsfelder „Energiesysteme, urbane Räume und Landnutzungssysteme" (ebd., S. 3) betreffen u.a. Lebensstile, Nahrungsproduktion und -verteilung, Schutz der biologischen Vielfalt, soziales Zusammenleben – zusammenfassend: Lebensqualität. Zukunft ist heute nicht nur offen, sondern auch unsicher; mit Risiken behaftet, die wir zum Teil kennen; gefährdet, wenn nicht schon heute veränderte gesellschaftliche und wirtschaftliche Praktiken durchgesetzt werden. Der gesellschaftliche Prozess, in dem heutige Schulkinder aufwachsen, ist ungleich stärker und radikaler durch grundsätzlichen Wandel von Denkweisen, Lebensstilen, gesellschaftlichen Praxen denn durch evolutionären Wandel gekennzeichnet. Darauf muss auch Schule vorbereiten – auch, indem sie zu einer erfüllten Gegenwartsgestaltung und zu einer wünschenswerten Zukunft ermutigt.

Kindern kann in einem reichen Land wie Deutschland im Prinzip eine bestmögliche Vorbereitung und Unterstützung zur Auseinandersetzung mit gegenwärtigen und Zukunftsproblemen geboten werden. Überall gibt es die Möglichkeiten, Menschen mit anderem kulturellen Wissen und anderen Lebensweisen, anderen Begabungen und Sichtweisen kennenzulernen und sich bewusst zu begegnen; sie könnten alle ausreichend und mit gesunder Nahrung und mit einem qualitativ hochwertigen Bildungsangebot versorgt werden. Und sie könnten – unterstützt durch die Umsetzung der Kinderrechte – zunehmend auch als Menschen mit eigenen Rechten und Sichtweisen wahrgenommen werden.

Allerdings kann ein Bildungssystem nicht auf die Anforderung auf Transformationsprozesse vorzubereiten und diese mit zu gestalten (vgl. WBGU 2011) durch Festhalten an traditionellen Strukturen und Inhalten reagieren.

Weltweit wird als Antwort auf die neuen Herausforderungen an dem Konzept „Bildung für eine nachhaltige Entwicklung" gearbeitet. Wichtige Bezugspunkte dafür sind Beschlüsse auf internationaler Ebene wie durch die Agenda 21, welche die Notwendigkeit von Bildung und die Notwendigkeit der Beteiligung gesellschaftlicher Gruppen, einschließlich der Kinder, an der Ausgestaltung einer nachhaltigen Entwicklung als Ziel erklärten. Weitreichend waren die Ergebnisse der Folgekonferenz in Johannesburg 2002, von der die Empfehlung zur Gründung einer Weltdekade für Bildung für nachhaltige Entwicklung ausging, sowie der UNECE-Beschluss dazu im Jahr 2005 (vgl. Michelsen 2007). Mit der UN-Dekade „Bildung für nachhaltige Entwicklung 2005-2014" wurde die Aufmerksamkeit auf die Bedeutung von Bildung in einem umfassenden Sinn für Gegenwarts- und Zukunftsgestaltung gerichtet und ein weltweiter Arbeitszusammenhang dazu auf den Weg gebracht (vgl. Michelsen/ Rode 2012), wie der jüngste Bericht der UNESCO zur Bildungsdekade „Shaping the Education for Tomorrow" zum Ausdruck bringt (Wals 2012).

Die Qualifizierung der Lehrerbildung im Sinne von Bildung für eine nachhaltige Entwicklung wurde auf der Bonner Konferenz 2009 von über 50 Bildungsministerinnen bzw. -ministern zu einer Aufgabe höchster Priorität für die nächsten Jahre erklärt. Inzwischen gibt es auf globaler Ebene, auf europäischer und nationaler Ebene eine breit getragene bildungspolitische Programmatik, in der Bildung für eine nachhaltige Entwicklung als Orientierung für das gesamte Bildungssystem angestrebt wird (vgl. Holz 2012). Weltweit gibt es Netzwerke von Wissenschaftlerinnen und Wissenschaftlern, die sich in Zusammenarbeit mit der Bildungspraxis und der Zivilgesellschaft an der Ausarbeitung und Erprobung von Konzepten beteiligen, wie u.a. das von dem UNESCO Chair on Reorienting Teacher Education to Address Sustainability,

Toronto, initiierte Netzwerk, an dem bereits Institutionen der LehrerInnenbildung aus über 70 Ländern beteiligt sind (vgl. UNESCO 2005).

In Deutschland haben Modellprogramme für Schulen, einschließlich der Grundschulen, sowie für den Elementarbereich gezeigt, dass die Arbeit auf der Grundlage des Konzepts „Bildung für eine nachhaltige Entwicklung" als Professionalisierung von Lehrkräften und als Qualitätsentwicklung von Unterricht gesehen werden kann (vgl. Rode 2005a; Stoltenberg/ Benoist/ Kosler 2013).

Der Sachunterricht bietet besonders gute Voraussetzungen für die Rekonstruktion eines Unterrichtsfachs unter dem Anspruch einer Bildung für eine nachhaltige Entwicklung. Gründe dafür liegen in der im Vergleich zu etablierten Fächern mit mächtigen Bezugsdisziplinen wie Deutsch oder Mathematik relativ schwach ausgeprägten Selbstverständnisses als Disziplin, aber auch in der Anlage des Schulfachs, wie es heute in der Regel verstanden wird: als ein problemorientiert und integrativ arbeitendes Fach, das nicht nur innovative Arbeitsweisen ermöglicht, sondern in dem gesellschaftliche Entwicklungen auch Thema sein sollten. Durch die Orientierung am Konzept von Bildung für eine nachhaltige Entwicklung gewinnt sowohl das Schul- als auch das Studienfach ein wissenschaftlich begründetes Profil. Es kann als exemplarisch für notwendige Veränderungen von Schule und Unterricht unter dem dramatischen Anspruch einer verantwortlichen Zukunftsgestaltung im Sinne einer nachhaltigen Entwicklung verstanden und kommuniziert werden und damit auch Impulse für innovative didaktische Konzepte der Grundschule insgesamt geben.

Die Orientierung an dem Konzept „Bildung für eine nachhaltige Entwicklung" ermöglicht auch, den Sachunterricht mit internationalen Diskursen zu verknüpfen, was mit Recht immer noch als ein Defizit angemerkt wird (vgl. Pech 2009). Im deutschsprachigen Raum existiert eine aufeinander bezogene Diskussion über diesen Ansatz auch bezogen auf die Grundschule (vgl. u.a. Stoltenberg 2004, Kyburtz-Graber 2006, Stoltenberg 2006a, Bertschy/ Gingings/ Künzli/ di Giulio/ Kaufmann-Hayoz 2007, Hauenschild/ Bolscho 2007, Künzli 2007, Transfer-21 2007, Künzli David/ Bertschy/ de Haan/ Plesse 2010, Steiner/ Rauch/ Felbinger 2010, Rauch 2012, Stoltenberg/ Holz 2012), unterstützt durch ein 2013 gegründetes Netzwerk „LehrerInnenbildung für eine nachhaltige Entwicklung" als Teil des o.g. Internationalen Netzwerks[6].

---

6    Das Netzwerk „LehrerInnenbildung für eine nachhaltige Entwicklung" ist dem International Network für Institutionen der LehrerInnenbildung assoziiert und für den deutschsprachigen Raum angelegt. Es ist an der Leuphana Universität Lüneburg angesiedelt (Kontakt: stoltenberg@leuphana.de; verena.holz@leuphana.de).

Um das Potential dieses Bildungskonzepts für die Weiterentwicklung des Sachunterrichts sichtbar zu machen, werden im Folgenden drei Zugänge gewählt: So werden zunächst die bildungspolitische und wissenschaftliche Situation des Schulfachs und der wissenschaftlichen Disziplin Sachunterricht beschrieben. Zweitens soll das Szenario eines Sachunterrichts, wie er heute unter dem Anspruch von Bildung für eine nachhaltige Entwicklung wünschenswert wäre, unterstreichen, dass er keine Spekulation, sondern eine konkrete Vision ist. Die Umrisse eines innovativen Sachunterrichts im Sinne von Bildung für eine nachhaltige Entwicklung werden dann unter Bezug auf aktuelle Diskussionen zu Bildung für eine nachhaltige Entwicklung und zum Sachunterricht dargelegt. Sie beinhalten Aussagen zu denen, für die der Sachunterricht konzipiert wird, die Kinder, und zu der sozial-räumlichen Verortung von Sachunterricht. Und sie zeigen, wie die Aufgabe des Sachunterrichts durch Bildung für eine nachhaltige Entwicklung eine begründende Struktur erhält. Die Ausführungen münden in einer Erläuterung, warum „Weltorientierung" ein passender Begriff für das Fach und die Disziplin Sachunterricht wäre.

## Sachunterricht als Schulfach und als wissenschaftliche Disziplin heute

Sachunterricht (und seine Didaktik) als Studienfach in der LehrerInnenbildung qualifiziert künftige GrundschullehrerInnen, das Schulfach Sachunterricht zu unterrichten. In der Grundschule steht es neben den Fächern Deutsch, Mathematik, Englisch, Religion, Bildende Kunst, Musik, Theater, Sport (Stundentafel Hamburg 2011), ggf. noch Textiles Werken und Technik, mit leichten Abweichungen von Bundesland zu Bundesland (vgl. GDSU 2010).

Dem Schulfach werden sowohl in der wissenschaftlichen als auch in der öffentlichen Diskussion vielfache Aufgaben zugeschrieben: soziales Lernen, Demokratie Lernen, politische Bildung, naturwissenschaftliche Bildung, historische Bildung, technische Bildung und Orientierung im Raum. Ergänzt werden können nahezu alle Bindestrich-„Lernfelder", die jeweils eine komplexere Zielvorstellung umschreiben wie Umweltbildung, interkulturelle Bildung, Gesundheitserziehung, Friedenserziehung, Genderbildung, Medienbildung. Hinzu kommt, dass Grundlagen für spätere Fächer gelegt und wichtige aktuelle Themenfelder, z. B. „Ernährung, Konsum, Mobilität, Alltagstechnologien, Biodiversität, (...) Kinderarmut, Zusammenleben der Generationen (...)" behandelt werden sollen, wie man u.a. der Prüfungsordnung für künftige SachunterrichtslehrerInnen in Niedersachsen entnehmen kann (Nds. MasterVO-Lehr 2007).

Angesichts dieser für das Individuum und die Gesellschaft bedeutsamen Aufgaben verwundert, dass dieses Schulfach in Schulen selbst immer noch als eines gilt, das man unterrichten kann, jedoch nicht unbedingt studiert haben muss oder für das wenige Seminare (wie an den Hochschulen, an denen der Sachunterricht nur im Master oder nur als Dritt- oder Viertfach angeboten wird) als ausreichend erachtet werden. Mögliche Gründe dafür mögen in der immer noch wirksamen Vorstellung einer traditionellen Sach- und Heimatkunde und in einem unzeitgemäßen Bild von Kindern liegen. Mit dafür verantwortlich aber ist sicher eine auch theoretisch defizitäre Situation, die auf dem Fachkongress der GDSU in 2012 als „Theorielosigkeit" beklagt wurde (Pech 2013, vgl. dazu auch Feige 2004, S. 12). Damit soll nicht die sehr verdienstvolle Arbeit der letzten Jahre an verschiedenen Konzepten wie Wissenschaftsorientierung und Kindorientierung, Lebensweltorientierung, Mehrperspektivität, exemplarisch-genetisch-sokratischer Ansatz, Situationsansatz, Entdeckendes Lernen, selbstorganisiertes Lernen, Erschließen von Welt oder Erfahrungsorientierung (vgl. Feige 2004; Köhnlein 2012) außer Acht gelassen werden, die wichtige Impulse für Arbeitsweisen und Methoden im Sachunterricht gegeben haben, ähnlich wie Arbeiten zur naturwissenschaftlichen Grundbildung oder zu gesellschaftlichem Lernen im Sachunterricht. Aber diese Theoriearbeit bezieht sich überwiegend auf Konzepte, die additiv zu einem modernen Sachunterricht verbunden werden. Die von Kaiser & Pech 2004 vorgelegte „Übersicht zum Wissens- und Erkenntnisstand des Sachunterrichts und seiner Didaktik" (ebd., Bd. 1, S. 1) gibt einen guten Einblick in diese bis heute weitgehend unveränderte Situation.

Dort wird auch die Notwendigkeit hervorgehoben, den Sachunterricht durch ein Bildungsverständnis zu fundieren. Impulse dafür hat Wolfgang Klafki mit seinem Vortrag „Allgemeinbildung in der Grundschule und der Bildungsauftrag des Sachunterrichts" bereits 1992 gegeben (vgl. Klafki 1992, S. 13).

Sachunterricht unter dem Anspruch von Bildung zu konzipieren, heißt Sachbildung und Persönlichkeitsbildung im Zusammenhang zu sehen. „Distanz, Reflexion, kritisch-analytisches, freiheitliches Verhältnis zur Welt" (Heydorn 1980) können nur gewonnen werden, wenn man sich mit den konkreten Bedingungen der eigenen Existenz auseinandersetzt. Das erfordert Wissen – als Sachwissen, verbunden mit Orientierungswissen und Handlungswissen. Damit Bildung nicht nur auf das

Verstehen der Welt gerichtet ist, nicht nur auf die Befähigung zum Leben in der Gesellschaft, sondern auch auf die Ermöglichung, diese zu verändern, ist als Basis für Orientierungswissen eine Verständigung über die Werte, an denen sich das handelnde Subjekt orientieren kann, unerlässlich. Klafki geht von einem demokratisch organisierten Gemeinwesen, verantwortlich handelnden Subjekten und dem Recht von Menschen zur Ausbildung ihrer Fähigkeiten aus, wenn er Bildung als Zusammenhang von „Selbstbestimmungs-, Mitbestimmungs- und Solidaritätsfähigkeit" sieht. Aus der Perspektive der Lernenden muss Bildung Sinn machen – ebenso wie aus der Perspektive der Lehrenden. Bildungsprozesse sollten also die Person in ihrer Entwicklung und Ausbildung ihrer Fähigkeiten unterstützen und zugleich Fragen des eigenen Lebens beantworten können. Sie sollten Sinn machen für die Gegenwart und zugleich für die Gestaltung der Zukunft. Klafki erinnert in seinem Schlüsselbeitrag für den Sachunterricht in diesem Zusammenhang an Schleiermacher: „Die Lebenstätigkeit, die ihre Beziehung auf die Zukunft hat, muss zugleich auch ihre Befriedigung in der Gegenwart haben" (Klafki 1992, ebd., S. 16). An diese Positionen kann im Folgenden angeknüpft werden, wenn als Orientierung für Bildungsprozesse heute die Herausforderung und Aufgabe einer „nachhaltigen Entwicklung" gesehen wird.[7]

Ein Bildungsverständnis bleibt nicht ohne Konsequenzen: Es wird zum pädagogischen Maßstab, „mit dem man die vielfältigen Ansprüche reduzieren, relativieren und konzentrieren könnte", wie Wolfgang Schulz 1988 (S. 6) im Hinblick auf die damalige Curriculum-Diskussion formulierte. Die heutige Diskussion um Kerncurricula bedarf eines Maßstabs auch angesichts der Herausforderungen, welche die zunehmende Komplexität, Fragwürdigkeit und begrenzte Gültigkeit von Wissen mit sich bringen. Die Orientierung an einem Bildungskonzept ermöglicht die Begründung von Zielen, die Auswahl von Inhalten, Arbeitsweisen und damit auch Methoden. Sie ermöglicht neue Perspektiven auf Grundbegriffe und Kernthemen des Sachunterrichts. Damit lassen sich didaktische Entscheidungen für Bildungsprozesse in der Schule treffen, die nachvollziehbar und damit auch diskutierbar sind. Für die wissenschaftliche Disziplin mit der derzeitigen Bezeichnung Sachunterricht bietet diese Orientierung die Chance, das Eigene der Disziplin herauszuarbeiten: ihre Fragen an die Welt, ihre Methoden, die Bestimmung ihres geschichtlichen Orts

---

7    Damit wird eine Argumentation weitergeführt, die, explizit auf das Bildungskonzept Klafkis bezogen, mit dem Beitrag „Klafki macht Sinn" (Stoltenberg 2005) begonnen wurde.

– durch die Arbeit mit den kulturellen Wissensbeständen sozial-, kultur- und natur-
wissenschaftlicher Disziplinen. Wie zu zeigen sein wird, erweist sich unter dieser
Perspektive der Sachunterricht als eine Disziplin, die kritische Wissensreflexion und
Wissensgenerierung mit gesellschaftlicher Verantwortung verbinden kann.

## Sachunterricht in der Schule – eine konkrete Vision

Die folgende Skizze eines Sachunterrichts steht unter dem Titel einer „konkreten
Vision", denn sie geht von der gegebenen realen Ausgangssituation aus, hat nichts
mit vermessenen Utopien zu tun – und ist sicher in großen Teilen schon in vielen
Klassenzimmern Praxis, wenn Lehrerinnen oder Lehrer sich haben motivieren lassen,
mit dem Konzept „Bildung für eine nachhaltige Entwicklung" zu arbeiten.

Das Setting zeichnet sich aus durch einen Raum, in dem Kinder gerne leben und
etwas gemeinsam tun, in dem eine Lehrperson (ich will nahe an der derzeitig möglichen Realität bleiben und verzichte z. B. auf eine zweite Lehrperson) – in dem also
eine Lehrperson sich ebenfalls gern aufhält und sich bewusst ist, dass sie Kindern als
Prototyp der Erwachsenen gilt, die Institution Schule repräsentiert, Kindern gesellschaftlich relevantes Wissen zugänglich machen sollte und zugleich Kinder in ihrem
selbstorganisierten Lernprozess Unterstützung bietet. Kindern und Lehrperson ist
gegenwärtig, dass alle Kinder etwas können, auch wenn sie sich hinsichtlich ihrer
Erfahrung, Herkunft, ihres körperlichen und geistigen Vermögens unterscheiden.

Partizipation ist Prinzip des Zusammenlebens und -arbeitens. Partizipation der
Kinder richtet sich nicht allein auf Prozesse in der Schule, sondern allgemein auf
Partizipation an der Gestaltung des eigenen Lebens – Lernprozesse in der Schule
sind ein Teil davon. Deshalb gehören Beziehungen zum regionalen Umfeld und
solche überregionaler Art zu dem normalen Alltag. Gegenstand der Bildungsprozesse
sind konkrete Aufgaben, ernsthafte Problemstellungen aus der Sicht der Kinder,
Sachen, die ihnen fragwürdig sind, Phänomene, die einer Erklärung bedürfen. Sie
werden im Unterricht verfolgt, weil die Lehrperson entscheiden kann, ob sie für
die Entwicklung der Persönlichkeit und der Weltorientierung der Kinder im Sinne
einer nachhaltigen Entwicklung begründbar und exemplarisch sind. Die Lehrperson
selbst bringt Themen ein, an denen man exemplarisch wichtige Grundeinsichten
hinsichtlich einer verantwortlichen Gegenwarts- und Zukunftsgestaltung gewinnen

kann bzw. die Bildungspotentiale im Sinne nachhaltiger Entwicklung enthalten. Sie begründet sie gegenüber den Kindern (und Eltern).

Diese Bildungssettings ermöglichen Bildungsprozesse, die Kindern verschiedene Fenster öffnen – nicht immer gleichzeitig, nicht immer im ersten Anlauf, nicht immer in Beziehung miteinander. Dass Zusammenhänge hergestellt werden, ist Aufgabe der Lehrperson, die ihre Beiträge dazu erbringt und den Kindern ermöglicht, durch eigenes entdeckendes, forschendes und kommunikativ handelndes Lernen selbst auch auf Zusammenhänge zu kommen und Verhältnisse zwischen den einzelnen Fenstern zu entdecken. Die Kinder arbeiten selbstorganisiert und fordern von der Lehrerin Unterstützung ein – hinsichtlich von Anregungen, Wissenszugängen, Unterstützung, Bestätigung oder Fehlermeldungen.

Das Bildungssetting lässt sich beschreiben als Arrangement für Such-, Lern- und Gestaltungsprozesse. Eigene Suchprozesse der Kinder werden unterstützt durch die Ermöglichung von entdeckendem, forschendem Lernen. Lernprozesse kommen durch selbstorganisiertes, partizipatives Lernen als auch durch Auseinandersetzung mit instruktiven Beiträgen der Lehrperson, ExpertInnen aus dem gesellschaftlichen Raum, Büchern und Arbeitsmaterialien zustande. Den Kindern werden Gelegenheiten eröffnet, exemplarisch sinnvolle soziale, gesellschaftliche, ästhetische Erfahrungen mit dem Verhältnis von Mensch und Natur, dem Verhältnis der Menschen untereinander sowie mit dem Verhältnis von Mensch und Dingen machen zu können. Das geschieht in Projekten und im Zusammenhang mit ernsthaften Aufgaben aus der realen Lebenswelt. Durch Mitwirkung an der Gestaltung der ernsthaften Aufgaben, die Gegenstand der Wissensaneignung sind, erwerben die Kinder Partizipationskompetenz und Verantwortungsbereitschaft.

Schule und regionales Umfeld stehen in vielfältigen Beziehungen: Erfahrungsmöglichkeiten im regionalen Umfeld werden aufgesucht, Kinder lernen mit externen Kooperationspartnern zu reden und dabei ihre Fragen und Interessen zur Geltung zu bringen. Schule ist hier Teil des Gemeinwesens; die Mitglieder der Schule sind sich ihrer Zugehörigkeit (und der daraus resultierenden Rechte und Aufgaben) bewusst und nehmen sie wahr und das Gemeinwesen nimmt die Schule als Ort von Bildung und Impulsgeberin für die Region zur Kenntnis und setzt sich ernsthaft mit dem auseinander, was die Schule und ihre Mitglieder beitragen können. Schule ist ein Ort regionaler Öffentlichkeit mit eigenen institutionellen Regeln, zu denen auch „Ausprobieren im geschützten Raum" gehört.

Die Kinder finden, dass ihr Unterricht ihnen etwas Neues zugänglich gemacht hat; sie haben einen roten Faden, der ihnen ermöglicht, an mehreren Tagen nacheinander von ihren neuen Erfahrungen im Zusammenhang zu berichten, sie aufeinander zu beziehen.

Und sie lernen nicht nur im Klassenzimmer. Sie haben Verantwortung für ein Stück Land in der Nachbarschaft übernommen, ein Schuljahr lang. Dort räumen sie auf, bauen einen Zaun, untersuchen den Boden, laden sich ExpertInnen ein zur Beratung, pflanzen Kartoffeln. Sie sind neugierig geworden, als sie hörten und sahen, wie viele unterschiedliche Sorten es gibt. Sie setzen sich damit auseinander, ob und warum diese Vielfalt sinnvoll ist. Bevor sie selbst Kartoffeln in einem Beet setzen, machen sie sich kundig über die Bedingungen, die Kartoffeln zum Leben brauchen. Bei einem Ausflug zu einem Bauern wundern sie sich, dass in der Gegend nur 2 Sorten auf riesigen Feldern angebaut werden. Der Besuch einer Stärkefabrik, viele Recherchen in Büchern und bei ExpertInnen aus der Region machen deutlich, dass Kartoffeln auch industriell verarbeitet werden. Jetzt sehen sie anders auf die Kartoffelchips-Tüte und auf ihre Kartoffelanpflanzung.

Das „Klima", in dem die Bildungsprozesse angesiedelt sind, nehmen Kinder mit als Erinnerung an ihre Kindheit, an ihr Verhältnis zu Erwachsenen, zur Natur, zu anderen Kindern, zur Welt, zum Umlernen und neu Lernen. Es beeinflusst ihre Haltung zur Welt und bestimmt die Anstrengungen, die man als erwachsener Mensch unternehmen muss, um sich immer wieder neu zu orientieren und seine eigene Identität zu finden.

Die Lehrerin kennt die staatlichen Rahmenvorgaben, die Maßstab für den Standard der Bildung sind, den Kinder und ihre Eltern erwarten dürfen. Sie orientiert sich an einem Bildungskonzept, das ihr erlaubt, die Rahmenvorgaben zu interpretieren und ihre Entscheidungen für Ideen und Arbeitsweisen zu begründen: Das Konzept „Bildung für eine nachhaltige Entwicklung" hilft ihr, sich selbst und anderen zu verdeutlichen, warum es sinnvoll ist Kindern eine Auseinandersetzung mit realen Problemstellungen und Aufgaben im Zusammenhang mit den Herausforderungen einer nachhaltigen Entwicklung zu ermöglichen. Sie ist selbst motiviert sich neue Themen zu erarbeiten oder „klassische" Sachunterrichtsthemen unter den neuen Perspektiven zu konzipieren, denn es verändert auch ihr Verhältnis zur Welt, zu Menschen, Natur und Dingen.

## Bildung für eine nachhaltige Entwicklung als orientierendes Konzept

Bildung ermöglicht Menschen, das eigene Verhältnis zur Welt zu bestimmen, es immer wieder zu reflektieren und es aktiv gemeinsam mit anderen Menschen zu gestalten. Bildung für eine nachhaltige Entwicklung ist ein Konzept, das ein Ziel für diese Aneignung von Welt und die Auseinandersetzung mit ihr formuliert und vor diesem Hintergrund Anforderungen an Bildungsprozesse und Bildungsinstitutionen formuliert.

Danach soll Bildung Menschen ermöglichen, sich an der Gestaltung einer nachhaltigen Entwicklung zu beteiligen. Mit dem Leitbild einer „nachhaltigen Entwicklung" hat die Weltgesellschaft auf empirische Befunde reagiert, die ein Umdenken hinsichtlich des Umgangs mit den natürlichen Lebensgrundlagen ebenso wie hinsichtlich eines menschenwürdigen und gerechten Zusammenlebens in dieser Einen Welt erfordern (vgl. di Giulio 2004). Unter dieser Perspektive wurden in den letzten 20 Jahren Entwicklungsziele für zentrale Handlungsfelder wie Armutsbekämpfung, Bildung für alle, Erhalt der Biodiversität und der kulturellen Vielfalt, Klimawandel oder eine nachhaltige Bewirtschaftung der natürlichen Ressourcen formuliert und in politische Programme und Aktionen umgesetzt (vgl. die Resolution der Generalversammlung der Konferenz Rio+20 im Jahr 2012). Sie berühren unmittelbar oder mittelbar den Alltag aller Menschen und sie erfordern neue kulturelle Leitbilder, verändertes Verhalten, neue Lösungen, Kreativität und neues Wissen in allen gesellschaftlichen Feldern. Deshalb können auch in der Grundschule nicht mehr der traditionelle Wissenskanon und die daran gebundenen Botschaften unhinterfragt weiterhin Grundlage sein.[8] An diesen Zielen muss auf allen Ebenen gearbeitet werden, damit ein tragfähiges Verhältnis von Mensch und Natur, von Menschen und Dingen und der Menschen untereinander gefunden werden kann, international, national, regional und lokal. Nachhaltige Entwicklung ist also als Aufgabe zu verstehen. Um sie mit gestalten zu können, bedarf es

- einer offenen kritischen und zugleich empathischen Haltung der Zukunft gegenüber

---

[8]  Die Kritik richtet sich nicht nur gegen eine immer noch zu konstatierende Trivialisierung des Sachunterrichts (vgl. Schreier 1989 (!)). Auch Modelle wie der Wasserkreislauf – Bestandteil fast aller Heimatkundehefte seit Generationen – sind nicht mehr vertretbar, wenn der Mensch darin nicht vorkommt.

- des Zugangs zu inhaltlichen Herausforderungen einer nachhaltigen Entwicklung
- der Ausbildung von Kompetenzen, die es erlauben, sich selbst am Prozess der Gegenwarts- und Zukunftsgestaltung im Sinne einer nachhaltigen Entwicklung zu beteiligen, gemeinsam mit anderen.

Bildung für eine nachhaltige Entwicklung ist ein Konzept, das für alle Bereiche formellen, non formalen und informellen Lernens ausgestaltet werden kann. Es ist die geeignete Grundlage für LehrerInnenbildung (vgl. UNESCO 2005, UNECE 2012; 2013) ebenso wie für allgemeine Erwachsenenbildung (und damit auch zum Beispiel für Eltern). Da die Werthaltungen, die Offenheit für neue Perspektiven, Grundlagen des Verhältnisses zu den Menschen, zur Natur und den Dingen bereits früh gelegt werden, kommt Bildung für eine nachhaltige Entwicklung im Kindergarten (Stoltenberg/ Thielebein-Pohl 2011, Stoltenberg/ Benoist/ Kosler 2013) und in der Grundschule ein besonderer Stellenwert zu. Das Bildungskonzept kann insbesondere dann wirksam werden, wenn es aufeinander bezogen in Kindergarten und Grundschule zugrunde gelegt wird (vgl. auch den Beitrag von Barbara Benoist in diesem Band).

Einbezogen in die Gestaltung von Bildungsprozessen für eine nachhaltige Entwicklung werden solche Erkenntnisse aus der Lerntheorie, den Theorien über Wissensaufbau oder über didaktische Konzepte, die mit den Werten und dem Menschenbild einer nachhaltigen Entwicklung vereinbar sind (wie etwa konstruktivistische Ansätze, vgl. etwa Siebert 2003; eine Pädagogik der Vielfalt, vgl. Prengel (1995), „Naturwissenschaft im Kontext", Ansätze situierten Lernens oder weiter oben bereits genannte Ansätze aus der Sachunterrichtsdidaktik; vgl. auch Kaiser/ Pech 2004, hier insbesondere den Band 5 Unterrichtsplanung und Methoden und den Band 4 Lernvoraussetzungen im Sachunterricht; vgl. dazu auch Stoltenberg 2002) – um nur das Spektrum möglicher Reflexionshorizonte anzudeuten).

Unterstützt von der UN-Dekade Bildung für nachhaltige Entwicklung werden national und international nicht nur Modellprojekte für alle Bildungsbereiche – vom Kindergarten bis zur Erwachsenenbildung – realisiert, sondern das Konzept selbst in den unterschiedlichen Regionen dieser Erde entwickelt und ausgestaltet. Auch wenn Bildungsprozesse in den Ländern unter sehr unterschiedlichen Bedingungen organisiert sind und realisiert werden können, lassen sich Elemente benennen, die eine gemeinsame Basis des internationalen Diskurses bilden und auch in unserem

Verständnis einer Bildung für eine nachhaltige Entwicklung zu den Eckpunkten gehören: Werteorientierung und Wertereflexion; Auseinandersetzung mit Schlüsselthemen für Gegenwarts- und Zukunftsgestaltung unter der Nachhaltigkeitsperspektive; Entwicklung einer integrativen Betrachtungsweise von Problemen und Befähigung zum Umgang mit Komplexität; Eröffnung von Erfahrungs- und Gestaltungsräumen für eine nachhaltige Entwicklung im Bildungsprozess selbst; Förderung von Kreativität und Querdenken und Ermutigung von Menschen zu Visionen und gemeinsamem Handeln; eine veränderte Sichtweise des sozialen Orts von Bildungsprozessen und Bildungsinstitutionen. Allgemeinste Zielsetzung ist die Ermöglichung eines guten Lebens und der Voraussetzungen, dieses mit zu gestalten und dabei für weitere Generationen die Zukunft nicht zu verbauen. Das Besondere an dem Konzept „Bildung für eine nachhaltige Entwicklung" sind die Gründe für die Notwendigkeit eines fundamentalen Wandels des Bildungssystems und der Art zu lernen: Sie liegen in der Einsicht, dass neue Wege im Verhältnis von Mensch und Natur, von Mensch und Umwelt mit ihren Dingen und der Menschen untereinander gefunden werden müssen, um heute als auch langfristig ein Leben auf dieser Einen Erde verantwortlich gestalten zu können.

## Themenfelder, Fragestellungen, Phänomene und Aufgaben

Es gibt Themenfelder, Fragestellungen, Phänomene und Aufgaben, die besonders bedeutsam für eine veränderte, verantwortliche Gegenwarts- und Zukunftsgestaltung sind. Gerhard de Haan (2002) hat das mit Kriterien begründet; die Themen sollten danach

- zentral für nachhaltige Entwicklungsprozesse, lokal oder global, sein
- längerfristige Bedeutung haben
- interdisziplinär bearbeitbar sein (d.h. es muss differenziertes Wissen aus verschiedenen Bereichen vorliegen)
- Handlungspotential aufweisen.

Das sind zum einen die großen philosophischen Fragen nach dem Sinn des Lebens, nach Anfang und Ende, nach dem, was man selbst ist und sein möchte, nach ethischen Orientierungen. Diese werden auch schon von Kindern formuliert. Das sind zugleich die Bedingungen, unter denen man Leben gestalten kann und möchte. (Siehe im Folgenden dazu die Ausführungen zu „Persönlichkeitsbildung".) Folgt man den Überlegungen, die zur Formulierung der Idee und Aufgabe einer nachhaltigen Entwicklung geführt haben, geraten weitere Problemstellungen in den Blick. Sie betreffen zum einen die natürlichen Lebensgrundlagen: Boden, Atmosphäre, Klima, Wasser, Biodiversität, nicht nachwachsende und nachwachsende Rohstoffe im Zusammenhang mit der Lebens- und Wirtschaftsweise von Menschen. Sie werfen bestimmte Fragen zum Umgang mit den natürlichen Lebensgrundlagen auf: hinsichtlich von Ernährung und der Art ihrer Produktion und Verarbeitung, von Energienutzung, Mobilitätsverhalten, Bauweise und Wohnformen, im Zusammenhang mit Arbeit und Konsumverhalten. Sie betreffen zum anderen unsere Art des Wirtschaftens und des sozialen Zusammenlebens, kulturelle Praktiken und Muster: solche nach dem Zusammenleben verschiedener Generationen und Geschlechter, nach dem Erhalt der kulturellen Vielfalt und der Überwindung von Armut und Hunger.

Die Deutsche UNESCO-Kommission hat im Rahmen der UN-Dekade der Vereinten Nationen „Bildung für nachhaltige Entwicklung 2005-2014" Jahresthemen festgelegt – als Anregung für alle Bildungsinstitutionen und -partner und mit dem Ziel am Ende des Jahres eine Sammlung guter Beispiele präsentieren zu können. Als Themen wurden u.a. bearbeitet: Kulturelle Vielfalt 2007; Wasser 2008; Energie 2009; Geld 2010; Stadt 2011; Ernährung 2012; Mobilität 2013 (vgl. www.bne-portal.de).

Ausgehend von einem exemplarisch im Unterricht ausgewählten Themenfeld – wie beispielsweise „Verhältnis von Mensch und Wald" – lassen sich Zusammenhänge zu anderen zukunftsrelevanten Themenfeldern sichtbar machen, so dass auch die Bearbeitung von Themenfeldern wie z. B. Klimawandel, Ernährung, nachwachsende Rohstoffe oder ethische Fragen wie diejenige nach dem Verhältnis zwischen Menschen auf der Nord- und Südhalbkugel der Erde angeschlossen werden können (vgl. noch ausführlicher zu Themen und deren Bearbeitung Stoltenberg 2009).

Diese Themenfelder sind Bestandteil auch der internationalen Diskussion; so benennt die UNESCO in ihrem 2012 vorgelegten „Sourcebook" als mögliche Themenfelder, aus denen hinsichtlich der nachvollziehbaren Relevanz für regionale Entwicklung einige exemplarisch ausgewählt werden könnten:

„Agriculture, Atmosphere, Biodiversity, Changing consumption patterns, Climate Change, Deforestation, Desertification and drought, Fresh water, Gender equity, Human settlement, Indigenous people, Land use, Oceans, Population growth, Poverty, Protecting and promoting human health, Solid and hazardous wastes and sewage" (UNESCO 2011, S. 12). Sie finden ihre Begründung in der weltweiten Diskussion über die Notwendigkeit einer nachhaltigen Entwicklung und zentraler Gestaltungsbereiche mit auch zeitlicher Priorität. So werden gegenwärtig insbesondere Themen des Klimawandels und damit zusammenhängend der Energiesysteme als dringlich erachtet.

Es sind Themenfelder, die unseren Alltag bestimmen; Menschen jeden Alters und in unterschiedlichen Lebenslagen können Bezüge zu ihnen herstellen bzw. verfügen über Erfahrungen in diesen Feldern. Diese Themenfelder sind komplex und stehen in vielfachen Wirkungszusammenhängen (vgl. Stoltenberg 2009). Darin liegt die Chance, sie so zu bearbeiten, dass Gestaltungsmöglichkeiten im Sinne nachhaltiger Entwicklung zum Bildungsinhalt werden.

Mit ihnen sich auseinandersetzen zu können, muss man lernen. Dazu ist eine kritische Wissensaneignung notwendig; überliefertes kulturelles Wissen aus den verschiedenen Disziplinen kann helfen, diese Fragen zu verstehen. Zugleich aber ist zu prüfen, welche Wissensbestände und Denkweisen dazu geführt haben, dass wir es gegenwärtig global mit einer nicht zukunftsfähigen Entwicklung für ein gutes Leben für alle Menschen zu tun haben. Zudem darf nicht der Eindruck entstehen, dass das derzeit zugängliche Wissen immer hinreichend ist. Angesichts der komplexen Zusammenhänge, in denen unser Handeln steht und angesichts der Notwendigkeit neue Wege zu gehen, muss auch gelernt werden, mit Nichtwissen, Offenheit und unsicherem Wissen umzugehen. Problemorientiertes Arbeiten im Sachunterricht (vgl. GDSU 2000) müsste entsprechend eine exemplarische Auseinandersetzung mit Schlüsselfragen und Aufgabenstellungen für eine nachhaltige Entwicklung so ermöglichen, dass Kindern erkennbar wird, wo Wissen aus verschiedenen Disziplinen vorhanden ist, um diese Fragen zu verstehen, warum sie bedeutsam sind und wo es noch offene Fragen dazu gibt. Für viele der Themenfelder liegen dazu bereits für den Unterricht geeignete Materialien vor (vgl. den Beitrag von Julia Preisigke in diesem Band).

## Werteorientierung und Perspektivität

Das Konzept einer Bildung für eine nachhaltige Entwicklung begründet jedoch nicht nur Themenfelder als zentral für Gegenwart und Zukunft. Die Notwendigkeit, den Bildungsanspruch an vordringliche Themenfelder zu binden, wurde schon von Wolfgang Klafki beschrieben, der mit seinen epochaltypischen Schlüsselproblemen unter dem Anspruch einer gesellschaftlich verantwortlichen Bildung begründet hat, warum es nicht beliebig ist, an welchen Themen man sich Bildung erwirbt (Klafki 1994). Das Konzept einer Bildung für eine nachhaltige Entwicklung zeichnet sich vor allem durch die spezifischen Perspektiven aus, unter denen man Themenstellungen, Phänomene und Aufgaben diskutieren sollte, will man Bewertungen und Gestaltungsmöglichkeiten für sich selbst, für andere im regionalen Umfeld oder gar für die Weltgesellschaft im Sinne einer nachhaltigen Entwicklung gewinnen. Sie ermöglichen dann auch aus „Themen" oder „Themenfeldern" Unterrichtsinhalte so zu formulieren, dass sie Anlass sein können für Bildungsprozesse. Die Perspektiven, die im Konzept „Bildung für eine nachhaltige Entwicklung" begründet werden und Bildungspotentiale erschließen sollen, leiten sich ab aus der Zielsetzung einer nachhaltigen Entwicklung oder – anders formuliert – aus den Werten, die der Idee einer nachhaltigen Entwicklung zugrunde liegen.

Grundlegend ist die Einsicht, dass ein gutes Leben in Menschenwürde unmittelbar im Zusammenhang mit dem Erhalt der natürlichen Lebensgrundlagen (Klima, Biodiversität, gesunde Böden, Wälder mit ihren vielen Funktionen oder auch das Nutzen von nachwachsenden und nicht nachwachsenden Rohstoffen aus der Natur) steht. Und spätestens seitdem wir die Erde von weitem gesehen haben, ist klar, dass diese Erde ein begrenztes System und Gerechtigkeit hinsichtlich der Teilhabe an den Lebenschancen, die diese Welt eröffnet, eine Voraussetzung für friedliches Zusammenleben ist. Dieser Werterahmen steht im Sinne verantwortlicher Gegenwarts- und Zukunftsgestaltung nicht zur Disposition. Wohl aber muss darum gerungen werden, was diese Werte in ihrem Zusammenhang konkret bedeuten. Die Verständigung über diese Werte und exemplarische Beispiele für deren Aushandlung durch reale Herausforderungen und alltägliche Fragen sind deshalb unabdingbarer Bestandteil von Bildung für eine nachhaltige Entwicklung. Für die Bildungsarbeit mit Kindern liegen dazu geeignete Methoden wie Philosophieren mit Kindern oder Was-wäre-wenn-Geschichten vor. Wertereflexion aber ist darüber hinaus Bestandteil aller Bildungsprozesse im Sachunterricht – explizit zumindest für Lehrpersonen, da sie sich fragen, ob Inhalte und Arbeitsweisen dem damit gesetzten Anspruch entsprechen und wie man ihn didaktisch im Zugang und in der Bearbeitung der Fragestellung berücksichtigen kann.

Eine Verständigung über diesen Werterahmen und seine Konsequenzen für die Betrachtung der Dinge und Menschen wird unterstützt durch eine neue Sichtweise

von „Natur". Diese eröffnet den Blick auf die Notwendigkeit eines neuen Verhältnisses zwischen Mensch und Natur, indem sie sowohl deren ästhetische Werte,
naturwissenschaftliche Gesetzmäßigkeiten, ökologische Zusammenhänge als auch
deren Funktion als Lebensraum und Lebensgrundlage einschließt. Klassische sach-
unterrichtliche Ansätze der Naturkunde und Naturerfahrung werden mit Ressour-
cennutzung, Ökosystemleistungen und dem Staunen über die „Schätze der Natur",
die durch die Auseinandersetzung mit Biodiversität oder Bionik sichtbar werden,
verknüpft und neu kontextualisiert (vgl. Stoltenberg 2009).

Menschenwürde und Gerechtigkeit werden konkret, wenn Kinder Heterogenität
als normal erfahren, wenn sie erleben, dass kulturelle Vielfalt, Vielfalt der Begabungen und Lebensweisen Potentiale für Zusammenleben und für innovative Ideen zur
Gestaltung von Zukunft sind (Mecheril 2009). Ein wertschätzender und zugleich
informierter Umgang miteinander und die Begegnung mit externen Kooperations-
partnerInnen speist die Reflexion über Werte, Menschen- und Weltbilder, die eine
nachhaltige Entwicklung möglich machen.

Zur Entwicklung veränderter Sicht- und Umgangsweisen von Menschen mit der
Natur, den Dingen und anderen Menschen bieten sich die Nachhaltigkeitsstrategien
(Effizienz-, Konsistenz-, Suffizienz-Strategien (vgl. Loske/ von Weizsäcker 1997)
sowie darüber hinaus die Gerechtigkeits- und Bildungsstrategie (vgl. Stoltenberg/
Michelsen 1999) als didaktische Orientierungen an. Sie eröffnen der Lehrperson
fruchtbare Perspektiven sowohl für die Analyse als auch für die Suche nach Gestaltungsmöglichkeiten. Kindern im Sachunterricht kann so ermöglicht werden über
den Umgang mit Dingen anders nachzudenken, Alternativen zu entwickeln, die
einen geringeren Naturverbrauch zulassen oder gerechter zu handeln, indem weniger
verbraucht wird. Die Bildungs- und Gerechtigkeitsstrategie machen zudem darauf
aufmerksam, dass es gilt, nicht nur Natur, sondern zugleich soziale, kulturelle und
ökonomische Errungenschaften und Entwicklungsmöglichkeiten zu erhalten, die
dem Leitbild einer nachhaltigen Entwicklung und damit einer wünschenswerten
Zukunft entsprechen.

Wenn man nachhaltige Entwicklung als einen Such-, Lern- und Gestaltungsprozess und als Aufgabe begreift, dann gehören Zielkonflikte, Widersprüche, Dilemmata
zu den notwendig einzubeziehenden Bildungsanlässen (de Haan et al. 2008). Sie
strukturieren einen Wissensaufbau im Sachunterricht, der Kinder wahrnehmungs-
fähig und sensibel macht und ihnen ermöglicht Beurteilungskompetenz aufzubauen.

Dazu gilt es die Perspektive anderer Personen, anderer gesellschaftlichen Rollen oder auch anderer Lebewesen einzunehmen.

Wie Lehrerinnen und Lehrer diesen Perspektivenwechsel einnehmen und sich der Bedeutung von Perspektivität und Werteorientierung bewusst werden können, lässt sich einem interdisziplinär und international erarbeiteten Positionspapier zu den Kompetenzen entnehmen, die von Lehrpersonen im Konzept „Bildung für eine nachhaltige Entwicklung" erwartet werden. Als Anspruch wird dort formuliert: „Die Lehrenden verstehen einen ganzheitlichen Ansatz und wissen um integratives Denken und Handeln, um antizipierendes Denken für eine Transformation unter Berücksichtigung des Wissens um Vergangenheit, Gegenwart und Zukunft und sie verstehen, was es heißt, sich aktiv an der Transformation zu beteiligen" (UNESCO 2012; eigene Übersetzung). Dazu werden drei Bündel von Kompetenzen benannt, die verdeutlichen, dass es nicht um „Themen", sondern um „Grundeinsichten" geht, die durch Unterricht ermöglicht werden sollen:

| „The educator understands.... |
|---|
| · The basics of systems thinking ways in which natural, social and economic systems function and how they may be interrelated" |
| · The interdependent nature of relationships within the present generation and between generations, as well as those between rich and poor and between humans and nature" |
| · Their personal world view and cultural assumptions and seek to understand those of others" |
| · The connection between sustainable futures and the way we think, live and work Their own thinking and action in relation to sustainable development" |
| · The root causes of unsustainable development" |
| · That sustainable development is an evolving concept" |
| · The urgent need for change from unsustainable practices towards advancing quality of life, equity, solidarity, and environmental sustainability" |
| · The importance of problem setting, critical reflection, visioning and creative thinking in planning the future and effecting change" |
| · The importance of preparedness for the unforeseen and a precautionary approach" |
| · The importance of scientific evidence in supporting sustainable development" |
| · Why there is a need to transform the education systems that support learning" |
| · Why there is a need to transform the way we educate/learn" |
| · Why it is important to prepare learners to meet new challenges" |
| · The importance of building on the experience of learners as a basis for transformation" |
| · How engagement in real-world issues enhances learning outcomes and helps learners to make a difference in practice" |

(UNECE 2013, S. 8)

Abbildung 1: LehrerInnenkompetenzen für Bildung für eine nachhaltige Entwicklung (UNECE 2013, S. 8)

## Umgang mit Komplexität und Offenheit

Die Themenfelder, Fragestellungen, Phänomene und Aufgaben, an denen man sich bilden kann, sind von hoher Komplexität. Aber erst der Blick auf die inneren Zusammenhänge dieser Probleme wird eine nachhaltige Entwicklung ermöglichen. Das wird auf regionaler Ebene konkret nachvollziehbar: Umweltprobleme beinhalten auch soziale Probleme, ökonomisches Handeln kann positive oder negative soziale, ökologische, kulturelle Folgen haben, kulturelle Traditionen und Leitbilder können

Nachhaltigkeit fördern oder behindern. Zudem können Macht und Interessen, soziale Strukturen und politisches Handeln nachhaltiger Entwicklung entgegenstehen. Lösungen im Sinne einer nachhaltigen Entwicklung müssen diese komplexen Zusammenhänge im Blick haben. Der Umgang mit Komplexität ist eine Aufgabe von Bildungsprozessen, weil Entscheidungen für eine nachhaltige Entwicklung die Berücksichtigung komplexer Wirkungszusammenhänge unterschiedlicher Dimensionen gesellschaftlichen Handelns und entsprechendes systemisches Denken erforderlich machen. Das Ergebnis von Aushandlungsprozessen mit dem Interesse eine tragfähige Lösung im Sinne einer nachhaltigen Entwicklung zu finden bezieht verschiedene Sichtweisen, Erfordernisse, Interessen ein. Im Konzept einer Bildung für eine nachhaltige Entwicklung soll diese Komplexität bearbeitbar werden. Im Sachunterricht kann das kulturelle Wissen, das in den Disziplinen aufgehoben ist, herangezogen werden, um eine komplexe, für Kinder und Erwachsene sinnvolle Frage zu durchdringen. Wissen sowie Denk- und Arbeitsweisen aus den verschiedenen Wissenschaftsbereichen werden herangezogen, um eine Problemstellung (eine Aufgabe, eine Frage, ein Phänomen) bearbeiten zu können. Sachunterricht wird damit als ein Fach profiliert, in dem man frühzeitig disziplinäres Wissen in Wert setzen und zugleich den interdisziplinären Umgang damit in einer problemorientierten Arbeit erlernen kann. Für die Lernenden ist damit die Erfahrung möglich, dass sozial- und kulturwissenschaftliche Erkenntnisse und Denkweisen ebenso wie natur- und technikwissenschaftliche für Weltorientierung notwendig sind. Der Perspektivrahmen Sachunterricht (GDSU 2002; 2013) bietet dafür mit seinen Ausführungen zu Wissensbeständen und Methoden der sozial- und kulturwissenschaftlichen, der naturwissenschaftlichen, der räumlichen, historischen und der technischen Perspektive eine Unterstützung.

Das Konzept „Bildung für eine nachhaltige Entwicklung" hat für den Umgang mit Komplexität verschiedene Modelle entwickelt. Für didaktische Überlegungen für Kindergarten und Grundschule hat sich das Modell der vier Dimensionen als hilfreich erwiesen (vgl. Stoltenberg 2002, Kaiser/ Pech 2004, Bd. 6, S. 7 ff., Stoltenberg/ Thielebein-Pohl 2011, Stoltenberg/ Benoist/ Kosler 2013). Es entspricht der Einsicht, dass Menschenwürde im Zusammenhang mit dem Erhalt der natürlichen Lebensgrundlagen und Gerechtigkeit nur durch das Zusammenspiel verschiedener gesellschaftlicher Handlungsfelder erreicht werden können. Mit jeder der vier Dimensionen gesellschaftlichen Handelns lassen sich bestimmte Denkweisen und Interessen und dahinter stehende Akteure verbinden (vgl. zur kulturellen Dimension auch Holz/ Stoltenberg 2011). Sie aufzuspüren bzw. zu kennen ist eine Voraussetzung, um in den komplexen Feldern handeln zu können. Das „Nachhaltigkeitsviereck" kann für Lehrpersonen ein Analysemittel sein, um relevante Zusammenhänge in den Blick zu bekommen und nach Beziehungen zwischen ihnen zu fragen, wie das Beispiel eines „nachhaltigen Frühstücks" (im Vergleich zu einem gesunden Frühstück, das auf die soziale Dimension konzentriert ist) (vgl. Stoltenberg 2011).

Didaktische Überlegungen zum Sachunterricht können in der Arbeit auf der Grundlage von Bildung für eine nachhaltige Entwicklung hinsichtlich des Umgangs mit Komplexität auf Erfahrungen aus dem Konzept des „Mehrperspektivischen Sachunterrichts" (Hiller/ Popp 1994) zurückgreifen, mit dem u.a. auch die Rekonstruktion eines Sachverhalts durch Hineinversetzen in gesellschaftliche Rollen erfolgen sollte.

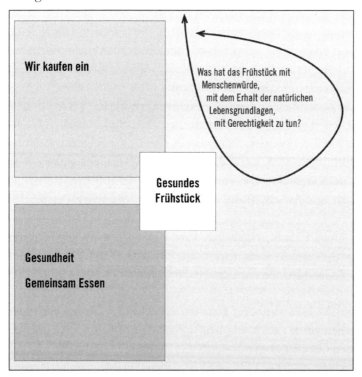

Abbildung 2: Gesundes Frühstück

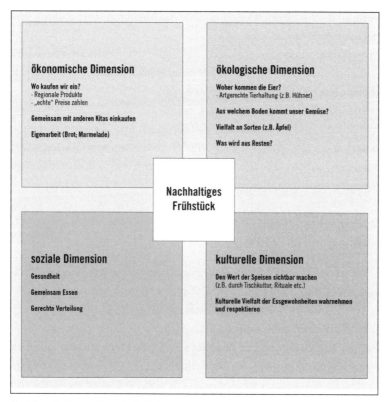

**ökonomische Dimension**

Wo kaufen wir ein?
- Regionale Produkte
- „echte" Preise zahlen

Gemeinsam mit anderen Kitas einkaufen

Eigenarbeit (Brot; Marmelade)

**ökologische Dimension**

Woher kommen die Eier?
- Artgerechte Tierhaltung (z.B. Hühner)

Aus welchem Boden kommt unser Gemüse?

Vielfalt an Sorten (z.B. Äpfel)

Was wird aus Resten?

**Nachhaltiges Frühstück**

**soziale Dimension**

Gesundheit

Gemeinsam Essen

Gerechte Verteilung

**kulturelle Dimension**

Den Wert der Speisen sichtbar machen
(z.B. durch Tischkultur, Rituale etc.)

Kulturelle Vielfalt der Essgewohnheiten wahrnehmen
und respektieren

Abbildung 3: Nachhaltiges Frühstück

## Partizipation und Lernen durch konkrete Aufgaben und durch reale Herausforderungen

Orientiert am Konzept von Bildung für eine nachhaltige Entwicklung ist nach den Arbeitsweisen und Methoden zu fragen, die Kindern ermöglichen, ihrer Neugier nachzugehen und die ihrem Interesse tätig zu werden und ihrem Bedürfnis erfolgreich zu sein gerecht werden und Gestaltungskompetenz (de Haan 2009) aufzubauen.[9] Als didaktische Prinzipien wurden bereits begründet:

---

9   Methoden wurden hinsichtlich ihrer Bedeutung dafür im Rahmen des Projekts BLK21 und transfer-21 reflektiert und entwickelt; vgl. http://transfer-21.de/daten/materialien/Teilkompetenzen.pdf.

- die Orientierung an dem ethischen Leitbild einer nachhaltigen Entwicklung und den sie ausmachenden Werten,
- eine integrative Betrachtung der sozialen, ökologischen, ökonomischen und kulturellen Dimensionen einer Problemstellung und im Zusammenhang damit
- die Notwendigkeit interdisziplinären Arbeitens

Aus dem Anspruch, nicht nur Wertereflexion, Erfahrungen und Wissen zugänglich zu machen, sondern auch eine positive Haltung Veränderungen und komplexen Herausforderungen gegenüber aufbauen und Handlungsmöglichkeiten erschließen zu können, wird ein weiteres didaktisches Prinzip abgeleitet:

- die Einbeziehung von Erfahrungs- und Gestaltungsmöglichkeiten im Sinne nachhaltiger Entwicklung als Teil des Bildungsprozesses.

Als ein zentraler Ansatz dafür wird die Beteiligung an ernsthaften Aufgaben und Fragestellungen (Stoltenberg 2002), „engagement with real social and community issues" (Scott 2012) gesehen. Damit kann Partizipation als ein zentrales Unterrichtsprinzip und zugleich als ein Ziel begründet werden (vgl. Kurrat 2011; Rieckmann/ Stoltenberg 2011). Partizipation beschränkt sich in diesem Sinne nicht auf das Einüben von Mitbestimmungsformen und auf das Verstehen von deren Voraussetzungen. Sie sollte so praktiziert werden, dass sie dem geforderten Paradigmenwechsel von „models of citizenship based on duty" hin zu „activist citizenship" (Hart 2012, S. xi) entspricht. Durch Partizipationsprozesse soll ermöglicht werden, was in der internationalen Diskussion als „social learning" gefasst wird: die Förderung von Systemverständnis, das Denken in „relations and connections", Umgang mit Offenheit, individuelles und kollektives Lernen in einem gemeinsamen Lern-System (vgl. Wals/ van der Hoeven/ Blanken 2009, Glasser 2009, Wals 2010). „Communities of learners (teachers, pupils, students, researchers) identify interrelations and options for action, they intervene, and reflect on their actions in a joint setting" (Rauch 2004). Partizipation soll Kindern ermöglichen bedeutsame Fragen zu stellen und damit den Anspruch auf Teilhabe an der Welt erheben zu können. Angestrebt wird eine Form von Wissensaneignung, die die Verständigung darüber und die Erprobung ihrer Ergebnisse in sozialen Kontexten einschließt. Sie ermöglicht die Aneignung von Sachwissen, Bewertungswissen und Gestaltungswissen im Zusammenhang. Schule

selbst als auch das regionale Umfeld können als Lern- und Gestaltungsort für einen
verantwortlichen Umgang mit anderen Menschen und mit Dingen dienen, wenn
Partizipation im Sinne von Mitgestaltung möglich ist. Damit verändert sich auch die
Schule im Verhältnis zu ihrem Umfeld; sie wird als Teil des Gemeinwesens erfahrbar.
Partizipation ist im Sachunterricht auch Bildungsinhalt; damit werden für die Kinder
neue Formen und Felder von Partizipation erschlossen. Vor allem aber kann eine
Reflexion Sinn und Anspruch von Partizipation bewusst machen. Partizipation hat
eine epistemologische, eine motivationale, eine ethische, eine politische Komponente.
Sie ist eine Ressource für eine fundierte, unkonventionelle und tragfähige Gestaltung
einer nachhaltigen Entwicklung auf verschiedenen Ebenen. Sie ist eine Organisa-
tionsform von Wissensproduktion und Entscheidungsfindung. Sie vermag dabei
Wissen unterschiedlicher Art zu integrieren (Wissen unterschiedlicher Generationen,
wissenschaftliches Wissen, Alltagswissen; traditionelles Wissen; ethnisch geprägtes
Wissen). Partizipation ist Ausdruck einer anderen Lern- und Verständigungskultur,
die davon ausgeht, dass man die (auch konflikthaften) Auseinandersetzungen über
Fragen unter Beachtung ihrer sozialen, ökonomischen, kulturellen und ökologischen
Dimension suchen muss.

## Kooperation mit dem regionalen Umfeld und internationale Zusammenarbeit

Kooperation mit gesellschaftlichen Akteuren wird so zu einem notwendigen Bestandteil von Bildungsprozessen. Durch den Einschluss von Expertinnen und Experten
der gesellschaftlichen Praxis und von Alltagswissen zur jeweiligen Fragestellung
kann Wissensgenerierung im Sachunterricht mit dem Erwerb von Metawissen über
die politischen Dimensionen des Handelns der Kooperationspartner verbunden
werden. Hinter diesen Überlegungen steht auch eine kritische Haltung gegenüber
der derzeitigen Organisation institutionalisierter Bildungsprozesse. Schule ist ein
Ort, der strukturell darauf drängt, dass Wissen „vermittelt" wird, dass Belehrung
das dominierende Prinzip ist.

Gestaltungskompetenz als Ziel einer Bildung für eine nachhaltige Entwicklung
kann nur erreicht werden, wenn Räume zur Verfügung stehen, die individuelles
und gemeinsames Lernen ermöglichen. Das schließt ein, dass es Gestaltungsräume
für ernsthafte Einflussnahme auf das eigene Leben geben muss, ebenso wie Ex-
perimentierräume, offene Räume für die spielerische, kreative Auseinandersetzung
mit alternativen Denkweisen und Problemlösungen oder Räume, in denen ohne

Leistungsanforderung eigene Kompetenzen entdeckt werden können.

Außerschulische Bildungseinrichtungen und Kooperationsprojekte mit Nicht-regierungsorganisationen bieten derartige Räume – bzw. können sie entwickeln. Man kann thematisch Lernräume zum Zusammenleben der Generationen, zum Gestaltungsfeld Wald und Waldnutzung ebenso wie zu Lebensmitteln (der Region) oder zum Umgang mit Boden als Ressource entwickeln – um das Spektrum der sinnvollen Themenfelder anzudeuten.

Nicht Netzwerke mit den Schulen als Bezugspunkte, als Knoten, wären das zutreffende Bild, sondern Bildungslandschaften, die vielfältige Lern-, Erfahrungs- und Gestaltungsräume für eine nachhaltige Entwicklung eröffnen (vgl. Stoltenberg 2013). Schule selbst wäre in dieser Landschaft als Kristallisationspunkt für systema-tische, in größere Kontexte eingebettete Reflexionsprozesse, als Ort, an dem Wissen zugänglich ist, als Werkstatt für die Vorbereitung und Auswertung von Erfahrungen zu gestalten. Außerschulische Bildungseinrichtungen sind Orte, an denen sich spezi-fische Lern- und Gestaltungsmöglichkeiten bündeln. Sie sind Kristallisationspunkte für lokale und regionale nachhaltige Entwicklung, die auf Bildungs-, Informations- und Kommunikationsprozesse angewiesen ist.

Für die am Bildungsprozess Beteiligten bietet eine solche Bildungslandschaft die Chance der Verbreiterung von Bildungschancen. Kindern werden durch die verschie-denen Lernorte mehr Optionen für selbst gesteuerte und individuelle Lernwege berück-sichtigende Entwicklungschancen geboten. Außerschulisch erworbene Kompetenzen und Wissensanteile sind selbstverständlicher Bestandteil des Bildungsprozesses. Die traditionelle passive Schülerrolle kann damit durchbrochen werden. Nicht Defizite sind Ausgangspunkt weiterer Lernprozesse, sondern weiter zu entwickelnde Kompetenzen. Damit besteht die Chance, auch Kindern und Jugendlichen aus bildungsfernen oder gar schulfeindlichen Milieus Bildungschancen zu erschließen. Die Schulalter bezoge-ne Bildung kann durch gemeinsames Lernen von Eltern und Kindern, von Kindern und Jugendlichen, von Alt und Jung ergänzt werden. Bildung für eine nachhaltige Entwicklung verändert auch die Rolle der Lehrenden und Lernenden und schließlich das Lernen im Sachunterricht. Lehrende und Lernende sind gleichermaßen von den „Lebensthemen" und den Aufgaben einer nachhaltigen Entwicklung betroffen. Der Sinn des Lernens erschließt sich in gemeinsamen sozialen Kontexten.

Nachhaltige Entwicklung kann jedoch nicht allein lokal oder regional realisiert werden; vielmehr steht lokales und regionales Handeln in weltweiten Wirkungszusammenhängen. Verantwortliches regionales Handeln sollte zugleich auch verantwortliches globales Handeln sein. Im Sachunterricht lässt sich bereits eine Sichtweise auf die Welt eröffnen, die ein solches Verständnis fördern kann. Zugänge zu Weltorientierung bringen Kinder selbst in den Unterricht, vor allem durch ihre Konsum- und Medienerfahrungen. Legt man das Konzept „Bildung für eine nachhaltige Entwicklung" zugrunde, so werden die aufgenommenen Eindrücke über Tiere, Menschen, Lebensbedingungen bis hin zu den bedrohlichen Entwicklungen von Krieg, Hunger, Armut, Klimawandel nicht als Einzelthemen abgehandelt, sondern so aufgegriffen, dass auch hier Gestaltungsmöglichkeiten im eigenen Umfeld der Kinder erschlossen und so Ängste und Vorbehalte abgebaut werden können. „Global citizenship" lernt man durch Staunen über den Reichtum an Vielfalt und über die Schönheit der Erde, durch das Entdecken von Beziehungen zwischen dem eigenen Leben und dem anderer Kinder, durch die Möglichkeit, globale Beziehungen direkt (zum Beispiel durch Partnerschaften) oder indirekt (zum Beispiel durch die Auseinandersetzung mit der Herkunft unserer Lebensmittel) beeinflussen zu können. Es gibt Nichtregierungsorganisationen und außerschulische Bildungseinrichtungen, die sich auf die Erschließung dieser globalen Perspektive spezialisiert und entsprechende Kompetenzen ausgebildet haben, die die Bearbeitung dieser Themen möglich machen: Einige Organisationen können dem Anspruch globalen Denkens und Handelns durch weltweite Vernetzung direkt gerecht werden. Nicht nur thematisch können sie Unterstützung geben, sondern auch methodisch. Unter den deutschen als Dekade-Projekte von der UNESCO ausgezeichneten Vorhaben sind einige – z. B. das Projekt „Schulwälder für West-Afrika – Kinderwälder weltweit", www.ded.de), die das dokumentieren. Schule hat so die Chance einer fachlich kompetenten innovativen Ergänzung ihre Curriculums.

Fast in allen Bundesländern gibt es inzwischen Modellregionen der UNESCO für die Vereinbarung von Naturschutz und nachhaltigem Wirtschaften und nachhaltigen Lebensweisen, die sogenannten Biosphärenreservate (www.unesco.de/biosphaerenreservate.html). Sie zeigen die Aufgabe einer nachhaltigen Entwicklung als globale Herausforderung, der sich Menschen in allen Regionen dieser Erde stellen, denn es gibt ein globales Netzwerk von Biosphärenreservaten. Die Auseinandersetzung mit den jeweiligen natürlichen und kulturellen Besonderheiten in den anderen Biosphärenreservaten dieser Erde als auch direkte Kooperationen erschließen Zugänge zum Wert kultureller und biologischer Vielfalt und ermöglichen einen neuen Blick auch auf die eigene Region. Beispiele aus Biosphärenreservaten und direkte Kooperation sollten zum Bestandteil der eigenen Bildungskonzepte werden.

## Visionsorientierung und Kreativität

Bildung für eine nachhaltige Entwicklung will Menschen befähigen, sich an Aushandlungsprozessen über die Frage, wie eine nachhaltige Entwicklung zu gestalten ist, zu beteiligen. Das erfordert Wissen über Natur und Gesellschaft, über Wirkungszusammenhänge und eine Beurteilung dessen, was man als Voraussetzung für Zukunftsgestaltung erhalten möchte. Neue Wege im Verhältnis von Mensch und Natur, von Menschen und Dingen und der Menschen untereinander sind zu finden und zu praktizieren. Das erfordert Kreativität, Phantasie, Mut, Antizipationsfähigkeit, Denken in Alternativen.

Bildungsprozesse für eine nachhaltige Entwicklung sind nicht allein durch wissenschaftliches Wissen und Alltagserfahrungen zu speisen, wie u.a. Glasser (2007) ausführt: "Active social learning can take place in the context of a conversation, a course employing the Socratic method, dancing with a partner, symphony practice, a community meeting, an open, participatory review process and, although less visceral, video conferencing over the internet" (ebd., S. 51).

Kulturelle Bildung mit künstlerischen Ausdrucksmitteln kann ungewohnte Perspektiven eröffnen und so Wahrnehmungsfähigkeit und Sensibilität für die Herausforderungen einer nachhaltigen Entwicklung fördern.

"Die Bereitschaft zum Wahrnehmen muß kultiviert werden" (Csikszentmihalyi und Rochberg-Halton 1989, S. 254). Dinge wahrnehmen können heißt, ihre Eigenschaften auf verschiedenen Ebenen unserer Wahrnehmung zur Kenntnis zu nehmen, heißt Differenzen zu entdecken, heißt die hinter den Dingen steckenden Sachverhalte zu verstehen. Wahrnehmung ist also kein eindeutig ergebnisorientierter Prozess, wie Gunter Otto zum Ausdruck gebracht hat, wenn er im Wahrnehmungsprozess, in dem sich Ästhetik und Erkenntnis verbinden, „den Erhalt von Komplexität und Vieldeutigkeit, von Kontroversen über begründbare Verstehensmuster" als Erfolg deutet (Otto 1998, S. 16). Diesen Horizont eröffnen unterschiedliche Formen ästhetischer (oder kultureller) Bildung (vgl. u.a. die „Methoden des kreativen Entwurfs und der Selbstvergewisserung im Sachunterricht" in Kaiser/ Pech Bd. 5, S. 25 ff., Bockhorst/ Reinwand/ Zacharias 2012). Sie tragen dazu bei, dass im Bildungsprozess die für eine nachhaltige Entwicklung konstitutive Offenheit von Zukunft,

Unsicherheit von Entscheidungen und Uneindeutigkeit von Lösungswegen als ein Grundmuster gesellschaftlichen Handelns erfahren wird.

## Sachbildung und Persönlichkeitsbildung

In Zielsetzungen, bei der Auswahl der Bildungsinhalte und der Perspektiven, unter denen sie zu bearbeiten sind, ebenso wie in der Entscheidung für Arbeitsweisen einer Bildung für eine nachhaltige Entwicklung werden Sachbildung und Persönlichkeitsbildung als untrennbar und aufeinander bezogen gesehen. Gesellschaftliche Transformation braucht „change agents" (WBGU 2011) aber zugleich einen Bewusstseinswandel, die Bereitschaft zu Veränderungen und möglichst aktive Mitwirkung bei Vielen. Nicht formale Bildungsstandards können als Maßstab für Bildung gelten. Diskutiert werden statt dessen Kompetenzgruppen, die auch für den Sachunterricht der Grundschule Orientierung sein können, wie „Systems Thinking Competence, Anticipatory Competence und Interpersonal Competence" (Wiek et al. 2011) oder die im Rahmen der UNESCO seit dem Delors-Bericht von 1972 gebräuchliche Systematik „Learning to know, learning to do, learning to live together, learning to be".

So verfügt das Konzept „Bildung für eine nachhaltige Entwicklung" über Potential für eine Persönlichkeitsentwicklung, die sich dadurch auszeichnet, dass sich die Person in der Welt und ihr gegenüber unter Bezug auf Wertentscheidungen verhalten kann.

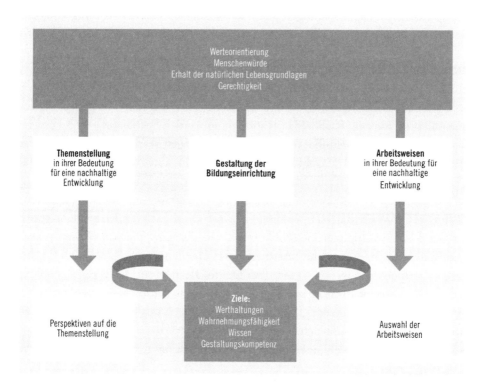

Abbildung 4: Bildung für eine nachhaltige Entwicklung als Orientierung für Ziele, Inhalte und Arbeitsweisen im Sachunterricht

## Weltorientierung als Ziel und Aufgabe von Bildung

Als Konsequenz aus der Konzeptualisierung des Sachunterrichts als Bildung für eine nachhaltige Entwicklung wäre „Weltorientierung" ein zutreffender Name für die Aufgabe und Zielsetzung des Schul- und Studienfachs. Dieser Vorschlag soll hier auf der Grundlage der vorstehenden Ausführungen begründet werden.

Die Benennungen des Schulfachs und der wissenschaftlichen Disziplin Sachunterricht spiegeln Entwicklungen des Fachs im Kontext veränderter Sichtweisen auf seine Aufgabe und Ausgestaltung als auch Entwicklungen im wissenschaftlichen Verständnis der Lern- und Denkmöglichkeiten von Kindern wider. Wenn heute in den Bundesländern (und ebenso in Österreich) überwiegend von „Sach"-Unterricht die Rede ist, dann verweist der Name auf eine bewusste Abwendung von einer „Heimatkunde", die sowohl hinsichtlich der räumlichen als auch der inhaltlichen Orientierung überwunden werden sollte. Ein Markstein dafür war in Deutschland der Frankfurter Grundschulkongress und der Strukturplan des Deutschen Bildungsrats (1970). Naturwissenschaftlich und sozialwissenschaftlich begründete Inhalte wurden in der Benennung des Fachs „Sachunterricht" zusammengedacht. Allerdings kann eine zu vordergründige Interpretation der „Sachen" – selbst wenn sie Sachverhalte einschließen – doch eine zu starke Nähe zur historischen Realienkunde aufweisen; das ist keine weit hergeholte Überlegung, wenn man Studierende des Sachunterrichts nach ihren eigenen Unterrichtsinhalten in diesem Fach fragt. Klafki schlug 1992 vor, von einem Sach- und Sozialunterricht zu sprechen (Klafki 1992).

Schon früh in der Geschichte des Sachunterrichts war auch von „der Welt" als Gegenstand des Unterrichts die Rede. Das verwundert nicht, meint doch „Welt" zunächst die Gesamtheit des Dinge, die Gesamtheit des Seienden als geordnete Einheit, die Gesamtheit des Wirklichen (Ulfig 1997, S. 467 ff.). Und so verband man den Begriff entweder mit der göttlichen Weltordnung (wie im „Orbis sensualium pictus" des Comenius (1653/54)) oder mit der materiellen Welt, die dem Menschen gegenüber steht (wie in der Philosophie Descartes).

Zwei aktuelle Ansätze arbeiten explizit mit dem Begriff der Weltorientierung bzw. Welterkundung. In der niederländischen Rezeption des reformpädagogischen Ansatzes der Jenaplan-Schulen ist Weltorientierung das Hauptziel des Unterrichts in den Jenaplan-Grundschulen – wobei die Erfahrungsbereiche, welche die Welt erschließen sollen, doch eher traditionell zugeschnitten sind (vgl. Both 2001). Faust-Siehl stellt mit ihrem Begriff der Welterkundung den Aneignungsprozess von Kindern in den Mittelpunkt: „Das deutsche Konzept ‚Welterkundung' weist hier deutliche Parallelen auf: „Im Lernbereich ‚Welterkundung' sollen die Kinder nicht länger an Themen und Inhalten arbeiten, die in Lehrplänen vorgegeben sind, sondern sie sollen ihren eigenen Fragen nachgehen und dabei die Interpretations- und Darstellungsmuster der Erwachsenen für die von ihnen untersuchten Probleme kennen lernen. Die Aufgabe der Pädagoginnen und Pädagogen besteht hier primär darin, die Kinder zu ermutigen, eigene Fragen an die Welt zu richten, ihnen Gelegenheiten zu erschließen, diese eigenen Fragen auf dem Wege des forschend-entdeckenden Lernens selbst zu klären, und den SchülerInnen dabei zugleich in einer unaufdringlichen Form Stück für Stück jene Interpretationsmuster der Welt vorzustellen und anzubieten, die die Menschheit im Laufe der Kulturentwicklung für die Fragen der Kinder schon erarbeitet hat" (Faust-Siehl 1996, S. 61). Dabei sollen „Erkenntnisse der Menschheit, die über die individuelle Situation des einzelnen Kindes hinaus allgemeine Bedeutung haben" (Ramseger 2004, S. 57) die Auswahl der Unterrichtsinhalte leiten. Dafür wird ein Suchraster mit einer Sammlung von Ideen vorgestellt, die für „ein kindorientiertes Sachunterrichtscurriculum" berücksichtigt werden müssten. Ebenfalls vom Kind her und seinen Zugängen zur Welt werden Ansätze gedacht, die die „Lebenswelt" oder die „Lebenswirklichkeit" der Kinder als Referenzpunkt für didaktische Entscheidungen ansehen, und damit ein Ausschnitt von Welt bezeichnen, der als zugänglich für Kinder definiert wird.

Derartige Blicke in die Geschichte des Sachunterrichts unterstreichen, dass geschichtliche Entwicklungen als kritische Bezugspunkte für unsere heutigen Fragen an den Sachunterricht dienen, als Material, als Brennglas für die Standortbestimmung und Weiterentwicklung des Sachunterrichts. Denn sie können gut den Zusammenhang von gesellschaftlichen Anforderungen, bildungspolitischen Antworten, wissenschaftlicher Erkenntnis über Lernen, Kinder oder notwendige Inhalte und Methoden im Unterricht zeigen. Hinzu kommt, dass Traditionslinien und traditionelle Bestände der Heimatkunde nicht nur in der Bildungspolitik, in der Benennung des Faches und in den Richtlinien und Lehrplänen, sondern auch in der Theorie und Praxis des Faches zu finden sind (vgl. Rauterberg 2002; Engelhardt/ Stoltenberg 2002). Insbesondere die ideologische Aufladung des Begriffs Heimat in der Tradition von Eduard Spranger und die damit verbundene Ausgrenzung von Menschen aus sozialen Zusammenhängen ist nicht Geschichte; sie wird genutzt, um nationalistische und rassistische Gesinnung mit einem eigentlich positiv besetzten Begriff zu verbrämen. Geschichtliche Analysen können helfen, diese Zusammenhänge aufzuspüren und zu bewerten, kritisch mit ihnen umzugehen. Deshalb muss in einem Konzept von Sachunterricht, das sich an Gegenwarts- und Zukunftsaufgaben orientiert, die Geschichte des Sachunterrichts als kritische Ideen-, Wissenschafts- und Sozialgeschichte vorkommen. Zugleich ist vor diesem Hintergrund die Benennung eines Faches auch nicht unerheblich.

Mit der Orientierung an der Aufgabe einer nachhaltigen Entwicklung und dem entsprechenden Bildungskonzept geraten Sichtweisen in den Blick, die sowohl „die Sachen" als Gegenstand neu konzeptualisieren, die Rolle des Kindes in einer anderen Art ernst nehmen als auch das Verständnis von „Welt" verändern.

Zu den „Sachen", mit denen sich Kinder im Sachunterricht auseinandersetzen sollten, gehören Dinge, die von Menschen hergestellt wurden, gesellschaftliche Sachverhalte und Dinge und Prozesse aus der Natur – ebenso wie die Menschen selbst als Natur und als gesellschaftliche Wesen. Mit dem Konzept „Bildung für eine nachhaltige Entwicklung" wird die Frage nach dem Naturverbrauch durch Dinge ebenso aufgeworfen wie die Frage, warum Dinge kulturell unterschiedlich gesehen werden oder gar unterschiedlich ausgeprägt sind (vgl. die Arbeit mit den vier Dimensionen einer nachhaltigen Entwicklung weiter oben). Hinter die Dinge sehen bleibt somit nicht zufällig, sondern Lehrende ermöglichen solche Zusammenhänge zu entdecken, zu begreifen und zu verstehen, die für die eigene Positionierung im Verhältnis zu Natur und zu anderen Menschen unter der Werteperspektive einer nachhaltigen Entwicklung wichtig sind. Ziel ist, das Verhältnis zu den Dingen durchschauen und in diesem Sinne mit gestalten zu können.

Kinder sind nicht Zielgruppe von Bildung, sondern Beteiligte. LehrerInnen sollten wissen, was die gelebte Erfahrung der jetzigen Generation hinsichtlich von Gerechtigkeit, Demokratie, Partizipation, Naturwahrnehmung, schädlicher Umwelteinflüsse etc. ist. Kinder brauchen Anregungen und Unterstützung, um sich mit realen gegenwärtigen Fragestellungen und Aufgaben und fragwürdigen Phänomenen auseinandersetzen zu können und Unterstützung, wenn Ängste und Sorgen um Gegenwart und Zukunft auftauchen. Kinder selbst bringen ihren Willen zur Orientierung, ihre Neugier aber auch ihre Erfahrungen aus verschiedenen Lebensbereichen und ihre Sichtweisen in den Unterricht ein. Dort brauchen sie Lehrerinnen und Lehrer, die ihnen Fenster in die Zukunft öffnen und ihnen die Erfahrungen und das Wissen zugänglich machen, das ihnen die Ausbildung ihrer Talente, ihrer Sensibilität und Wahrnehmungsfähigkeit ermöglicht und die ihr Interesse auf zentrale Fragen ihrer Existenz richten. Dazu gehört, sie mit solchen Herausforderungen zu konfrontieren, die ihnen zeigen, dass man sie als Menschen ernst nimmt. Dazu ist zu klären, welche Möglichkeiten Kinder entwickeln können, um auf die Welt einzugehen, was wir ihnen zutrauen, zumuten wollen, was wir ihnen schulden.

Bildung für eine nachhaltige Entwicklung ist kein Konzept, das Kinder mit Problemen der Erwachsenenwelt überfordert. Aber es nimmt Kinder ernst als jetzt Handelnde; ihre Lebenswelt – eine Kategorie, die längst zentraler Bezugspunkt für didaktisches Nachdenken im Sachunterricht ist (vgl. insbesondere Richter 2002; vgl. zum Ansatz, den Unterricht vom eigenen Leben des Kindes her zu begründen: Daum 1999, Schomaker/ Stockmann 2007; Stoltenberg 2007) – bietet in ihrer Verschiedenheit vielfältige Anknüpfungspunkte, um Fragen aufzuwerfen, die exemplarisch Grundlagen für heutiges Entscheiden und Handeln im Sinne nachhaltiger Entwicklung erschließen können.

Das Kind wird als Person mit eigenen Rechten, Sichtweisen und zugleich dem Anspruch auf gerechte Teilhabe an der Welt gesehen. Das bezieht sich nicht nur auf eine Zukunft, für die Bildungsprozesse organisiert werden. Vielmehr wird der Einsicht Rechnung getragen, dass in der Gegenwart Zukunft offen gehalten oder verbaut werden kann – auch durch Verhalten von Kindern, Familien, Bildungsinstitutionen und weiteren Akteuren im Umfeld des Kindes. Mädchen und Jungen werden als beteiligt an der Gestaltung ihres gegenwärtigen Lebens gesehen, für das ihnen Orientierungshilfen gegeben werden müssen – sei es in der Rolle als lernende Person, als KonsumentIn, als Mitglied des Gemeinwesens. Zugleich richtet sich Bildung für eine nachhaltige Entwicklung auf eine bestmögliche Förderung der Entwicklung von Kindern: „education should contribute to every person's complete development – mind and body, intelligence, sensitivity, aesthetic appreciation and spirituality. All people should receive in their childhood and youth an education that equips them to develop their own independent, critical way of thinking and judgement so that they can make up their own minds on the best courses of action in the different circumstances in their lives" (UNESCO, http://www.unesco.org/delors/ltobe.htm). Orientiert an dem Leitbild einer nachhaltigen Entwicklung soll Bildung befähigen, die eigenen Talente so auszubilden, dass ein gutes Leben möglich wird. Da eine nachhaltige Entwicklung nur als gemeinsame Aufgabe auf allen Ebenen des Handelns bis hin zur Weltgemeinschaft gesehen werden kann, wird das Kind auch nicht nur als Individuum, sondern als Weltbürger in einem Verantwortungszusammenhang gesehen.

Mit der „Welt" wird im Konzept von Bildung für eine nachhaltige Entwicklung die „Eine Welt" verbunden, die Menschen Lebensgrundlage und Lebensraum ist. Sie ist Kindern heute auf vielfältige Weise selbstverständlicher Bestandteil ihrer unmittelbaren Erfahrungswelt – durch Medien, Reisen, Konsum, Sportereignisse oder durch weltweite Krisen und Konflikte, die als Teil der Lebenswelt empfunden werden (wie an der Betroffenheit von Kindern angesichts des Tsunamis in Asien oder im Zusammenhang mit Kriegen nachvollziehbar). Weltweite Wirkungszusammenhänge und die Abhängigkeiten des eigenen Alltags von weltweiten Entwicklungen ist in der Regel nicht im Horizont der Kinder. Wohl aber wissen Kinder um die „Eine Welt", wie das Logo einer Kampagne der Weltorganisation für frühkindliche Bildung, OMEP, das in einem Wettbewerb gemeinsam mit Kindern entstand, oder der OMEP Appeal: Children Speak out for a Sustainable Future, illustriert (vgl. OMEP Appeal). Kinder empfinden Solidarität mit Menschen in anderen Teilen der Welt oder ahnen den Regenwald als für sich persönlich bedeutsam. Sie wissen um Eisbären und Pandabären, staunen über fremdartige Lebensgewohnheiten und da eine nachhaltige Entwicklung nur als globales Projekt zu realisieren ist, wäre das Gefühl, gemeinsam in dieser „Einen Welt" zuhause zu sein, ein großes Potential für gemeinsame Anstrengungen zum Erhalt der natürlichen Lebensgrundlagen und der kulturellen Vielfalt. Dieser Welthorizont muss nicht im Gegensatz zu einer Heimatorientierung stehen, wie die Beiträge im von Engelhardt/ Stoltenberg (2002) herausgegebenen Jahresband der GDSU aufgezeigt haben. Die Herausgeber selbst schlagen vor, das „was sich an Bedürfnis und Idee mit Heimat verbindet (und in Heimatlosigkeit zum Ausdruck kommt) nicht unreflektiert und unkommentiert" im Sachunterricht zu lassen (ebd., S. 16). Die Idee einer nachhaltigen Entwicklung bietet dafür Orientierung. Es geht künftig darum, die Welt zur Heimat zu machen und sich als Individuum in dieser Welt durch aktive Mitgestaltung zu beheimaten.

Deshalb sollte Kindern ermöglicht werden, ihre Wahrnehmungs- und Erfahrungsfähigkeit, Wissen und Kompetenzen so aufzubauen, dass sie sich daran beteiligen können. Auch wenn (u.a. durch die Zeitschrift „Eine Welt in der Schule" oder durch NGO's wie oro verde) vielfältige Materialien und Anregungen für Bildungsarbeit vorliegen, so wissen wir noch wenig über die Weltorientierung von Kindern und ihre Sichtweisen zu Fragen nachhaltiger Entwicklung. Hier liegen Aufgaben für die Forschung im Sachunterricht.

# Kulturwissenschaftliche Zugänge im Sachunterricht – Impulse für die Praxis im Rahmen einer Bildung für eine nachhaltige Entwicklung

## Verena Holz

Ziel dieses Beitrags ist es, die Potentiale von kulturellen und kulturwissenschaftlichen Zugängen im Kontext von Gestaltungsaufgaben urbaner Bildungslandschaften als Teil einer Bildung für eine nachhaltige Entwicklung zu verdeutlichen. Letztere bietet also ein Rahmenkonzept im Sinne der von Ute Stoltenberg in diesem Band beschriebenen Analyse- und Handlungsdimensionen für die Integration von komplexen Fragestellungen. Die folgende Abhandlung vollzieht eine solche Integration an kulturellen Artefakten und Bedeutungssphären im Wechselspiel mit gesellschaftlichen Prozessen und Prozessen der Individuation.

Der Beitrag wird am Beispiel eines möglichen Praxisprojekts das Potential der Zugänge veranschaulichen, die das Konzept einer Bildung für eine nachhaltige Entwicklung bietet. Dafür wird zunächst eine Aufgabenstellung, eingebunden in einen Problemaufriss im Rahmen eines bestimmten Bildungssettings, vorgestellt. Diese Aufgabenstellung ist für einen sachunterrichtlichen Kontext konzipiert, d.h. sie orientiert sich an Basiszielen des Sachunterrichts, im Sinne einer individuellen und gesellschaftsbezogenen Entwicklung und Handlungsbefähigung.

Im zweiten Schritt wird die beispielhafte Aufgabe aus verschiedenen Perspektiven heraus umrissen, d.h. das Problemfeld wird aus kulturwissenschaftlicher, ökologischer, sozialer, ökonomischer, wertorientierter und bildungswirksamer Dimension in den Blick genommen. Auf Basis einer solchen Analyse können verschiedene Handlungsmöglichkeiten entwickelt und gegeneinander abgewogen werden. Die in diesem Kontext angesprochenen Kompetenzpotenziale im Kontext einer Bildung für eine nachhaltige Entwicklung werden abschließend konkretisiert.

In einem letzten Schritt wird der im Rahmen der Ausführungen gespannte Bogen zum Sachunterricht explizit gemacht, indem der Anschluss zum grundlegenden

Konzept der Lebensweltorientierung heraus gestellt wird, welches Ausgangspunkt für aktuelle Konzepte des Sachunterrichts, etwa im Sinne des Perspektivrahmens ist.

Beabsichtigt wird mit diesem Beitrag mithin, einen möglichen Transfer der komplexen theoretischen Ideen und Konzepte, die mit Bildung für eine nachhaltige Entwicklung im Sachunterricht verbunden sind, in die Praxis zu beschreiben. Die im Diskurs in der Regel unterbelichtete kulturelle Perspektive steht mit ihren Potenzialen dabei besonders im Vordergrund. Es wird nachvollziehbar, dass es sich bei der Aufgabe, innovative Konzepte in den Schulalltag hineinzutragen, um einen Ansatz handelt, der den Lebenswelt-Bezug ernst nimmt und dabei neu interpretiert.

## Eine Gestaltungsaufgabe im Sachunterricht – Problemaufriss, Lernziele und Lernsetting

Das eingangs angesprochene, problembasierte Lernsetting könnte man sich folgendermaßen vorstellen:

SchülerInnen beteiligen sich im Rahmen einer zweijährigen Projektarbeit an der Gestaltung einer Industriebrache mit Ruinen einer ehemaligen Munitionsfabrik am Stadtrand neben der Schule. Die Gebäude sind zum Teil verfallen und mit Graffitis versehen. Aufgrund der stark reduzierten menschlichen Eingriffe in den letzten Jahren ist das mehrere Hektar umfassende Gebiet der Brache mittlerweile bewaldet. Im Laufe der Zeit haben sich verschiedene seltene Pflanzen- und Tierarten angesiedelt sowie Biotope und Lebensstätten herausgebildet. Zu deren Erhaltung wurden Teile der Fläche zum Naturschutzgebiet erklärt.

Kontrastierend dazu gestaltet sich die Geschichte des Ortes. Gewissermaßen von der Natur „einverleibt" worden bzw. mit dieser zu einem Gesamtbild zusammen gewachsen sind die Überreste der Gebäude der ehemaligen Munitionsfabrik, die nach dem zweiten Weltkrieg geschlossen wurde. Nachforschungen der örtlichen Geschichtswerkstatt, die sich mit der lokalen Geschichte der NS-Vergangenheit auseinander setzt, haben ergeben, dass in der Fabrik über verschiedene Zeiträume hinweg ZwangsarbeiterInnen beschäftigt wurden.[10]

---

10  Das hier imaginierte Setting ist angelehnt an einen tatsächlichen Ort am Stadtrand von Hamburg. Der Künstler Jussi Kivi hat auf ästhetische Art und Weise das komplexe, stets historisch situierte Zusammenspiel von Mensch und Natur thematisiert, indem er Fotografien dieses Ortes mit literarischen Zitaten neu kontextualisiert hat. (http://romanticgeographicsociety.blogspot.de/2009/11/besenhorster-sandberge-fairyes.html, abgerufen am 25.06.13)

In der lokalpolitischen Diskussion haben sich Überlegungen zu einer Umgestaltung bzw. partiellen Umwidmung der urbanen Freifläche unter Berücksichtigung ihrer Geschichte sowie ihrer ökologischen Habitate durchgesetzt. Eine weitere Rolle bei der Umwidmung spielen fachliche Bewertungen des Umweltbundesamts, die „eine Verringerung der zusätzlichen Flächeninanspruchnahme und effiziente Nutzung vorhandener Flächen" sowie die „Aufwertung von Flächen in ökologischer Hinsicht"[11] empfehlen. Da sich auch die Bundesregierung im Rahmen des Fortschrittsberichts der nationalen Nachhaltigkeitsstrategie für eine Reduzierung der Siedlungs- und Verkehrsfläche ausspricht (vgl. Bundesregierung 2012), wird Flächenrecycling im Sinne eines naturnahen urbanen Naherholungsraums mit einem kleinen Gesamtanteil an gewerblicher bzw. baulicher Nutzung von der Stadt favorisiert. Es ist zu ergänzen, dass die Fläche durch die industrielle Nutzung nicht verunreinigt ist, d.h. eine Dekontamination von Altlasten ist nicht notwendig.

Weil eine Grundschule zu den anliegenden Gebäuden zählt, wird in Betracht gezogen, einen Teil der Fläche für schulische und außerschulische Bildungszwecke zu nutzen bzw. unter Einbezug der Schülerinnen und Schüler zu gestalten. Vor diesem Hintergrund erhält die Institution das Angebot, den Aushandlungsprozess mit zu gestalten. Dieser partizipative Gestaltungsprozess soll sich als bildungswirksam erweisen, daher empfiehlt es sich, diesen durch ein entsprechend ausgearbeitetes Konzept, das über klassische, formale Bildungssituationen und Prozesse hinausgeht, zu rahmen.

Dies ist die Ausgangslage für die Entwicklung eines schulischen Bildungsprojekts, das den Fokus auf kulturwissenschaftliche Perspektiven in einem am Konzept von Bildung für eine nachhaltige Entwicklung orientierten Sachunterricht[12] deutlich macht. Bildung für eine nachhaltige Entwicklung zielt hier zum einen auf Analyse- und zum anderen auf Gestaltungskompetenzen (Bormann/de Haan 2008) und bezieht sich auf entsprechende Analyse- und Handlungsfelder (vgl. Stoltenberg 2009).

---

11  Vgl. http://www.umweltbundesamt-daten-zur-umwelt.de/umweltdaten/public/theme.do?nodeIdent=2898 (abgerufen am 25.6.2013
12  Zu einem am Konzept einer Bildung für eine nachhaltige Entwicklung orientierten Sachunterricht siehe Stoltenberg in diesem Band sowie Stoltenberg 2007, 2006b, 2004; Hauenschild 2009; Künzli David 2007

## Analyse- und Handlungspotentiale: Lösungsansätze für die Gestaltungsaufgabe

Das beschriebene Setting soll zunächst aus analytischer Perspektive reflektiert werden, um im zweiten Schritt entsprechende Vorgehensweisen und Gestaltungsmöglichkeiten auszuarbeiten. Beide Schritte sind gleichermaßen zentrale Teile des Bildungsprozesses.

Für die Analyse der Situation sind verschiedene Faktoren relevant. Mit dem Ziel, eine komplexe Gegenwartssituation zu erfassen und entsprechende Handlungsmöglichkeiten im Sinne einer nachhaltigen Entwicklung zu erschließen, hat Ute Stoltenberg ein vierdimensionales Modell entwickelt, das in allen Bildungskontexten und für alle Altersgruppen angewandt werden kann. Entsprechend wird dieses Modell in diesem Beitrag genutzt, zusätzlich sollen dabei mögliche Kinderperspektiven einbezogen werden. Die Analyse im Sinne einer nachhaltigen Entwicklung ist von ethischen Leitplanken flankiert: Es soll berücksichtigt werden, dass die natürlichen Lebensgrundlagen für heute lebende und nachfolgende Generationen erhalten bleiben und gerecht verteilt werden und die Menschenwürde und Menschenrechte gewahrt werden (vgl. Hauff 1987). In einem zweiten Teilschritt wird die kulturanalytische Perspektive des Modells von Stoltenberg vertieft. Das bedeutet, dass Kultur als integrale Analysedimension betrachtet wird (vgl. Holz/ Stoltenberg 2012, Stoltenberg/ Michelsen 1999) und entsprechende Artefakt- und Symbolanalysen in der Untersuchung der Problemstellung als zentrale Aspekte, auch in Bezug auf Handlungs- und Gestaltungsmöglichkeiten im Konzept, berücksichtigt werden.

## Analyse des Aufgabenbeispiels mit Hilfe von Bildung für eine nachhaltige Entwicklung als Orientierung – didaktisches Vorgehen

Exemplarisch werden zunächst instruktive Fragen aus jeder Perspektive an den Ort formuliert, um sich dem Problemkomplex zu nähern (vgl. Brezowar et al. 2012). Hier wird zusätzlich deutlich, dass Problemorientierung sowie problem-basiertes Lernen zu den zentralen didaktischen Prinzipien einer Bildung für eine nachhaltige Entwicklung gehören (vgl. Stoltenberg 2009; UNECE 2009); entsprechende Basiselemente aus diesem Konzept lassen sich auch in der Vorgehensweisen des hier beschriebenen Fallbeispiels anwenden.

Die unten folgende Tabelle skizziert mögliche Fragestellungen. Jede Frage wird der Übersicht halber in diesem Beispiel einer Dimension zugeordnet; Mehrfachzuordnungen sind in realen Situationen möglich, insbesondere, weil sie Aufschluss

über quer liegende Kategorien und Themenstellungen geben. An dieser Stelle ist noch
einmal hervorzuheben, dass das vierdimensionale Quadrat ausschließlich ein Modell
ist, um mit der Komplexität zentraler gesellschaftlicher Fragestellungen umzugehen.
Der Diskurs um nachhaltige Entwicklung umschreibt diese Fragestellungen etwa mit
dem Terminus „Globale Megatrends" (WGBU 2012), mit dem „Syndromkonzept"
(WBGU 1996) oder auch mit dem Begriff „Globaler Wandel" (vgl. Ehlers, Krafft
2006), der zeitweilig im öffentlichen Diskurs mit dem Klimawandel gleichgesetzt
wird, auch wenn der Klimawandel streng genommen nur ein Syndrom des Globalen Wandels darstellt. Die gegenwärtige Entwicklung umfasst jedenfalls ein Cluster
an Problemstellungen, die substanziell für den Fortbestand der Menschen und des
Planenten mitsamt seinen Systemen an belebter und unbelebter Natur sind. Die im
Sachunterricht seit 1997 diskutierte Orientierung an den Epochaltypischen Schlüsselproblemen (vgl. Klafki 1992) ist ein Zugang zu diesen Problemlagen aus der
Perspektive eines grundlegenden, zeitgenössischen Bildungsverständnisses. Bildung
für eine nachhaltige Entwicklung begründet Themenfelder darüber hinaus durch
eine zeitliche Dringlichkeit, hinsichtlich ihrer Verflechtungen mit anderen zentralen
Problemkomplexen globalen Wandels und hinsichtlich ihres Potentials, die Idee
und das Wertesystem einer nachhaltigen Entwicklung exemplarisch zu erschließen.

### ökonomische Dimension

· Wie wird die Umgestaltung finanziert?
· Wie lassen sich privatwirtschaftliche und unternehmerische Interessen bezüglich der Flächennutzung mit öffentlichen Nutzungsinteressen vereinbaren? Gibt es die Möglichkeiten sozial-ökologisch wirtschaftende Unternehmen an dem Ort zu etablieren?
· Inwieweit ist es möglich, bei der Umgestaltung der Fläche auf EcoDesign-Produkte zurückzugreifen?
· Wie können Prinzipien einer vorsorgenden Wirtschaftsweise umgesetzt werden?

### ökologische Dimension

· Welche Strukturen und Lebensräume gibt es für Pflanzen und Tiere?
· Wie hoch ist der Grad an Biodiversität?
· Wie ist die Bodenqualität?
· Wie steht es um die Wasserdurchlässigkeit und Durchwurzelbarkeit des Bodens?
· Welchen Verlauf hat die Vegetationsentwicklung genommen?
· Wie ist das Nährstoffangebot?
· Wie sind die Lichtverhältnisse auf dem Gebiet?
· Welche Arten auf dem Gebiet stehen unter Naturschutz?

### soziale Dimension

· Welche Implikationen hat die Benennung als Naturschutzgebiet für die Flächennutzung?
· Wie ist die Anwohnerstruktur in den umliegenden Gebieten?
· Welche Akteursgruppen spielen bei der Umnutzung eine Rolle?
· Welche Interessen haben die verschiedenen potenziellen Nutzungsgruppen?
· Gibt es dort soziale Konflikte?
· Gibt es institutionelle Notwendigkeiten bezüglich der Fläche?
· Welche sozialen Ziele sollten verfolgt werden?

### kulturelle Dimension

· Welche kulturellen Nutzungsweisen der Fläche existieren bereits? (Freizeitkultur)
· Welche Art der Gestaltung wünschen sich die Anwohner? Welche Kultur des Umgangs wünschen sich die Anwohner und wie kann die Fläche dazu beitragen?
· Welche ästhetischen Fragen spielen dabei eine Rolle?
· Welche historischen Fragen sind für die Umgestaltung relevant?
· Welche kulturellen Institutionen und Akteure sollen bei der späteren Flächennutzung eine Rolle spielen?
· Welchen Stellenwert spielt die Beziehung zwischen Natur und Kultur bei der künftigen Nutzung der Fläche und welche?

Abbildung 1: Kindliche Annäherungs- und Erfahrungsmodelle. Die einzelnen Aspekte könnten ebenfalls mehreren Dimensionen der Naturerfahrung zugeordnet werden (eigene Darstellung).

Ein weiteres didaktisches Vorgehen könnte darin bestehen, Querverbindungen zwischen den einzelnen Antworten und Fragen zu ziehen, um Priorisierungen bei der Entwicklung von Gestaltungsvorhaben vorzunehmen. Dieser Analyserahmen eignet sich im Gegensatz zu eher unübersichtlichen Methoden wie etwa der Szenario-Technik (vgl. Albers/ Broux 1999) oder ,Concept Maps' (vgl. Nesbit/ Adesope 2006) insbesondere im Primarbereich für eine Annäherung an Problemkomplexe auf drei

Ebenen, der Wahrnehmung von Komplexität, der systematischen Beschreibung von Komplexität und der Entwicklung von adäquaten Handlungsoptionen.

## Integration möglicher kindlicher Sichtweisen und Fragen

Ein Zugang zu dem Bildungsort mit seinen Potenzialen für Bildungsprozesse im Sinne einer nachhaltigen Entwicklung ist das freie Spielen in einer natürlichen oder naturnahen Umgebung. Verschiedene AutorInnen haben sich mit Praktiken des Spielens im Freien auseinander gesetzt – in der Regel mit der These, dass dieses Spielen zentral für die Entwicklung von Individualität und die Herausbildung eines Problembewusstseins für natürliche Zusammenhänge und das Erkennen von Natur als menschlicher Lebensgrundlage ist (vgl. Weber 2011, Louv 2008). Dabei sind verschiedene kindliche Konzeptionen, Verhaltens- und Spielformen hinreichend dokumentiert worden. Auf Basis dieser Dokumentationen wurden folgende spielerisch-narrativen Assoziationen und kindlichen Nutzungsmöglichkeiten hinsichtlich der Brachfläche formuliert. Beide Zugangsebenen – also die Ebene der Wahrnehmung sowie auch die der physischen Auseinandersetzung und Interaktion mit der natürlichen Umgebung werden im Umweltbildungsdiskurs als Naturerfahrung zusammengefasst. Jürgen Mayer und Susanne Bögeholz sprechen von fünf Dimensionen der Naturerfahrung (vgl. Bögeholz 1999), die hier der Systematisierung für mögliche kindliche Annäherungs- und Erklärungsmodelle bezüglich des Bildungssettings dienen.

| Nutzungsdimension | Bedeutungsdimensionen, Explikationen, Konstruktionen bezüglich der Brachfläche |
|---|---|
| erkundend | - Abenteuer, Einbindung in eine Geschichte der Exploration (z.B. „alte Ritterburgen", Verstecke, Geheimnisse)<br>- Bewusstsein für Gefahr: man kann auf den verfallenen Ruinen einbrechen, oder stecken bleiben<br>- Erkunden von Tieren, Pflanzen, unbelebter Natur und anthropogenen Fundstücken vor Ort<br>- Erkunden der Geschichte des Ortes |
| ästhetisch | - sensuelle Naturerfahrungen und deren Verknüpfung mit Wertvorstellungen (positiv konnotiert)<br>- Ruinen als Gestaltungsort<br>- Kulisse für die Entwicklung von Einbildungskraft etwa beim Erfinden von ortsbezogenen Geschichten |
| instrumentell | - Ruinen werden als Orte zum Verstecken, für heimliche Spiele genutzt, vielleicht ein- gerichtet, gestaltet und umgedeutet (z.B. Ritterburg, Hexenhaus, Raumschiff, usw.)<br>- für die Einrichtung werden Fundstücke aus der die Ruinen umgebenden Natur gewählt, vielleicht auch Müll oder Alltagsgegenstände<br>- natürliche Materialen werden insgesamt für das Spiel genutzt<br>- Ausprobieren, Zerstören von Dingen, die in der „richtigen Welt" verboten sind |
| sozial | - Verbotener Aufenthaltsort; Widerstand gegen die Regeln der Erwachsenen; Etablieren von eigenen Regeln und Hierarchien im unbeobachteten Spiel auf der Brachfläche und in den Ruinen<br>- Beobachtung, dass die Ruinen von jemandem zum Schlafen genutzt wurde<br>- Ort als ermöglichende und zugleich Einfluss nehmende Kulisse für die Erprobung und Ausführung eigener sozialer Praktiken und Regeln innerhalb einer Gruppe<br>- Diskussion von früheren Nutzungsformen |
| ökologisch | - Wahrnehmung der „Rückeroberung" des Ortes durch die Natur (z.B. Gras oder Bäume auf den Dächern der Ruinen, Durchwurzelung des Mauerwerks)<br>- Wald als spezifisches Ökosystem im Vergleich zu innerstädischen Wiesen und Parks<br>- Unterschiedliche Beschaffenheit der Böden vor Ort<br>- sensuelles Erkennen des ortsspezifischen Klimas sowie von Lichtverhältnissen<br>- Wahrnehmen und Nutzen der unterschiedlichen Wasservorkommen in Abhängigkeit von Witterungsverhältnissen |

Abbildung 2: Analyse der Gegebenheiten und Potentiale für Bildungsprozesse aus der Perspektive von Bildung für eine nachhaltige Entwicklung (eigene Darstellung)

## Vertiefung der kulturperspektivischen Analyse

Um deutlich zu machen, welche Potentiale sich durch eine Differenzierung der sozi-alen und kulturellen Dimension und insbesondere durch die spezifische Einnahme einer kulturellen Perspektive im Rahmen von Bildungsprojekten ergeben, sollen diese hier tiefergehend und mit einem entsprechenden kulturwissenschaftlichen Instrumentarium als didaktische Reflexion für Lehrpersonen analysiert werden.

Beispielhaft für den skizzierten Kontext werden drei verschiedene Theoriefelder zur situativen Analyse des Ortes ausgewählt. Diese können jeweils weiter ausdiffe-renziert werden. Da Lokalgeschichte für das Verständnis über die Funktionen des Ortes eine bedeutende Rolle einnimmt, sollen zunächst (1) gedächtnistheoretische

Ansätze herangezogen werden, mit denen das Gelände im Rahmen seiner früheren Nutzung befragt wird. Im Sinne der Perzeption des Ortes und seiner früheren und künftigen Nutzung können sich (2) Wahrnehmungs- und Handlungstheorien als aufschlussreich erweisen. Für die konkrete Beschreibung der Interaktion zwischen sozialen Gruppen untereinander und der Brachfläche als urbanem Ort können (3) ethnologische und ethnografische Ansätze herangezogen werden.

## Gedächtnistheorien

Drei kulturwissenschaftliche Erklärungsmodelle für jeweils unterschiedliche Ebenen der Annäherung an eine gemeinsame Geschichte und ihre damit verknüpften Orte und Träger sollen hier skizziert werden:

- Kollektives Gedächtnis (z. B. M. Halbwachs 1967, J. Assmann 2000)
- Gedächtnisleistung von Kunstwerken (z. B. A. Warburg 1932, A. Assmann 1999)
- Gedächtnisorte (z. B. P. Nora 1990)

Theorien des kollektiven Gedächtnisses nehmen die soziale Reichweite von Erinnerung und ihrer Funktion für die Konstitution und Kohäsion gegenwärtiger Gesellschaften in den Blick (vgl. Halbwachs 1967; Assmann, J. 2000). Die zweite Kategorie von Ansätzen, formuliert etwa durch Aby Warburg (1932) oder auch Aleida Assmann (1999), stellt den Bereich der Artefakte und ihrer jeweils eigenen Gedächtnisleistung in den Mittelpunkt ihres Interesses. Zu diesen Artefakten zählen beispielsweise Gebäude, Gegenstände oder im Besonderen auch Kunstwerke (vgl. Warburg 1932). Dass diese Artefakte Vergangenheit zum Teil intendiert, zum Teil absichtslos in die Gegenwart transferieren, kann ein zentrales Hilfsmittel beim Rekonstruieren von vergangenen Gegenwartskonstruktionen sein (vgl. Assmann, A. 1999). In einem ähnlichen Sinne funktioniert die Annäherung an die Vergangenheit über Gedächtnisorte. Dieser Ansatz, der zentraler Gegenstand der Arbeiten von Pierre Nora ist, unterscheidet sich vom vorangegangenen vor allem durch die Tatsache, dass Gedächtnisorte vom Menschen weniger auf materiell-physischer Ebene hervorgebracht werden; anstelle von körperlicher Gestalt zeichnen sie sich durch ihre Eigenschaft als Kontext aus; die ideell-symbolische Aneignung der realen bzw. geistigen Gedächtnisorte ist zentraler Bestandteil des kollektiven Erinnerns (vgl. Nora 1990).

Vor diesem Hintergrund lassen sich verschiedene Fragen bzw. Fragerichtungen für das vorgesehene Bildungsprojekt formulieren:

- Auf welche Art und Weise wollen wir uns künftig an welche Ereignisse erinnern?
- Worin besteht der Unterschied dieses Gedächtnisortes im Vergleich zu im Nachhinein geschaffenen Denkmälern?
- Wie können wir diesen Gedächtnisort für die Zukunft erhalten und welche Rituale können ihn zu einem Ort des kommemorialen Gedenkens verändern?
- Mit welchen ästhetischen Erinnerungsstrategien und symbolischen Ausdrucksweisen kann dazu beigetragen werden, das kollektive Gedächtnis für diesen Ort zu strukturieren und zu erhalten? (neue Spielregeln d. Erinnerns)
- Könnte ein Kunstprojekt dazu beitragen, das kollektive Gedächtnis für diesen Ort zu strukturieren und zu erhalten? (neue Spielregeln des Erinnerns)

Die Berücksichtigung der in den o.g. Fragen entwickelten Perspektiven ist unerlässlich, um der aus ethischer Sicht diffizilen Geschichte von Schuld und Verstrickung, auch durch individuelle (Familien-)Geschichten der Akteure vor Ort, annähernd gerecht zu werden.

## Wahrnehmungs- und Handlungstheorien

Die Gruppe der Wahrnehmungs- und Handlungstheorien befasst sich im weitesten Sinne mit anthropologischen Problemen und fußt damit sowohl auf der menschlichen Erfahrung und Formen ihrer Generierung (z. B. Ästhetik, vgl. Neumann/ Weigel 2000; Kreativität, vgl. Joas 1992) sowie auf der menschlichen Lebenswelt als Grundlage für Erfahrung und Handlung. Für Hans Joas ist neben dem rationalen und normativen Handeln das kreative Handeln ein zentrales Mittel der Welterschließung. Damit gemeint sind sowohl symbolisches als auch mimetisches und ästhetisches Erschließen der Welt, das die Sinnstrukturen für die Einbettung menschlicher Erfahrung und Handlung in den Fokus stellt. Zwei Bereiche der Handlungs- und Wahrnehmungstheorien sollen hier näher beleuchtet werden.

Zum einen Theorien des symbolischen Handelns, in deren Zentrum die Kunst als Praxis steht[13] und zum anderen der Bereich der kulturellen Narrative, denen man

---

13  Kunst wird hier in einem erweiterten Sinne verstanden und umfasst sowohl audio-visuelle Kunst als auch literarische Werke und darstellende Kunst wie etwa Theater.

sich etwa durch Fiktionalitätstheorien[14] nähert.

Theorien des symbolischen Handelns zeichnen sich dadurch aus, dass sie lebensweltliche Praktiken, etwa des Alltags, in ihren künstlerischen Nachahmungen und Zuspitzungen analysieren (vgl. Burke 1966). Drei Interessensfelder sollen dabei in Bezug auf unser Lernsetting besonders hervorgehoben werden: (1) die Taktiken poetischer (künstlerischer) Vergemeinschaftung, (kognitive Ebene) durch symbolisches Handeln, (2) das Feld der sinnlichen Erfahrbarkeit durch ästhetische Zugänge (sensuelle Ebene) sowie (3) die Wechselbeziehung zwischen Körperlichem und Geistigem (synthetisierende Ebene). Diese drei Bereiche sind elementarer Teil der oben beschriebenen kindlichen Perspektiven auf den Ort. Während des Spiels wird eine Ästhetisierung der Lebenswelt vorgenommen (vgl. Gebauer/ Wulf 1998). Diese Beschreibung der lebensweltlichen Zugänge durch Ansätze des symbolischen Handelns verweist im Grunde auf ein altes didaktisches Prinzip – das Lernen mit Kopf, Herz und Hand.

Ein weiterer für unsere Analyse relevanter Bereich der Wahrnehmungstheorien ist das Feld der kulturellen Narrative (Barthes 1964, Ricœur 1988), das die kulturelle Praxis des Erzählens als Erschließung und Strukturierung von Lebenswirklichkeit in den Blick nimmt. Dabei werden Präkonzepte und Vorannahmen untersucht sowie die Organisation von Erfahrungen und Strukturierung von Geschehnissen. Das sind im Ergebnis kulturelle Repräsentationen (Hall 1997) und soziale Konstruktionen (vgl. Berger/ Luckmann 1969, 1999), die z.T. auch identitätsstiftende Funktionen haben (vgl. Kellner 1992, Freeman 1993).

Aus der Perspektive dieser theoretischen Ansätze heraus können beispielsweise folgende Fragen für Bildungszusammenhänge formuliert werden:

- Welche künstlerischen Praxen hinsichtlich der Gestaltung des öffentlichen Raums entsprechen der Ästhetik dieser Brachfläche?
- Welche Narrationen existieren über diesen Ort heute/ früher im doppelten Sinne? (Oral History)
- Welche Imaginationsräume und Fiktionen lassen sich ausmachen?

---

14  Vgl. Eco 1994 oder Iser 1991

## Cultural Studies und Kultursoziologie

Vor allem auf methodischer Ebene sind die Cultural Studies und die Kultursoziologie kulturwissenschaftliche Felder, die ein breites Repertoire an Annäherungen an ein solches Bildungsprojekt bereithalten. An dieser Stelle sollen zwei Ansätze beispielhaft skizziert werden. Die Cultural Studies zeichnen sich durch ihr disziplinübergreifendes Forschungsparadigma aus, das die konzeptuelle Grundlage für eine Synthese von kommunikationswissenschaftlichen, soziologischen, text- und interpretationswissenschaftlichen wie auch anthropologischen Forschungsgegenständen und Forschungsmethoden bildet (vgl. Hepp 2009, During 2007, Grossberg et al. 1992). Sie befassen sich mit der Analyse der Alltagskultur und darin enthaltenen elementaren Praktiken. Dabei stehen je nach Ansatz Beziehungen zwischen Bedeutungsproduktion, sozialer Konstruktion und der Manifestierung von Hegemonien besonders im Zentrum der Aufmerksamkeit.

Aus der Kultursoziologie werden entsprechend des vorliegenden Gegenstandes die Raumtheorien herangezogen. Diese nehmen je nach ihrer Ausrichtung einerseits die soziale und kapitalistische (Lefebvre 1991) Besetzung von Räumen in den Blick, andererseits setzen sie dieser Konzeption handlungstheoretische Sichtweisen (Löw 2000) entgegen, die auf das Potenzial der körperlichen Situiertheit und Platzierung im Raum sowie auf die Möglichkeiten symbolischer Raumkonstruktionen und Raumaneignungsformen verweisen.

Aus dieser Perspektive heraus könnten beispielsweise folgende Fragen bezüglich des Bildungssettings entwickelt werden:

- Welche Motive und Codes lassen sich für die Nutzung des Ortes beschreiben (z. B. Graffiti)?
- Welche Sinngebungsprozesse für Orte wie diesen lassen sich beschreiben?
- Welche Perspektiven und Weltentwürfe lassen sich aus den Handlungsweisen der Akteure beschreiben?
- Welche symbolischen Aneignungs- und Umdeutungsprozesse lassen sich beobachten, einleiten?

## Zusammenführung von kulturwissenschaftlichen Ansätzen mit dem Konzept Bildung für eine nachhaltige Entwicklung in der Grundschule

In einem weiteren Schritt können Fragen, die der Dimension Kultur zugeordnet werden, mit Fragen, die aus der Idee einer nachhaltigen Entwicklung heraus formuliert werden, verschränkt oder synthetisiert werden. Die unten aufgeführten Fragen eröffnen zusätzliche Analyserichtungen, denn sie machen deutlich, dass ein vertiefender Blick auf alltägliche Realitätskonstruktionen auch neue Gestaltungsspielräume, etwa für eigene Lebensweisen im Sinne einer nachhaltigen Entwicklung eröffnet. Erst die Anerkennung der Tatsache, dass Realität durch Bedeutungskonstitutionen, Sinnzuschreibungen und dazu gehörige narrative Strukturen generiert wird, ermöglicht gestaltende Veränderungsprozesse im Sinne einer aktiven Teilhabe (vgl. Berger/ Luckmann 1969). Das heißt, durch ein kognitives Verstehen dieser subtil ablaufenden Sinnstiftungs- und Konstitutionsprozesse wird gesellschaftliche Realität auf individueller und gesellschaftlicher Ebene greifbar und damit sowohl ideell als auch materiell beeinflussbar. Ein einfaches Beispiel kann dies verdeutlichen: Wird dem menschlichen Bedürfnis beispielsweise nach einer bestimmten Ästhetik von Produkten, die eine zentrale Rolle im Alltag spielen (etwa Kleidung), nicht Rechnung getragen, so führen Akzeptanzprobleme (z. B. bei früherer Ökomode) dazu, dass Kaufentscheidungen trotz entsprechender Überzeugung nicht im Sinne einer nachhaltigen Entwicklung gefällt werden. Die allgegenwärtige, wenn auch nicht immer explizite, Verzahnung des Verhältnisses von Mensch und Natur oder Natur und Kultur (die Kategorien sind ebenfalls menschliche Konstruktionen) und deren wechselseitige Entgrenzungsprozesse (vgl. Beck et al. 2004) machen es notwendig, nachhaltige Entwicklung vor der Folie kultureller und gesellschaftlicher Sinnzuschreibungsprozesse zu begreifen, um diese tiefergehend verstehen zu können. Dies ist eine zentrale Erkenntnis auch für die Gestaltung von Bildungsprozessen.

### Natur und soziale Gedächtnisprozesse

- Welche Rolle spielt die Natur für das kollektive Gedenken an diesem für die Gräueltaten des NS-Regimes stehenden und für die Opfer traumatischen Ort? Welche Rolle soll die Natur künftig dabei spielen?
- Wie wird Natur in diesem Rahmen konzeptualisiert und reflektiert? (kritische Diskussion und Reflexion der Ambivalenz von romantisierenden Naturauffassungen bzw. der durchschlagenden Wirkung von normalisierenden und damit

essenzialisierenden Naturmetaphern wie z. B. „Gras über eine Sache wachsen lassen")

- Gibt es über die menschlichen Artefakte hinaus signifikante Naturdenkmale auf der Industriebrache?
- Was lässt sich über das Verhältnis von Geschichte und der Idee einer nachhaltigen Entwicklung aussagen?
- Welche Rolle können die Ruinen der Rüstungsfabrik als Konversionsobjekte bzw. Gedenkstätten spielen?

## Kulturgeografie, sozial-ökologische Forschung

- Wie lassen sich Kulturlandschaft und Naturschutzgebiet vereinbaren?
- Welche Akteure und Hegemonien lassen sich bezüglich der Raumaneignung identifizieren und welche Symboliken und Praktiken spielen dabei eine Rolle?
- Welche Handlungs- und Gestaltungsoptionen der einzelnen Stakeholder und Institutionen bieten sich vor Ort?
- Wie ist der Zusammenhang zwischen potenziellen neuen natürlichen und (landschafts)architektonischen Räumlichkeiten auf das soziale Gefüge vor Ort?

## Alltagskultur

- Welche Nutzungskonzepte gibt es und welche werden beiden, Mensch und Natur, gleichermaßen gerecht?
- Wie könnten Umdeutungskonzepte an diesem Ort aussehen?
- Welche Nutzungskonzepte werden Kindern gerecht?
- Wie lassen sich ansprechende Freizeitkultur und nachhaltige Entwicklung an diesem Ort vereinbaren?
- Welche ästhetisch-ökologischen Maßstäbe spielen bei der Gestaltung der Fläche eine Rolle?

## Lösungsansätze der Gestaltungsaufgabe nach dem Konzept Bildung für eine nachhaltige Entwicklung

Die Antworten der im Kapitel 2 formulierten Fragen können zu einer umfassenderen Analyse weiterentwickelt werden, die Aufschluss über eine potenzielle Nutzung des Ortes unter Berücksichtigung der Verzahnung der natürlichen Kreisläufe und kulturellen Praktiken vor Ort gibt. Auf funktionaler Ebene soll die Brachfläche entsprechend der Analyse ein Ort für Erinnerung, Beobachtung, Kommunikation werden, an dem soziale, kulturelle, ökologische und ökonomische Gestaltungsprozesse ineinander greifen können.

Bei der Entwicklung einer solchen Gestaltungsaufgabe ist zu beachten, dass es um eine prozedurale und bedürfnisorientierte Zielfindung geht, deren Aushandlungsprozesse in partizipativen Verfahren unter Einbezug verschiedener Akteure von statten gehen. Dabei sollten auch kreative Arbeitsweisen zur Gestaltung und Umsetzung der entwickelten Visionen eine Rolle spielen. Gestaltungsprozesse im Sinne einer nachhaltigen Entwicklung zeichnen sich durch reflexive Steuerungsstrategien (z. B. iterative, partizipative Vorgehensweisen) in Bezug auf die Ausarbeitung von Zieldefinitionen und Handlungsstrategien aus. Weitere zentrale Aspekte solcher Prozesse sind eine integrierte, transdisziplinäre Wissensproduktion, Erfahrungslernen (Umgang mit Unsicherheit) und die Erforschung von längerfristigen Systemwirkungen (vgl. Voß 2008). Diese genannten Gesichtspunkte können auch in Partizipationsprojekten mit SchülerInnen umgesetzt werden. Dass ein solches Vorhaben möglich ist, demonstriert beispielsweise das Projekt „Die 12 Veränderer. Stadterneuerung aus der Perspektive von jungen Leuten", das im Rahmen des Programms „Überlebenskunst.Schule" in Berlin durchgeführt wurde. In diesem Projekt haben sich SchülerInnen über einen längeren Zeitraum hinweg mit Beteiligungsprozessen und nachhaltiger Stadtgestaltung auseinandergesetzt. Dabei sind sie als GesprächspartnerInnen auf Augenhöhe mit ernst zu nehmenden Interessen mit verschiedenen beteiligten Stakeholdern wie dem Grünflächenamt, dem QM Flughafenstraße, der TU Berlin, mit KünstlerInnen und AnwohnerInnen in Kontakt getreten und haben kooperativ Ideen zur Umgestaltung eines Platzes entwickelt (vgl. Die 12 Veränderer).

Im Sinne einer gemeinsamen Zielentwicklung kann es sinnvoll sein, zunächst gemeinsame Kommunikationsformen und -orte zu entwickeln, um Anliegen und Bedürfnisse sichtbar zu machen. Diese bilden die Basis für die Herausbildung weiterer Projekte, wie etwa

• wechselnde Kunstausstellungen,
• das Anlegen von Gärten zum Urban Farming,
• die Diskussion von räumlich-sozialen Möglichkeiten einer offenen Freizeitgestaltung,
• das Einrichten kuratierter Nachbarschaftsprojekte.

Derartige Vorhaben eröffnen Möglichkeiten des Wahrnehmens und Wertschätzens ökologischer Kreisläufe und sozialer Systeme sowie deren wechselseitige Integration.

## Bildungsziele eines solchen Projekts im Sachunterricht im Sinne einer nachhaltigen Entwicklung

Neben der Förderung von Gestaltungskompetenzen, die eher auf kognitiver Ebene erworben werden, haben Lernende in einem solchen Projekt, das in realen kulturellen Kontexten verankert ist, die Möglichkeit, auch emotionale und ästhetische Kompetenzen auszubilden. Letztere werden vor allem durch die Notwendigkeit generiert, ästhetische Aspekte sensorisch zu erfahren, in der Planung zu berücksichtigen und entsprechende Entscheidungen kognitiv zu begründen. Dass gerade komplexere Kunst- und Gestaltungsprojekte nicht allein affektiv auf die Erfahrung von „Schönheit" und Harmonie zu reduzieren sind, sondern neuronal mit Kognitionen (etwa Erinnerungen und Bedeutungszuweisungsprozessen) verknüpft werden, ist aus lerntheoretischer Perspektive von Bedeutung (vgl. Belke/ Leder 2006; vgl. auch Niebert in diesem Band).

Auch die Einbindung der persönlichen Wertvorstellungen, Interessen und Bedürfnisse in das Projekt schafft eine affektiv-emotionale Grundlage, ebenso die Interaktion mit den anderen Peers und Stakeholdern. Diese persönlichen Perspektiven und Faktoren während des Bildungsprozesses nehmen Einfluss auf die Herausbildung eines eigenen Standpunkts in Bezug auf das Projektgeschehen und damit auf eine gesellschaftliche Fragestellung.

Weiterhin werden durch eine Projektarbeit, die kulturell-ästhetische Perspektiven und Gestaltungsebenen in einen Zusammenhang mit gesellschaftsrelevanten Fragestellungen, wie etwa nachhaltiger Entwicklung, bringt, zusätzliche Zugänge geschaffen, die über eine ausschließlich rationale Erfahrungs- und Kognitionsebene hinausgehen, aber für die Veränderung von individuellem Verhalten wesentlich sind (vgl. Kruse 2013).

Bildung für eine nachhaltige Entwicklung ist also ein Konzept, dass nicht nur einen Rahmen für die Verzahnung von Individualitätsentwicklung und Gesellschaftsgestaltung bietet, sondern diese Verknüpfung beider Dimensionen zum Ziel hat.

Durch die Integration von kulturwissenschaftlichen Ansätzen und Methoden kann das Konzept Bildung für eine nachhaltige Entwicklung zusätzliche Perspektiven auf den sachunterrichtlich diskutierten Lebensweltansatz bieten, der unter Rückgriff auf Alfred Schütz und Thomas Luckmann als „Wirklichkeitsregion beschrieben wird, in die der Mensch eingreifen und die er verändern kann." (Schütz/ Luckmann 1979, S. 25) Dabei, so interpretiert Dagmar Richter, „lassen sich verschiedene Lebenswelten beschreiben, die sich vielfach überschneiden und überlagern", während es innerhalb dieser Lebenswelten „objektive Strukturen" (vgl. Habermas 1981) gibt, die in unterschiedlichen subjektiven Lebenswelten gleich sein können. Bildungsziel eines zeitgenössischen Sachunterrichts ist es, objektive Gegebenheiten der Lebenswelt" zusammen mit den „verallgemeinerten subjektiven Bedürfnissen der Schüler/ innen zu formulieren" (Richter 2009, S. 78). Das vorgestellte Beispiel hat gezeigt, dass die Kulturwissenschaften nicht nur eine zusätzliche analytische Perspektive auf soziale Zusammenhänge darstellen, indem sie Bedeutungs- und Sinngebungsprozesse zum Teil anhand von Artefakten, zum Teil anhand von Praktiken, aber auch gesellschaftliche Hegemonien in den Blick nehmen. Sie stellen adäquate Analyse- sowie Interpretationsmethoden zum Verständnis dieser bereit und ermöglichen die Entwicklung von spezifischen Fragestellungen (wie hier in den vorangehenden Kapiteln „Vertiefung der kulturperspektivischen Analyse" und „Lösungsansätze der Gestaltungsaufgabe nach dem Konzept Bildung für eine nachhaltige Entwicklung" gezeigt wird), die zentrale Ausgangpunkte für Bildungsprozesse darstellen.

Ein differenziertes Begreifen dieser Prozesse ist eine wesentliche Grundlage für die Ausbildung von Handlungskompetenzen, aber auch für ein Verständnis der eigenen Handlungsmöglichkeiten (Handlungsmacht) im Sinne der Gestaltung einer nachhaltigen Gesellschaft – Ziele, für die bereits im Grundschulalter eine breite Basis gelegt werden sollte.

# Partizipation am Beispiel von Preisbildung
## Grundzüge einer ökonomischen Perspektive im Rahmen einer Bildung für eine nachhaltige Entwicklung im Sachunterricht

## David Löw Beer

In dem vorliegenden konzeptionellen Aufsatz wird Partizipation im formellen und informellen Sinne (Jung 2009) als anspruchsvolle Zielperspektive ökonomischer Bildung im Kontext einer Bildung für eine nachhaltige Entwicklung beschrieben. Diese will SchülerInnen des Sachunterrichts zur nachhaltigen Gestaltung der wirtschaftlichen Welt befähigen. Empirische Untersuchungen mit Kindern zu ihrem ökonomischen Verständnis von Märkten und Preisbildungen werden mit Hilfe einer Unterscheidung von Marx (1975[1867]) interpretiert. Demnach zeigen Kinder im Wesentlichen ein Gebrauchswertverständnis. Dieses sollte im Unterricht um ein Tauschwertverständnis erweitert werden. Da ein solches Verständnis aber vor allem die ökonomische Dimension einer nachhaltigen Entwicklung thematisiert, ist es durch ökologische und soziale Aspekte zu ergänzen. Dafür werden die Konzepte der externen Effekte und des ‚capability approach' (Fähigkeitenansatz) von Nussbaum (1999, 2006) und Sen (1999) anhand von Beispielen erläutert und skizziert, wie beide Konzepte im Sachunterricht eingesetzt werden können. Schließlich wird ein praktischer Vorschlag für einen Sachunterricht gemacht, der die angesprochenen Inhalte thematisieren möchte. In diesem werden zunächst eigene und fremde Bedürfnisse kennen gelernt. Anschließend wird angestrebt ein, im engeren Sinn ökonomisches, Preisverständnis aus dem Zusammenspiel von Angebot und Nachfrage zu ermöglichen. Dieses kann um ökologische und soziale Fragen erweitert werden. Eine so verstandene ökonomische Bildung im Sachunterricht befähigt dazu die bestehende Wirtschaftsordnung zu analysieren und sie ermöglicht es Vorschläge zu entwickeln, wie ein Umdenken unter dem ethischen Leitbild einer nachhaltigen Entwicklung realisiert werden kann. In der weiteren Forschung wird es darum gehen, den Vorschlag weiter auszuarbeiten und zu untersuchen, ob er sich in der Praxis bewähren kann.

## Partizipation im ökonomischen Bereich

Wenn man sich das Leitbild der nachhaltigen Entwicklung zu Eigen macht, so kann das erhebliche Konsequenzen für das eigene ökonomische Handeln haben. Im Rahmen des vorhandenen Angebots und der eigenen Möglichkeiten kann man sich für einen Konsum entscheiden, der eine nachhaltige Wirtschaftsweise unterstützt, z. B. über den Kauf ökologisch produzierter und fair gehandelter Produkte oder auch durch gezielten Verzicht, wie z. B. auf Flugreisen. Außerdem engagiert man sich dafür, dass eine solche Konsumform allen Menschen in einer Gesellschaft bekannt wird und offen steht. Man setzt sich ein für eine umweltschonende, sich an den Zeiten der Natur orientierende und sozial verträglichere Produktion, für den Einsatz innovativer, energieeffizienter Technologien sowie allgemein für die Reduktion der Stoff- und Energieströme (vgl. de Haan 2002, S. 18 sowie Stoltenberg 2009, S. 36).

Ein Kennenlernen von und ein Diskutieren über verschiedene Konsum- und Arbeitsweisen stellt zweifellos einen wichtigen Bestandteil eines modernen Sachunterrichts dar. Nicht zuletzt verlangt dies auch der Perspektivrahmen der Gesellschaft für Didaktik des Sachunterrichts (GDSU 2013, S. 35f.) sowie verschiedene Curricula (etwa Niedersächsisches Kultusministerium 2006, S. 19; Ministerium für Bildung, Frauen und Jugend Rheinland-Pfalz 2006, 12).

Partizipation an der aktiven Gestaltung einer nachhaltigen wirtschaftlichen Entwicklung beinhaltet aber mehr. Da das Konzept Bildung für eine nachhaltige Entwicklung mit dem Anspruch der Kompetenz zur Gestaltung von Zukunft verbunden ist (vgl. de Haan 2002, S. 53 ff.), umfasst Partizipation sowohl individuelle als auch gesellschaftliche Gestaltungsprozesse (vgl. Rieckmann/ Stoltenberg 2011). Angesichts der nicht-nachhaltigen Entwicklung der gegenwärtigen Wirtschaftsweise, bedeutet eine Befähigung zur Partizipation für den ökonomischen Bereich entsprechend auch Strukturen und Praktiken umzudenken und neu gestalten zu lernen. Dies setzt ein kritisches Verständnis des gegenwärtigen Wirtschaftssystems genauso voraus, wie Vorstellungen darüber, wie Alternativen und Veränderungen aussehen und erreicht werden können.

Die Möglichkeiten, die sich aus einer solchen umfassenden Befähigung zur wirtschaftlichen Partizipation ergeben, lassen sich an einem Beispiel verdeutlichen. Bei diesem geht es darum zu verstehen, wie Preise für ökologische Lebensmittel zu Stande kommen. Die Argumente können auch auf andere Bereiche, wie ein Verständnis von Geld bzw. nachhaltigkeitsorientierter finanzieller Bildung oder von Lohnbildung, übertragen werden.

Wer versteht, dass sich die höheren Preise ökologisch produzierter Lebensmittel nicht nur mit den, zumindest kurzfristig, höheren Produktionskosten, etwa aufgrund der längeren Arbeitszeiten, die für die gleichen produzierten Mengen gebraucht werden, erklären lassen, sondern auch damit zusammenhängen, dass mit ökologisch produzierten Lebensmitteln andere Käufergruppen angesprochen werden und sie auch mit der Gestaltung der Agrarsubventionen zusammenhängen, kann sich anders einbringen.[15]

Dies kann den politischen Einsatz in einer Partei oder einer Bürgerinitiative für eine veränderte Agrarpolitik umfassen, aber auch das Einfordern einer anderen Preisstruktur in Lebensmittelgeschäften und, ggf. schließlich die Gründung eines eigenen Ladens, mit dem gezielt versucht wird, ökologische Produkte für Menschen mit geringen Einkommen zugänglich und attraktiv zu machen. Dieses Beispiel soll hier nur andeuten, welche vielfältigen Anschlussmöglichkeiten eine ökonomische Bildung im Sachunterricht bietet, die Preise in den Mittelpunkt stellt.

Bevor die Überlegungen dazu näher ausgeführt werden, werden im folgenden Abschnitt zunächst Erkenntnisse zu kindlichen Vorstellungen von Preisbildung aufgearbeitet. Im dritten Abschnitt werden diese mit einigen nachhaltigkeitsorientierten ökonomischen Kategorien gedeutet. Schließlich wird ein Vorschlag für eine von Bedürfnissen ausgehende ökonomische Bildung im Kontext einer Bildung für eine nachhaltige Entwicklung im Sachunterricht unterbreitet.[16]

## Kindliche Vorstellungen von Preisbildungen und Märkten

Im Laufe der letzten 60 Jahre sind eine Reihe von Untersuchungen zu ökonomischen Konzepten von Kindern durchgeführt worden. Während ältere Arbeiten, in der Tradition Piagets, davon ausgehen, dass sämtliche Kinder dieselben Verständnisstadien durchlaufen müssen, um ein ‚erwachsenes' oder fachwissenschaftliches Verständnis von einem ökonomischen Konzept zu erreichen, benennen die neueren Untersuchungen nur noch unterschiedliche Verständnisse ohne davon auszugehen, dass Lernende zwangsläufig die verschiedenen Verständnisse nacheinander durch-

---

15  Dieses Argument wird in Abschnitt 4 näher ausgeführt.
16  Aufgrund der Ausrichtung des Aufsatzes erfolgt an dieser Stelle keine Aufarbeitung des aktuellen Forschungsstandes zu ökonomischer Bildung im Sachunterricht nicht. Hierfür sei auf einen anderen Aufsatz verwiesen (Asmussen/ Löw Beer 2012).

laufen (vgl. Webley 2005, S. 44). Die neuere Forschung hebt zudem insbesondere die Unterschiede der sozialen Umgebung, wie den Befragungsort oder den sozialen Hintergrund der Befragten, heraus. Diese Erweiterungen können, aufgrund des begrenzten Platzes, bei der folgenden Darstellung nicht weiter ausgeführt werden, stellen aber wichtige Ergänzungen dar (vgl. für einen Überblick Webley, a.a.O.).

Die Untersuchungen, die sich mit kindlichen Vorstellungen zu solchen wirtschaftlichen Fragen auseinandersetzen, die auch in den Wirtschaftswissenschaften diskutiert werden, konzentrieren sich auf Märkte und Preisbildungen. Da im folgenden Abschnitt gezeigt wird, dass ein umfassendes Verständnis von Preisen und Märkten, in Verbindung mit einer ethischen Reflexion, zahlreiche für Nachhaltigkeitsfragen bedeutsame Einsichten ermöglicht, konzentriert sich die Darstellung auf die Verständnisse zu Preisbildung und Marktmechanismen.

Für das Verständnis davon, wie Preise zu Stande kommen, identifizieren Berti und Bombi (1988, S. 116 ff.), bei Kindern zwischen 5 und 12 Jahren, fünf Stufen des Verständnisses[17]:

Bei einem Verständnis auf der ‚untersten Verstehensstufe' wird kein Unterschied zwischen der Bezahlung durch den Konsumenten und der Ausgabe von Wechselgeld durch die Ladenbesitzerin gemacht. Beides dient dazu die Geldbestände der jeweiligen Seite aufzufüllen. Wie viel Geld ausgegeben wird und welche Mengen von Produkten ver- und gekauft werden, hängt lediglich von den jeweiligen Wünschen ab.

Ein Verständnis auf der ‚zweiten Stufe' zeichnet sich dadurch aus, dass die Geschäftsinhaberin die Preise willkürlich festlegen kann. Kinder, die dieses Verständnis zeigen, gehen in der Regel davon aus, dass die Geschäftsinhaberin die Güter selbst herstellt oder von FreundInnen bekommt.

Ab dem ‚dritten Level' wird zwischen der Ladeninhaberin und dem Produzenten unterschieden. Berti und Bombi (1988, S. 116 ff.) fassen hier zwei recht unterschiedliche Vorstellungen zusammen, weil sich beide auf die Bedeutung der Ladenbesitzerin konzentrieren:

Die meisten der in diese Kategorie eingeordneten Kinder gehen davon aus, dass die Ladenbesitzerin (oder bei einigen Ausnahmen eine öffentlichen Institution) ei-

---

17  In ihren umfangreichen Untersuchungen fragten sie Kinder zwischen 5 und 12 Jahren, ob sie jemals bei einem Gemüsehändler oder einem Zeitungskiosk waren und ob sie sich erinnern können, wie viel in etwa ein Apfel oder ein Comic kosten. Es schließen sich Fragen an, ob die Dinge gleich viel in unterschiedlichen Geschäften kosten und wer den Preis bestimmt. Schließlich geht es darum, wie die genannten Institutionen die Preise festlegen und ob sie sich über die Jahre(-szeiten) verändern. Die Arbeiten von Furth (1980) und Jahoda & France (1979) kommen zu sehr ähnlichen Ergebnissen.

nen Preis festlegt, entweder willkürlich oder sie glauben an einen einzig möglichen Preis, der in unmittelbarem Bezug zu einem Charakteristikum des Gutes steht. In solchen Verständnissen wird oft angenommen, dass größere Güter stets teurer sind als kleinere. Konsequenterweise sind die Kinder überzeugt davon, dass ein Konsument genauso viel für ein Gut bezahlen muss wie eine Ladenbesitzerin oder ein Händler. Trotzdem glauben sie, dass die Ladenbesitzerin Geld verdienen kann. Dies begründen sie meist damit, dass die Ladenbesitzerin auf einmal eine große Menge Güter von der Produzentin oder dem Händler kauft, während sie die Güter in vielen einzelnen Verkaufsvorgängen an die Konsumenten weitergibt.

Eine kleinere Gruppe glaubt, dass das bezahlte Geld von der hineingesteckten Arbeit abhängt. Kinder in dieser Gruppe glauben, dass die Verkäufer einen Preis unterhalb des Einkaufspreises ansetzen sollten, da sie weniger Arbeit hineingesteckt haben als die ProduzentInnen. So antwortet z. B. der 7-jährige GIORGIO auf die Frage für wie viel eine Ladenbesitzerin ein Comic verkaufen kann, dass sie für 400 Lire gekauft hat „...200. – *For less?* – Yes. – *How come for less?* – Because he gives 400 Lire to him who made it, and it costs more to make something; he makes it for him, then he gives it to him and then he sells it for less" (Berti/ Bombi 1988, S. 118). Einige Kinder räumen ein, dass die Ladenbesitzerin dadurch einen Verlust macht, andere streiten dies ab.

Kinder, die der ‚vierten Stufe' zugeordnet werden, geben zunächst an, dass die Ladenbesitzerin die Preise festlegt. Auf Nachfragen sagen sie, dass die Ladenbesitzerin dem Zwischenhändler oder der Produzentin weniger bezahlen muss als sie verlangen kann. Die meisten dieser Kinder können allerdings nicht erklären, warum die Preise entlang der Produktionskette steigen.

Schließlich gehen Kinder auf der ‚höchsten Verstehensstufe' davon aus, dass die Preise von der Fabrik zum Shop steigen. Preise hängen in diesen Vorstellungen nicht so sehr an der Qualität der Güter, sondern an den Produktionskosten aller beteiligten Händler und den Profiten, die sie machen. Die Ladenbesitzerin legt einen Preis fest, in dem sie zu ihren Kosten die Summe addiert, die sie als Profit erzielen möchte. Erste Ideen von Marktdynamiken erscheinen, so z. B. bei Stefania (12) „*Who is it who decides on the price of apples?* – I don't know ... the person who sells them ... no, the farmer. – *How does the farmer decide on the price?* – Depends how many apples he grew. – *And so if he had a lot?* – They cost less. – *Why?* – Because they would soon go bad. – *But wouldn't he think that if he sold them for more he would make more?* – No, because people wouldn't want to buy so many" (Berti/ Bombi, a.a.O., S. 123).

Ein solches, eher als betriebswirtschaftlich zu beschreibendes Verständnis von Preisen, kann aber nur ein Anfang einer ökonomischen Bildung sein. Zumal die Untersuchungen von Berti und Bombi (ebd.) zeigen, dass die Kinder durch Alltagserfahrungen ohnehin ein solches Verständnis erreichen, dies also nicht unbedingt Teil eines Bildungsprozesses sein muss. Um das Zustandekommen von Preisen umfassender zu verstehen, müssen auch Marktmechanismen bedacht werden. Dabei zeigen Berti und Grivet (1990), dass Kinder häufig leichter begreifen, dass Preisveränderungen eines Gutes das Kaufverhalten beeinflussen als dass sie die umgekehrten Effekte, also den Einfluss eines geänderten Angebots oder einer geänderten Nachfrage auf Preise, verstehen. Siegler und Thompson (1998) zeigen, dass Kinder die Effekte einer Nachfrageveränderung früher verstehen als die einer Angebotsveränderung. Leiser und Halachmi (2006) bestätigen diese Ergebnisse und führen eine Reihe von Experimenten durch um zu erkunden, worauf diese Unterschiede zurück zu führen sind. Ihre Vermutung ist, dass aus der Kinderperspektive die Verkäuferin den Preis festsetzt. Deshalb kann sie auf eine Veränderung der Nachfrage reagieren. Eine Erhöhung des Angebots, die in der Tendenz zu niedrigeren Preise führt, kommt z. B. zu Stande, wenn sich die Anzahl der Anbieter erhöht. Einen solchen aggregierten Kausalmechanismus zu verstehen, scheint deutlich komplizierter.

Nachdem nun der umfassende Anspruch einer ökonomischen Partizipation im Kontext einer Bildung für eine nachhaltige Entwicklung skizziert worden ist und einige Befunde aus der Forschung zu ökonomischen Konzepten von Kindern dargestellt worden sind, werden diese im folgenden Abschnitt mit Hilfe ökonomischer Kategorien gedeutet. Anschließend wird aufgezeigt, welche Überlegungen aus den Wirtschaftswissenschaften genutzt werden können, um auf der Basis dieser vorunterrichtlichen Vorstellungen Einsichten zu erlangen, die Möglichkeiten für eine nachhaltige Gestaltung der Welt bieten können.

## Wirtschaftswissenschaftliches Denken aus der Perspektive einer nachhaltigen Entwicklung

Zur Reflexion der kindlichen Vorstellungen von Preisbildungen und zur Entwicklung einer Perspektive für ökonomische Bildung im Sachunterricht ist zunächst die Marx'sche Unterscheidung von Gebrauchs- und Tauschwert hilfreich. Der Gebrauchswert (Marx 1975[1867], S. 50) eines Gutes bestimmt sich daraus, welchen

Nutzen dieses für einen Menschen stiftet. Der Gebrauchswert von einem Lebensmittel kann für einen Menschen darin liegen seinen Hunger bzw. sein Bedürfnis nach Energieaufnahme zu befriedigen. Der Gebrauchswert, den ein Gut für jemanden hat, kann sich individuell unterscheiden. Beispielsweise könnte jenes Lebensmittel von einem Autofahrer auch in einer bearbeiteten Form als Treibstoff verwendet werden und hätte dann für diesen einen anderen Gebrauchswert.

Die im vorherigen Abschnitt dargestellten Verständnisse der meisten Kinder im frühen Grundschulalter können als Gebrauchtwertvorstellungen oder zumindest als Annäherungen daran interpretiert werden. Besonders gut lässt dies an der Vorstellung erkennen, dass größere Produkte stets mehr kosten als kleinere.

Der Tauschwert (vgl. Marx, a.a.O., S. 62 ff.) eines Gutes spiegelt hingegen ein gesellschaftliches Verhältnis wider. Der Tauschwert wird hier etwas vereinfacht mit dem Preis gleichgesetzt.[18] Dieser ergibt sich auf Märkten durch das Zusammenspiel von Angebot und Nachfrage.

Der Unterschied zwischen beiden Wertformen und die Bedeutung des Konzeptes für Nachhaltigkeitsfragen, soll am Beispiel von Mais verdeutlicht werden. Der Gebrauchswert von Mais liegt für viele Menschen darin etwas zu essen zu sein. Dieser hat sich über die letzten Jahre kaum verändert.[19] Was allerdings in den letzten Jahren sehr gestiegen ist, ist der Preis für den Mais. Dies hat vor allem vier Ursachen:

- Über ein Drittel der Maisproduktion wird in Deutschland und den USA für die Biogas- oder Biospritproduktion genutzt.
- In Folge des zunehmenden Wohlstands in Indien und China ist insbesondere dort der Fleischkonsum stark gestiegen. Mais als Futtermittel wird deshalb deutlich stärker nachgefragt.
- Eine große Dürre hat im letzten Jahr, insbesondere in den USA, das Maisangebot reduziert.
- Schließlich haben Spekulationen den Maispreis weiter nach oben getrieben (vgl. Höges et al. 2012).

---

18  Marx schreibt zwar, dass der Preis die Erscheinungsform des Tauschwerts ist, allerdings kann für ihn nur Arbeit Wert schaffen. Demnach hat ein unbeackerter Boden keinen Wert, im Kapitalismus hat er aber einen Preis (vgl. Marx a.a.O., S. 50 ff.).

19  Betrachtet man lange Zeiträume, so hat sich der Nährwert und somit der Gebrauchswert von der ‚Balsas-Teosinte' zu den heute üblichen Maiskolben erheblich vergrößert.

Wie an dem Maisbeispiel zu erkennen ist, sind Preise also weder etwas Naturge-
gebenes, noch hat ein Ladenbesitzer weitgehende Freiheiten diese festzulegen. Für
die Berücksichtigung sozialer Fragen, die einen wesentlichen Teil von Nachhaltigkeit ausmachen, bedeutet dies, dass Partizipation möglich wird, wenn SchülerInnen
befähigt werden sich an gesellschaftlichen Prozessen zu beteiligen; etwa indem sie
zunächst verstehen, wie der Maispreis zu Stande kommt, um dann zu einem eigenen,
begründeten Werturteil darüber gelangen zu können, welche Form der Maisverwer-
tung mit welchen Fördergeldern unterstützt werden sollte.

Gleichzeitig ist die Bedeutung von Preisen für das gegenwärtige Wirtschaftssystem kaum zu unterschätzen. Traditionell ist man dabei im wirtschaftswissenschaftlichen Mainstream davon ausgegangen, dass ein relativ hoher Preis eines Gutes es
für ProduzentInnen sowie VerkäuferInnen attraktiv macht, dieses in relativ großen
Mengen anzubieten. Auf der anderen Seite führt ein relativ hoher Preis eher dazu,
dass potentielle KäuferInnen davon absehen ein Produkt zu kaufen, sei es, weil sie
es sich nicht leisten können oder weil sie das Gefühl haben, dass der Preis ‚zu hoch'
ist. Preise haben somit die Funktion relative Knappheiten, also Knappheiten im
Verhältnis zu Bedürfnissen, ausgedrückt in Geldeinheiten, anzuzeigen.

Mittlerweile ist das Verständnis der Signalwirkung von Preisen weiter entwickelt
worden. So hat sich die Erkenntnis durchgesetzt, dass ein hoher Preis auch als
Qualitätsindikator aufgefasst werden kann, insbesondere wenn wenige Kenntnisse
über das Produkt vorhanden sind (vgl. Pepels 2006, S. 20). Ein Beispiel an dem
diese Signalwirkung von Preisen gut zu erkennen ist, sind Bio-Lebensmittel von
kleinen Marken wie z. B. Demeter. Für einige KonsumentInnen deutet, neben einem
Label, auch der, im Vergleich zu konventionell hergestellten Lebensmitteln, höhere
Preis an, dass das Produkt besser ist bzw. konkreter, dass es deutlich teurer in der
Herstellung war.[20]

---

20  Eine solche Wahrnehmung von Preisen als Indikatoren für Qualität kann irreführend sein. Auch wenn dem
    Autor bislang keine Untersuchung bekannt ist, die detailliert die Gewinnmargen konventioneller und ökolo-
    gisch produzierter Lebensmittel von den HerstellerInnen bis zu den EndverkäuferInnen vergleicht, so ist doch
    zumindest zu vermuten, dass ein Teil der höheren Preise für Bio-Lebensmittel sich daraus ergibt, dass andere,
    in der Regel besser verdienende Käuferschichten durch Bio-Lebensmittel angesprochen werden. Hierauf
    deutet die SINUS-Studie 2006 hin, die zu dem Schluss kommt, dass mehr als jedes andere Kriterium, die Zu-
    gehörigkeit zur Oberschicht bzw. zur oberen Mittelschicht den Bio-Konsum erklären kann (vgl. Spiller 2006).
    Ebenso weist eine Untersuchung der Agrarmarkt-Informationsgesellschaft darauf hin, dass die Gewinne je
    Hektar oder die Einkommen je Arbeitskraft bei Biobetrieben diejenigen von vergleichbaren konventionellen
    Betrieben übersteigen (vgl. BÖLW 2012).

Neben der nun dargestellten klassisch-ökonomischen Perspektive sind für ein Nachdenken über Preise auch die anderen Dimensionen nachhaltiger Entwicklung von Bedeutung. Für ein Verständnis dieser können Überlegungen aus den Wirtschaftswissenschaften ebenfalls herangezogen werden.

Im ökologischen Bereich gilt es dabei zu untersuchen, welche Folgen wirtschaftlicher Aktivitäten auf die Natur bei der Preisbildung berücksichtigt werden und welche nicht. Um eine solche Analyse, die prinzipiell bei jedem Produkt und, wenn man einen Schritt weiterdenkt, bei jeder menschlichen Handlung durchgeführt werden kann und sollte, zu konkretisieren, werden die Überlegungen zu Mais an dieser Stelle fortgeführt.

Mais zieht mehr Nährstoffe aus dem Boden als andere Anbaupflanzen wie z. B. Buchweizen. Böden, auf denen Mais angebaut wird, werden somit schneller ausgelaugt. Früher führte dies dazu, das Landwirte nach wenigen Jahren Maisproduktion die Flächen eine Zeit lang brachliegen ließen oder zumindest nicht mit Mais bepflanzten, damit sich die Böden regenerieren konnten. Ökonomisch gesprochen bezahlten die Landwirte durch das Brachliegen oder die Andersnutzung des Landes dafür, dass sie in anderen Jahren Mais anbauten. Durch den Einsatz von Düngemitteln sind diese Kosten, in Form entgangener Gewinne, für die Landwirte gesunken, sie können das Land nun mehr nutzen und erzielen gleichzeitig höhere Erträge. Allerdings entstehen durch den Einsatz von Düngern, neben den Anschaffungskosten, auch externe Effekte. Externe Effekte zeichnen sich dadurch aus, dass durch die Aktivitäten eines Haushalts oder Unternehmens direkt das Wohlbefinden eines anderen Haushalts oder der Gewinn eines anderen Unternehmens beeinflusst werden. In dem Beispiel kann durch den Einsatz von Düngern u.a. Trinkwasser verunreinigt werden. Für diese, durch die Landwirtschaft verursachten Schäden, müssen aber in der Regel nicht die Landwirte selbst, sondern die Allgemeinheit aufkommen, entweder in Form von Kläranlagen oder durch eine schlechtere Wasserqualität. Ähnlich verhält es sich bei vielen anderen ökonomisch relevanten Aktivitäten. Beispielhaft sei hier auf die Luftverschmutzung durch den Auto- oder Flugverkehr verwiesen. Dabei müssen die Verursacher nur einen Teil der durch sie entstandenen Kosten

– dazu zählen u.a. die Schädigungen der Ökosysteme, aber auch der menschlichen Gesundheit – bezahlen.[21,22]

Für SchülerInnen im Sachunterricht kann es eine bedeutsame Erkenntnis darstellen, wenn sie verstehen, dass sich z. B. das Flugzeug oft nur deshalb als das günstigste Verkehrsmittel darstellt, weil ein Teil der Kosten, die in Form der Luftverschmutzung entstehen, nicht oder nur teilweise vom Verursacher der Schäden getragen werden.[23] Anders ausgedrückt: Wenn die Kosten für die Schädigung von Gesundheit und Umwelt tatsächlich von denjenigen getragen werden müssten, die sie verursachen, so würden andere Technologien (wie zum Beispiel das Bahnfahren) relativ günstiger und damit vermutlich verstärkt zum Einsatz kommen. Oder ökonomischer gesprochen: individuell rationales Verhalten, im Beispiel die Wahl des Flugzeugs als unmittelbar kostengünstigstes Verkehrsmittel kann zu gesellschaftlich unerwünschten Ergebnissen führen, wenn die Anreize entsprechend gesetzt sind (vgl. Krol 2001). Ökonomische Bildung ermöglicht somit sowohl ein reflektiertes Nachdenken über die individuelle Verantwortung in einer Welt, in der das Flugzeug ein sehr verbreitetes Verkehrsmittel darstellt, wie auch die Befähigung zu verstehen, wie Preise aussehen müssten, wenn sie die gesamten ökologischen und gesundheitlichen Folgekosten berücksichtigen würden.

Denkt man genauer über unterschiedliche, typische menschliche Aktivitäten nach, so lässt sich erkennen, wie verbreitet externe Effekte sind. Dazu einige Beispiele:

* Die ökologischen Kosten der Stromproduktion aus fossilen Energien, die einen negativen externen Effekt darstellen und bislang nur zum Teil durch Steuern und $CO_2$-Emissionszertifikate berücksichtigt werden.

---

21  Um die externen Effekte des Transports zu erfassen, hat die europäische Kommission ein groß angelegtes Projekt durchführen lassen, in dem ein Forscherteam mehrere hundert Studien zusammengeführt und durch eigene Untersuchungen ergänzt hat. Erfasst wurden dabei die externen Kosten verschiedener Transportmittel. Dazu zählten zum Beispiel die Kosten, die durch Luftverschmutzung entstehen, etwa in Form von höheren Gesundheitsausgaben oder durch unterschiedliche Beeinträchtigungen von Ökosystemen. Die Untersuchung kommt zu dem Schluss, dass im Durchschnitt die externen Kosten pro 100 Passagierkilometer beim Auto bei 9,3 € und bei der Bahn bei 0,4 € liegen (vgl. Friedrich/ Quinet 2011, S. 374).

22  Um einen Missverständnis vorzubeugen, sei an dieser Stelle festgestellt, dass nicht menschliche Aktivitäten wie das Anpflanzen von Mais oder Autofahren pauschal kritisiert werden sollen. Problematisiert wird die Verschiebung von Kosten, die tatsächlich entstehen und die anstelle der Verursacher die Allgemeinheit oder zukünftigen Generationen tragen müssen. Wenn man diese externalisierten Kosten den Verursachern zurechnen würde, also beispielsweise Landwirte für die Trinkwasserverschmutzung aufkommen ließe, so dürften sich die Konsum- und Produktionsgewohnheiten der Menschen durch diese Preisanpassungen verändern.

23  Die in der vorletzten Fußnote erwähnte Untersuchung beziffert die durchschnittlichen externen Kosten eines Flugzeugs mit 4,1€ pro 100 Passagierkilometer (vgl. Friedrich/ Quinet 2011, S. 374).

- Die Schädigung der Gesundheit von NichtraucherInnen, für die RaucherInnen nicht aufzukommen haben.
- Die Wärme, die entsteht, wenn in einer ein Stockwerk tiefer liegenden Wohnung geheizt wird: Hier kann es zu einem positiven externen Effekt kommen, denn die BewohnerInnen aus der oberen Wohnung können die Wärme nutzen, ohne dass sie dafür bezahlen müssen.

Das zugrunde liegende Konzept, welches aussagt, dass bei vielen menschlichen Tätigkeiten nicht diejenigen für die Kosten ihrer Handlungen aufkommen müssen, die sie verursacht haben, lässt sich gut im Sachunterricht thematisieren. Überdies erfüllt es alle fünf Kategorien (Exemplarität, Gegenwartsbedeutung, Zukunftsbedeutung, Struktur, Zugänglichkeit), die, laut Klafki (1962), grundlegend für eine didaktische Analyse sind.

Weiterhin stellt die soeben dargelegte Problematik ein gutes Beispiel dafür dar, dass über zentrale Fragen, wie die Höhe des gesamte Natur- und Ressourcenverbrauches einer Wirtschaft, der für das ökologische System tragbar ist, nur kollektiv bzw. auf politischer Ebene entschieden werden kann. Schlussendlich ist die Frage, wie hoch die zulässige Gesamtemissionsmenge pro Person sein darf, eine politische Entscheidung, die Einzelne nur begrenzt treffen können. Schließlich kann z. B. ein Individuum heutzutage kaum auf die Verwendung eines Computers, eines Handys und verschiedener Transportmittel verzichten, wenn es an der Welt teilhaben möchte (vgl. von Winterfeld 2011).

Das Problem der begrenzten Einflussmöglichkeiten des Einzelnen wird noch durch den Rebound-Effekt (Jevons 1866) verstärkt. Dieser besagt, dass eine individuelle Reduktion von Emissionen, etwa durch Stromsparen, dazu führen kann, dass andere Menschen mehr Strom verbrauchen, weil der Strompreis durch den individuellen Verzicht sinkt und durch den niedrigeren Preis ein Anreiz für andere entsteht, mehr Strom zu nutzen. Beispielhaft lässt sich dies nachvollziehen, wenn betrachtet wird, wie viel häufiger heutzutage größere Kühlschränke genutzt werden als früher. Die höhere Energieeffizienz der Kühlschränke könnte somit nicht dazu führen, dass insgesamt weniger Strom durch Kühlschränke verbraucht wird, weil es durch das größere Volumen überkompensiert wird (Paech 2011).

Das Leitbild der Nachhaltigkeit verlangt, dass diese Überlegungen, die primär die Verbindung zwischen ökologischen und ökonomischen Überlegungen herstellen, auch vor der Perspektive der sozialen Gerechtigkeit zu betrachten sind. Auch wenn es zu Fragen sozialer Gerechtigkeit in den Wirtschaftswissenschaften keine eindeutigen Konzepte gibt (vgl. Breyer 2008, S. 129), so lassen sich zumindest einige Plausibilitätsüberlegungen zu den vorgestellten ökonomischen Konzepten anstellen, die Fragen der Gerechtigkeit betreffen. So kann etwa in einem Bildungsprozess über die sozialen Folgen reflektiert werden, die entstehen, wenn bei unveränderter Einkommensverteilung die beschriebenen externen Effekte des Transports auf die Benzinkosten umgelegt würden oder darüber, wer sich ökologisch produzierte Güter leisten kann. Daran schließt unmittelbar die Frage an, in welchem Verhältnis die Einkommensverteilung einer Gesellschaft zu ihren ökologischen Verhaltensweisen steht. Aus der wirtschaftswissenschaftlichen Denkschule der Ökologischen Ökonomie stammt dazu die Überlegung, dass nicht nur über die Gesamtgröße einer Ökonomie, sondern auch über die Einkommensverteilung gesamtgesellschaftlich entschieden werden muss, bevor die oben beschriebene Effizienz des Marktmechanismus seine Wirkung entfalten sollte (vgl. Daly 1992).

Ein am Rande der Wirtschaftswissenschaften entstandener Ansatz, der sich explizit mit sozialen Fragen beschäftigt, ist der Fähigkeitenansatz (‚capabilities approach') von Amartya Sen (1999) und Martha Nussbaum (1999, 2006). Demnach sind Verwirklichungschancen die eigentliche Grundlage menschlicher Entwicklung. Nussbaum (1999, S. 57 f. sowie 2006, S. 76 ff.) formuliert dabei zehn Grundbefähigungen. Wenn eine dieser Grundbedingungen nicht erfüllt ist, so kann „ein gutes Leben" nicht mehr sichergestellt (Nussbaum 2006, S. 71) sein:

- **Leben**: Die Fähigkeit ein volles Menschenleben zu leben und nicht vorzeitig sterben zu müssen
- **Körperliche Gesundheit**: Die Fähigkeit sich guter Gesundheit, inklusive reproduktiver Gesundheit, zu erfreuen und eine angemessene Unterkunft zu haben.
- **Körperliche Integrität**: Die Fähigkeit sich frei bewegen zu können, sexuell selbstbestimmt und geschützt vor sexueller Gewalt leben zu können.
- **Sinne, Vorstellungen und Gedanken**: Die Fähigkeit, die fünf Sinne benutzen, sich etwas vorstellen, denken und urteilen zu können.
- **Gefühle**: Die Fähigkeit Bindungen zu Personen und Dingen außerhalb von einem selbst aufbauen zu können sowie Liebe, Trauer, Sehnsucht, Dankbarkeit und gerechtfertigten Ärger zu empfinden.

- **Praktische Vernunft**: Die Fähigkeit eine Vorstellung des Guten zu entwickeln und die Planung des eigenen Lebens kritisch zu reflektieren.
- **Zugehörigkeit**: Die Fähigkeit in unterschiedliche soziale Interaktionen zu treten, sich die Lebenssituation anderer vorzustellen, als würdiges, gleichwertiges Wesen im Verhältnis zu anderen behandelt zu werden.
- **Ökologische Verbundenheit**: Die Fähigkeit in Beziehung zu und mit Sorge für Tiere, Pflanze und Natur zu leben.
- **Spielen**: Die Fähigkeit zu lachen, zu spielen und erholsame Tätigkeiten zu genießen.
- **Kontrolle über das eigene Umfeld**: Die Fähigkeit zur effektiven politischen Partizipation sowie zum Besitz von Eigentum.

Sowohl die ökologischen als auch die sozialen Reflexionen implizieren, Märkte nicht als naturgegeben hinzunehmen, sondern sie als gestaltbare Konstrukte von Menschen zu verstehen. Dies stellt einen Perspektivwechsel dar. Dabei sollen sich menschliche Handlungen und Möglichkeiten nicht mehr an Märkte anpassen. Vielmehr bilden menschliche Bedürfnisse den Ausgangspunkt. Von diesen ausgehend sind Märkte als eine mögliche, nützliche Koordinationsform zu denken und durch geeignete Regulierung zu steuern (vgl. Biesecker 2009, S. 38).

Nachdem nun einige inhaltliche Konzepte vorgestellt wurden, wird im folgenden Abschnitt eine Möglichkeit für einen Sachunterricht aufgezeigt, der diese nutzt.[24]

## Grundzüge einer ökonomischen Bildung im Sachunterricht im Rahmen einer Bildung für eine nachhaltige Entwicklung

Ausgangspunkt eines auf formale und informelle Partizipation zielenden und an wissenschaftlichen Erkenntnissen sowie den Fragen und Überlegungen von Kindern ausgerichteten Sachunterrichts ist das Kennenlernen und das Reflektieren von Bedürfnissen. Zunächst geht es dabei um die Frage, was Schülerinnen und Schüler selbst als unverzichtbare Bestandteile ihres Lebens und ihrer Identität betrachten. Dabei kann die in den Wirtschaftswissenschaften verbreitete Einteilung von Bedürfnissen

---

24 Die Überlegungen schließen dabei an die Kompetenzanforderungen des Perspektivrahmens (GDSU 2013, insbesondere S. 28, 35f.) und an verschiedene Curricula (vgl. etwa Niedersächsisches Kultusministerium 2006, insbesondere S. 19) an.

entlang ihrer Dringlichkeit genutzt werden. Demnach gibt es:

- Existenzbedürfnisse: z. B. nach ausreichend Nahrung, Kleidung, Wohnraum, Sicherheit und Gesundheit
- Grundbedürfnisse: z. B. nach Umwelt, Bildung und Ähnlichem
- Luxusbedürfnisse: z. B. nach Schmuck
- Kulturbedürfnisse: z. B. nach Veranstaltungen, Reisen, usw.

In einem zweiten Schritt sollten die Bedürfnisse anderer Kinder und auch die Bedürfnisse einiger Erwachsener kennen gelernt werden. Dies ist ein wichtiger Schritt um es, wie in der Sachunterrichtsdidaktik gefordert, Kindern zu ermöglichen, unterschiedliche Perspektiven einzunehmen (vgl. GDSU 2013, S. 13).

Für einen an dem perspektivenübergreifenden (vgl. ebd.) Konzept Bildung für eine nachhaltige Entwicklung ausgerichteten Sachunterricht ist aber ein Kennenlernen verschiedener Lebensformen nicht ausreichend. Deswegen geht es in einem dritten Schritt darum sich über Möglichkeiten zu informieren, wie unterschiedliche Bedürfnisse befriedigt werden können. Dies muss, angesichts begrenzter Zeitbudgets, selbstverständlich exemplarisch erfolgen. Beispielsweise wäre es denkbar, hier über verschiedene Möglichkeiten sich zu ernähren, zu kleiden oder zu reisen, zu sprechen. Dabei darf eine gesellschaftskritische Diskussion darüber, wer sich gegenwärtig welche Lebensstile leistet und leisten kann, nicht unberücksichtigt bleiben.

In einem vierten Schritt kommt dann das ethische Leitbild einer nachhaltigen Entwicklung ins Spiel. Dieses kann genutzt werden, um zu begründeten Wertentscheidungen darüber zu gelangen, welche Bedürfnisse und Arten der Bedürfnisbefriedigung wünschenswert erscheinen.

Anschließend ist zu überlegen, wie die angestrebten Formen der Bedürfnisbefriedigung praktisch erreicht werden können. Auch hier darf keine Verkürzung auf den individuellen Konsum erfolgen. Zunächst ist vielmehr ein differenziertes Verständnis von Preisbildung anzustreben. Wie ein solches erreicht werden kann, ist, insbesondere über eine in ausführliche Reflexionen eingebettete Simulationen von Märkten, ausführlich an anderer Stelle beschrieben worden (vgl. Asmussen/ Löw Beer 2012). Daneben können die im vorherigen Abschnitt diskutierten Erkenntnisse genutzt werden um Perspektiven aufzuzeigen. Ausgangspunkt hierbei kann die Unterscheidung von Gebrauchs- und Tauschwert sein. In diesem Zusammenhang kann über eine (Nicht-)Einbeziehung externer Effekte in die Preisbildung ebenso diskutiert werden wie darüber, welche existentiellen Grundbedürfnisse für alle Menschen befriedigt sein müssen oder wie eine als ‚gerecht' empfundene Einkommensverteilung aussehen könnte. Es ist schließlich Teil der politischen Bildung, die ebenfalls unverzichtbarer Bestandteil eines am Konzept einer Bildung für eine nachhaltige Entwicklung ausgerichteten Sachunterrichts ist, wie mit diesen Erkenntnissen umgegangen wird. Eine praktische Möglichkeit bestünde darin mit PolitikerInnen oder Einzelhandelskaufleuten ins Gespräch zu kommen. Sie könnten dabei befragt werden, was Kinder beitragen können, um ihren Vorstellungen von ökologischer und sozialer Gerechtigkeit, Gehör und Geltung zu verschaffen. Damit den SchülerInnen auch die Möglichkeit erhalten bleibt, eine grundsätzliche Kritik an dem bestehenden Wirtschaftssystem zu üben, sollte bei diesen Dialogen eine möglichst große Offenheit herrschen. Es sollte primär darum gehen, Perspektiven kennen zu lernen anstatt ausschließlich zu unmittelbaren Lösungen zu gelangen.

Methodisch bietet es sich an, in einem solchen Unterricht vor allem mit dem Ansatz des Nachdenkens mit Kindern (vgl. Schreier 1999) zu arbeiten. Diese Konzeption, die aus dem Ansatz des Philosophierens mit Kindern (vgl. Brünning 2001) entstanden ist, zeichnet sich einerseits durch einen bestimmten pädagogischen Stil aus. Zum anderen hat sich im Zusammenhang der vorliegenden Arbeiten ein breiter Methodenpool herausgebildet. In deren Zentrum steht dabei das Ziel Kinder darin zu unterstützen selbstständig zu denken und zu reflektieren (vgl. Michalik/ Schreier 2006).

Teil einer solchen Befähigung zur selbständigen Welterschließung ist auch, dass die ökonomische Perspektive als solche gekennzeichnet und als eine mögliche Betrachtungsweise der Welt neben anderen dargestellt wird. Sie ist sozial und historisch konstruiert und stets mit Normen und Wertvorstellungen verbunden (vgl. Hedtke 2008, S. 298).

# The model of educational reconstruction as a paradigm for research and education for sustainable development: The example of teaching climate change

## Kai Niebert

As the 21st century unfolds, scientists, educatory system and policymakers recognise the importance of broadly conceptualizing scientific literacy, the ability to analyse, synthesise, and evaluate information about complex phenomena and understanding the relations between scientific phenomena and challenges for the society (Zeidler 2001). Recent studies involving example cases of genetically modified foods (Walker/ Zeidler 2003), human genetic engineering (Zohar/ Nemet 2002), animal experimentation (Simonneaux 2001), and environmental challenges provide strong support for the efficiency of using scientific issues related to society to foster understanding of complex systemic challenges as a basic part of education for a sustainable development (ESD).

In the paper on hand I will present an approach dealing with core issues of science education and education for sustainable development: (1) I will propose the model of educational reconstruction as a way to take students' conceptions and interests as serious means to teach science, (2) within the model I will suggest how a critical analysis of the scientific perspective can enable new perspectives on science teaching and (3) I will suggest a way to offer students an embodied perspective to understand central aspects of system thinking using climate change as an example.

The model of educational reconstruction is used in an increasing number of studies dealing with learning and teaching in primary classrooms (Menger 2010, Schomaker 2007, Weide 2012), but there are no studies yet dealing with the educational reconstruction of sustainability issues for primary education. Therefore a setting with students from secondary schools was chosen as an example, as it was found that elementary students, secondary students and even adult layperson hold very similar conceptions and show the same learning demand with regard to the topic of climate change (Niebert 2010).

In the study on hand I interviewed 18-year-old students in German schools regarding their beliefs about the causes and processes of climate change. A typical answer was given by the student, renamed as Dave:

"Climate change is caused by $CO_2$ that is emitted when burning fossil fuels. Without industries there would be no $CO_2$ in the air. $CO_2$ is a man-made, a toxic gas. We should use filters to remove it from the air." Dave (18yrs)

Dave believes that climate change is caused by $CO_2$, which he understands as being a man-made, toxic gas. In contrast to the scientific position where $CO_2$ is imagined to be a part of the global carbon cycle and thus a natural element of the atmosphere, Dave holds the conception that an atmosphere without burning fossil fuels would not contain $CO_2$. He reasons the only way to decrease the atmospheric $CO_2$-concentration is using special filters and does not mention any natural sinks, as e.g. photosynthesis. Dave is not alone in his scientifically incorrect beliefs. Studies dealing with understanding the carbon cycle as an earth-system show that

$CO_2$ is the main greenhouse-gas causing climate change (Andersson/ Wallin, 2000; Koulaidis/ Christidou 1999).

$CO_2$ is emitted in different processes like burning or respiration (Koulaidis/ Christidou 1999; Shepardson et al. 2009). The only source of $CO_2$ is burning fossil fuels by cars or factories (Bord/ Fisher/ O'Connor 1998; Boyes/ Stanisstreet 1993; Jeffries/ Boyes,/ Stanisstreet 2001; Niebert/ Gropengiesser 2012; Papadimitriou 2004; Read et al. 1994). Even educated university-students show widespread misunderstandings of the fundamental stock and flow relationships in systems like the carbon cycle (Sterman/ Sweeney 2007). Considerable fractions of high school and college students have problems tracing the flow of carbon through the global carbon cycle (Mohan/ Chen/ Anderson 2009). Furthermore even after instruction many students adhere to their everyday conceptions on global warming (Ekborg/ Areskoug 2006; Pruneau et al. 2001; Rye/ Rubba/ Wiesenmayer 1997).

In a study about students understanding of the carbon cycle Mohan et al. (2009) found that younger students understand carbon sources, such as foods and fuels, as enablers of life processes and combustion rather than sources of matter transformed by those processes. Higher achieving students trace matter in terms of materials changed by hidden mechanisms or changed by chemical processes. Explaining macroscopic carbon-transforming events, such as growth, or burning, in scientific terms are major intellectual accomplishments for students. This is in accordance to the finding that several studies report that most high school and college students do not explain and predict carbon-transforming processes based on scientific ideas (Hesse/ Anderson 1992; Mohan et al. 2009; Pozo/ Crespo 2005).

## Interpreting the experience-based frame of conceptions

To analyse the source of students' and scientists' conceptions, I refer to theoretical considerations and empirical findings emerging from the fields of linguistics (Lakoff 1987; Lakoff/ Johnson 1980), philosophy (Johnson 1987), science education (Gropengießer 2007), and neurobiology (Gallese/ Lakoff 2005; Rohrer 2001, 2005).

These findings, summarised as the theory of experientialism, holds that abstract concepts – this refers to most concepts in science– are understood imaginatively, thereby drawing on directly meaningful concepts and schemata. These basic conceptions are embodied, that is, they are grounded in bodily experience with our physical and social environment, i.e. perception, body movement (Lakoff 1987). Experiences such as up and down, centre and periphery, front and back, and inside and outside are conceptualised through schemata, which are conceptualisations of recurring, dynamic patterns of our perceptual interactions and motor programs. Schemata give coherence and structure to our experiences. The verticality schema, for instance, emerges from our tendency to employ an up-down orientation in picking out meaningful structures of our experience. I grasp this structure of verticality repeatedly in thousands of perceptions and activities every day, such as standing upright, climbing stairs, or experiencing the rising of the water level in the bathtub. The verticality schema is the abstract structure of these up-down experiences, images, and perceptions (Johnson 1987). Several other schemata, such as the container schema or the balance schema, are conceptual structures grounded in bodily experience and can be understood directly. These schemata shape our conceptual understanding not only in everyday life but also in science. The well-understood structures of the schemata as a source domain are projected onto the abstract scientific target domains. Thus, scientific understanding, as abstract it may be, is ultimately grounded in embodied conceptions.

Obviously, conceptions of climate change cannot be embodied in the same way as the above-mentioned schemata: While the daily weather with its continuous change in temperature, clouds, sun and rain is open for direct experience, climate is not. Climate is defined as the average weather pattern in a region over 30 years (Houghton 2002). The changes in climate do not occur on a time scale that is immediately obvious to us. We can observe daily weather changes but subtle climate changes are not as readily open for experience. Thus, climate change must be thought of in an imaginative way. Imaginative thinking is accomplished mainly by metaphors. Thus, guided by experientialism, we distinguish between embodied conceptions and imaginative conceptions. The latter are not directly grounded in experience but draw on the structure of our experience; we use our embodied schemata to explain abstract phenomena. Thus, imagination can be seen as bridging the gap between experience and abstract phenomena. We employ conceptions from a source domain (i.e., the container schema) and map them onto an abstract target domain (i.e., atmosphere) to understand abstract phenomena. Thus, the use of imagination requires source-target mapping. The structure of a source domain is projected onto a target domain. On the basis of this framework, I analysed not only the conceptions of students but also the conceptions of scientists.

The concept of developing fruitful learning environments not only based on the scientific perspective as stated in textbooks or research reports but as well on students' conceptions and thus their learning demand is based on the model of educational reconstruction (Duit et al. 2005). In this model, scientists and students' conceptions are compared to develop effective teaching and learning activities. I extracted scientists' conceptions from various scientific textbooks and the IPCC-Report (2007). Students' conceptions of global warming were sampled in a reanalysis of 24 empirical studies on everyday concepts of global warming (for the whole list see Niebert 2010), my own interview study (n=11, 18 years, 5 female, 6 male) and during my teaching experiments (n=24, 18 years, 11 female, 13 male). All students attended secondary schools in northern Germany and had no prior instruction in climate change. On the basis of the educational reconstruction of global warming, I set up and evaluated learning environments in ten teaching experiments. In my teaching experiments, which lasted approximately 65-90 min, I examined learning processes in small groups of two or three students.

To analyse the conceptions, all data were audio-taped (interview study) or video-taped (teaching experiments), transcribed and investigated using qualitative content analysis (Mayring 2002) and metaphor analysis (Schmitt 2005).

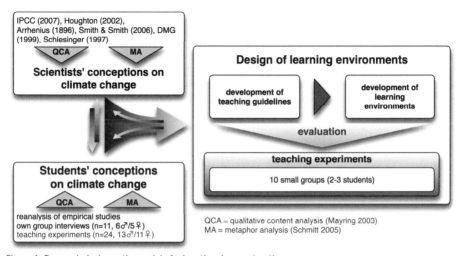

Figure 1: Research design – the model of educational reconstruction

In the course of qualitative content analysis, I developed categories in the following steps: (1) transcription of the interviews and editing the texts to improve readability, (2) rearrangement of statements by content, (3) interpretation of the statements aiming at the underlying conceptions, and (4) revision and final formulation of the categories. The metaphor analysis provides the basis for our interpretation of the conceptions from the perspective of experientialism. In my study, I identified a metaphor by a term or sequence that has or may have more than one meaning. In the first step, (1) I identified all metaphors in the material and (2) chose the metaphors that were crucial for the understanding of climate change. Subsequently, I arranged all metaphors with the same target and source domains and (3) described the metaphorical patterns used by the students and scientists. The results of the metaphor analysis were integrated into the interpretation of the conceptions during qualitative content analysis.

## Students and scientists conceptions of the carbon cycle within the earth system

In my interview study, $CO_2$ was cited as the most important cause of global warming by both scientists and students. However, my results also underline the findings of Hildebrandt (2006), who has shown that students' conceptions of the biogeochemical processes of the global carbon cycle differ from scientists' conceptions. In the following section, conceptions of the emission of $CO_2$ and the carbon cycle are presented, starting with the scientific perspective.

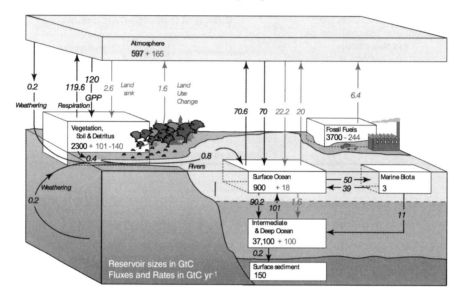

## Anthropogenic Imbalance

### scientific conception

*"In the figure the natural or unperturbed exchanges [...] among oceans, atmosphere and land are shown. [...] While these fluxes vary from year to year, they are approximately in balance when averaged over longer time periods. [These] [...] fluxes have become significantly different from zero [...]." (IPCC 2007, 501 ff.)*

### students' conceptions

*Man-made $CO_2$*

*"$CO_2$ is emitted into the atmosphere by burning coal and oil. Burning biofuel or wood does not emit $CO_2$. A normal atmosphere does not contain CO2" (Danny, 18 yrs.).*

*"The toxic $CO_2$ is emitted from fossil fuel by burning. Normal air does not contain $CO_2$" (Daniel, 18 yrs.). Natural vs. Man-made $CO_2$*

*"$CO_2$ emitted by burning cannot be removed from the air. It is chemical, not biological" (Emma, 18 yrs.).*

*"Humans emit $CO_2$ by respiration. This $CO_2$ is captured by plants. It is a fact that the $CO_2$ emitted by burning has another structure than the $CO_2$ emitted by respiration. The $CO_2$ from burning cannot be captured again by photosynthesis" (Dave, 18 yrs.).*

Table 1: Conceptions of the carbon cycle in global warming

The IPCC report describes global carbon flows between different carbon pools. In the diagram (cf. Table 1), the pools are indicated as boxes and the flows as arrows; the flow rates and pool sizes are indicated by figures. Carbon seesaws between the boxes and cannot be lost. Carbon may return on its path to one of the boxes from which it came; this phenomenon is understood as the cycling of carbon. The figure illustrates this conception. From an outside perspective the carbon cycle as a closed system is always in balance. But having a closer look into the system internal imbalances show up: The text specifies changes in fluxes between atmosphere, oceans and land biosphere. Fluxes in this part of the carbon cycle that differ from zero by anthropogenic effect are seen as a disturbed balance. This anthropogenic imbalance of fluxes that increase the atmospheric pool causes global warming.

The conception man-made $CO_2$ shows that some students do not take $CO_2$ to be a natural component of the atmosphere, whereas the conception natural vs. man-made $CO_2$ implies that $CO_2$ emitted by burning has a different structure than $CO_2$ emitted by respiration.

Metaphor analysis shows that scientists and students employ several experience-based schemata to understand the global carbon cycle. The dominating schemata are the container- and the source-path-goal-schema:

The container schema is based on the experience that our body is a container, which has a sharp border between inside and outside crossed by in- and outputs (Johnson 1987). This schema is conceptualised in early childhood when eating, drinking, putting balls in boxes etc. is experienced consciously.

*The source-path-goal schema is based on our locomotive experience of moving from A to B. An object (i.e., a person) moves from a starting point to a goal. The moving direction is defined by start and goal (Lakoff/ Johnson 1999).*

Figure 2: The container and the source-path-goal schema

As for the carbon, these two schemata are combined into a more complex container-flow-schema. This container-flow-schema is used to think of the atmosphere, ocean, and vegetation as containers enclosing carbon, which flows from one container to another (i.e., from fossil carbon to the atmosphere) by different causes (i.e., burning, respiration).

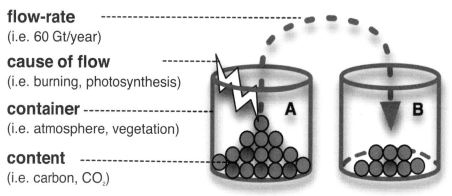

**flow-rate**
(i.e. 60 Gt/year)

**cause of flow**
(i.e. burning, photosynthesis)

**container**
(i.e. atmosphere, vegetation)

**content**
(i.e. carbon, $CO_2$)

Figure 3: The container-flow schema

Terms like "into," "flow between," "flux," "cycle between," and "emission" indicate the use of the container-flow schema. The figure taken from the IPCC report in Table 1 combines several containers and flows into a complex container-flow schema resulting in a typical model of the carbon cycle. Scientists and students differ in the use of the container-flow schema. Scientists ascribe climate change to imbalanced flow rates of carbon into the atmosphere and, thus, an increasing amount of content ($CO_2$) in the atmosphere. Students use the container-flow schema differently to understand climate change. They either attribute climate change to the mere existence of a content (man-made $CO_2$) or to the existence of a different content (man-made vs. natural $CO_2$) in the atmosphere (cf. Table 1). Scientists source climate change in the carbon flow, while students ascribe it to the existence of a specific content.

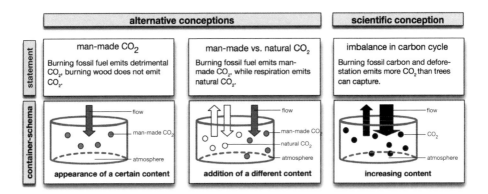

Table 2: The container schema in the carbon cycle

To understand climate change, the container-flow schema is accompanied by two more ideas: the distinction between natural vs. man-made and the balance schema.

**natural** ⬌ **man-made**
(normal)      (unnormal)

Figure 4: The distinction natural vs. man-made

*The distinction natural vs. man-made describes what is natural and man-made. Normal or expected things are perceived as natural and abnormal things as man-made (Wachbroit, 1994). This schema is often connected with the judgment natural is good, man-made is bad. Indicators are terms like "man-made", "chemical" or "abnormal".*

Figure 5: The balance schema

*With our first attempts to stand up and walk, we experience the challenge to keep our balance. The balance schema is grounded in these experiences. This schema composes a logic where each change is followed by a counter-change (Lakoff, 1990). Indicators are terms like "balance", "equalise" or*

Metaphor analysis shows that the conceptions man-made $CO_2$ and natural vs. man-made $CO_2$ emerge from the judgement natural is good – man-made is bad. This issue resembles the fallacy of the appeal to nature (Moore 1996). On the basis of this judgement, the man-made $CO_2$ is attributed with devastating and detrimental properties, while an atmosphere without $CO_2$ or with only natural $CO_2$ is in an undisturbed, healthy state. While scientists mainly use the balance schema to denote the causes of climate change (from balanced to imbalanced carbon flows), students distinguish natural and man-made carbon content in the atmosphere as natural and man-made kinds of $CO_2$.

Using the students' conceptions, I defined their learning demand on the carbon cycle by formulating three learning guidelines: See $CO_2$ as a natural compound of the atmosphere. Reflect the natural vs. man-made schema. Explain climate change by imbalanced carbon flows.

Guided by these principles, I developed different learning environments, which refer to the above-mentioned teaching guidelines. In the teaching experiments, two central learning environments were evaluated with regard to their effects on students' conceptual development. The learning environments are published in detail in Niebert (2009). The first environment aimed at modelling the carbon cycle in a container-flow model (box 1). For modelling, the students used a text about the carbon cycle and its man-made changes:

**(1) Amount of carbon in different carbon stocks**
*Vegetation: 2.500 Gt; atmosphere: 750 Gt; oceans 38.000 Gt, fossil carbon: 10.000 Gt; 1 gigaton (Gt) = 1015 g, all data from IPCC (2007).*
**(2) The natural carbon cycle**
*About 90 Gt of carbon are emitted from the oceans into the atmosphere every year. The same amount of carbon flows back from the atmosphere into the oceans. Through photosynthesis, 120 Gt of carbon each year are captured and stored in land organisms, and 60 Gt of this carbon are released by respiration of plants and animals. The other 60 Gt are stored in the organisms. Once the organisms die, decomposers emit the carbon stored in the organisms.*
**(3) The anthropogenic carbon cycle**
*Through the burning of coal, oil and gas, 6.5 Gt of carbon are emitted from the stock of fossil carbon. An additional 1.6 Gt of carbon are emitted from the vegetation into the atmosphere by deforestation.*

Figure 6: Modelling the carbon cycle in a container-flow model

Students were asked to explain the causes of climate change using the glass boxes and balls. I anticipated explanations based on unbalanced carbon flows into the atmosphere. The natural carbon flows between oceans/atmosphere and vegetation/atmosphere should be recognised as balanced. It should become clear that it is not the amount but the balance of the carbon flows that matters.

Students who adhere to the conception natural vs. man-made $CO_2$ read the following narrative adapted from "The Periodic System" by Primo Levi (1975). In this narrative, Levi describes the carbon cycle as the cycling of a virtual carbon particle:

> "Our character lies for hundreds of millions of years, bound to three atoms of oxygen and one of calcium, in the form of a limestone. In 1840 a man's pickaxe sent it on his way into the world of change..."

Figure 7: Excerpt from the narrative of a carbon atom.

The whole story adapted from Levi (1975) is published in Niebert (2009)

While reading the story, the students were requested to model the carbon cycle presented in the story in the container-flow model. Students who used the natural vs. man-made schema were asked to reflect the schema against the backdrop of the story and the model. I intended the story to communicate $CO_2$ as a natural compound of the atmosphere, identical in structure and quality regardless whether its source is burning or respiration. In the following two examples, I show how these learning environments can help students to achieve a scientifically adequate understanding of the carbon cycle.

## Understanding the carbon cycle by materialising the container schema

In the following transcript of a teaching experiment, a student reconstructs her conceptions of the causes of climate change. Initially, she argues on the basis of the distinction between natural and man-made, with the mere existence of $CO_2$ as the cause of global warming (man-made $CO_2$). At the end of the teaching experiment, she argues on the basis of a balance schema with too much $CO_2$ (imbalanced carbon flows).

**Interview at the beginning of the teaching experiment**

Interviewer: You said global warming is caused by $CO_2$. Please tell me where the $CO_2$ comes from.

Brenda: $CO_2$ is emitted by the industry, and it is not possible to reduce the $CO_2$ concentration to zero because of industrialisation. The only way it would be possible is when we use nothing but renewable energy.

At the beginning of the teaching experiment, Brenda referred to the concept of man-made $CO_2$. For her, carbon dioxide is produced solely by industrialisation, by burning fossil carbon. Her conception implies that using renewable energy exclusively would reduce $CO_2$ emissions to zero.

**After modelling the carbon cycle**

Brenda: Carbon enters the atmosphere from the organisms by respiration, and photosynthesis captures it again. Carbon from the oceans enters the atmosphere, but the same amount goes back into the oceans. There is a natural, a balanced cycling. […] By deforestation, more $CO_2$ enters the atmosphere, and deforestation decreases photosynthesis because there are fewer trees. The carbon from deforestation stays in the atmosphere, because it cannot get down again. With the carbon from coal and oil, it is the same. It stays in the atmosphere, because not all $CO_2$ can be captured again; there is too much.

While modelling the carbon cycle, Brenda worked out the idea of a combination of balanced and imbalanced carbon flows and the cause of climate change. Modelling the carbon cycle with glass boxes and balls obviously helped Brenda to reconstruct her conceptions from the idea of man-made $CO_2$ to an anthropogenic imbalance in the carbon cycle. In her argument at the end of the teaching experiment, she traced global warming not to the existence of $CO_2$ but to too much $CO_2$. For Brenda, there is too much carbon emitted into the atmosphere to be captured by photosynthesis.

## Understanding Climate Change through Changing Ontology

Students who adhered to the conception of natural vs. man-made $CO_2$ read a narrative adapted from Primo Levi's "The Periodic System" (Figure 7). Dave is a student who reflects on his usage of the judgement natural vs. man-made, on which he bases his argument on climate change:

**Interview at the beginning of the teaching experiment**

Dave: It is a fact that the $CO_2$ emitted by burning has another structure than the $CO_2$ emitted by respiration. Thus, the $CO_2$ from burning cannot be captured again by photosynthesis.

At the beginning of the teaching experiment, Dave reassured himself about the two kinds of $CO_2$ he employed in his argument on climate change. He argued the distinction natural vs. man-made $CO_2$.

While modelling the story

Dave: My idea with the natural and the man-made $CO_2$ was humbug, because in the story, the carbon, which was burned, is captured again by photosynthesis. And if the tale is right, the idea of a natural and a man-made $CO_2$ with different properties must be wrong. $CO_2$ is $CO_2$. This is not the matter. The cause of emitting $CO_2$ – the burning – is man-made. The emission of $CO_2$ by respiration is natural.

After modelling the carbon cycle, Dave rejected the distinction between natural vs. man-made $CO_2$. The reason for this conceptual development is the idea that "$CO_2$ is $CO_2$", mediated by the story, where $CO_2$ regardless if emitted from fossil carbon or by respiration is fixed again by photosynthesis. However, the distinction between natural vs. man-made played an important role in Dave's argumentation. After modelling the carbon cycle in the container-flow model, he no longer assigned the natural vs. man-made distinction to the matter ($CO_2$) but rather to the cause of the carbon flow (burning, respiration).

Moving balls from one labelled glass box to another is a materialised representation of the cognitive schemata employed in understanding the carbon cycle. By working with this representation, students re-experience the inherent structure of the schema and reflect on how they employ it in their effort to understand the carbon cycle.

## Discussion and conclusions

So far, I have analysed metaphorical thinking on global warming in scientific textbooks and research reports, on the one hand, and interview data and video data of learning situations, on the other hand. I paid particular attention to the source domains of the metaphorical expressions to identify the experiential basis of understanding. Remarkably, students and scientists ground their understanding at the level of schemata on similar experiences. However, students and scientists differ considerably in the way the mapping from the source domain to the target domain is conducted. With regard to the experiential basis of the conceptions, I developed learning environments. Through evaluation in teaching experiments, I could track students' learning pathways. The learning pathways of students such as Max, Dave and Brenda showed that experientialism is very fruitful for analysing and facilitating students' conceptual development on climate change. In the following section, I will reflect on my approach of analysing the metaphorical understanding of a scientific topic from the perspective of research in science education. I will point out why analysing metaphors is not just "nice to have" in science education but is a basis for both understanding and teaching.

## Understanding climate change is metaphorical

The way we are as human beings restricts us to medium dimensions in interacting with our environment. This world, which Vollmer (1984) calls mesocosm, reaches from a "blink" to "a lifetime", from "light as a feather" to "heavy as an elephant," from a "hair's breadth" to the "horizon". These dimensions explicitly refer to a human's sensory abilities and are perceivable and tangible. In contrast, macrocosmic structures such as the biosphere, the carbon cycle, or the greenhouse effect are not part of the mesocosm because our cognitive apparatus was evolutionarily adapted to medium dimensions. With the macrocosm, we encounter an entity that is imperceptible, at least by means of everyday life.

Thus, metaphors "as a bridge between experience and scientific concepts" are essential to understanding climate change. Interestingly, students and scientists› conceptions of global warming refer to the same schemata, although they conceptualise them differently in the target domains "carbon cycle" and "greenhouse effect". The container schema proves to be fundamental for thinking about carbon flows and the role of the atmosphere in global warming. For understanding global warming, the container schema is substantiated by other experiential conceptions such as the distinction between natural and man-made and the balance schema. While the balance schema is an indicator for scientific, or at least science-oriented, conceptions, the natural vs. man-made distinction can be conceptualised through different ontological entities: the substance ($CO_2$), the process (burning) or the cause of the process (burning by man).

## Understanding macrocosm by experiencing mesocosm

As our interactions with our environment are restricted to medium dimensions, our basic concepts and schemata are of mesocosmic origin. We are confined to comprehending macrocosmic (as well as microscopic) phenomena in terms of mesocosmic concepts and schemata. This issue is one of the reasons climate change – and, often, science in general – is difficult to grasp.

Scientific understanding depends to a large degree on technologically extended perception, which enables us to gain insight into the microcosm and the macrocosm. Thus, scientific understanding depends largely on imagination. Schemata acquired in the mesocosm are used to comprehend phenomena in the micro- and macrocosm. Thus, scientific understanding can be traced back to experience in the mesocosm. This fact explains why even scientists refer to basic schemata such as the container schema, the balance schema or the source-path-goals schema to understand climate change.

This insight bears important consequences for instructional interventions. The experiences necessary for a scientific understanding must be provided, especially those that originate from the macrocosm. This finding is in accordance with Vosniadou and Ioannides' (1998) demand to provide "meaningful experiences." I organised meaningful experiences for my students by bringing their schemata into existence.

## Understanding climate change by materialising schemata

Because both students and scientists refer to the same schemata as the source domain for their conceptions of climate change, learning about global warming can be facilitated by a reflection on the schemata.

Working with containers in coordination with information about the carbon cycle presented in a science-like and narrative context helps students to develop more pronounced scientific conceptions. After the teaching experiments, students are able to base their idea of a carbon cycle on more containers and on a change of carbon fluxes instead of on different types of $CO_2$.

Students referring to the conception natural and man-made $CO_2$ conceptualise the distinction between natural vs. man-made in a scientifically inadequate way onto the container-flow schema. Working with the container model and thereby reflecting on how to apply the distinction of natural vs. man-made to different parts of the model helps students reflect on their conceptions. Based upon the educationally reconstructed learning environments, a development can be seen from the scientifically untenable conception of man-made $CO_2$ via man-made carbon flow to the adequate conception of man-made cause of carbon flow and thus a change of the ontological category matter over process to cause. This result is in accordance with Chi (2008), who explained learning science as a categorical shift.

Investigating a $CO_2$-filled glass box or moving balls from one labelled glass box to another are both materialised representations of cognitive schemata employed in understanding climate change. By working with these representations, students re-experience the inherent structure of the schemata and reflect on how they employ it in their effort to understand the phenomenon.

This re-experiencing and reflecting helped students to understand the complex and abstract phenomenon of climate change. To this end, students need to work with learning environments that illuminate the schemata they employ in their endeavour to understand. Awareness of the schemata that shape conceptual understanding enables teachers to choose effective representations and to design learning environments that foster an understanding of science.

## Understanding the climate system as a part of sustainable development

Guided by the analyses based on experientialism I was able to categorise the conceptions on the carbon cycle into a small number of meaningful thinking patterns. Following experientialism, it is not surprising that scientists and students use imaginative thinking in their attempts to understand the carbon cycle: The carbon cycle – as nearly all systems – is not accessible by direct experience and therefore imaginative thinking tools are essential for understanding (Niebert/ Marsch/ Treagust 2012) The analysis of conceptions by experientialism enabled me to design interventions that not only take students' conceptions as a starting point on their way to learn science but to base learning on working with the resources these conceptions are drawn from. For example the everyday experience and scientific notion of balance are related, but not identical. While the former is based on maintaining balance in standing, walking, and running or else losing balance by stumbling, the latter is the idea of a dynamic equilibrium, where inputs and outputs of a system are balanced on longer time scales, so that the stock of the specific pool stays nearly identical. Substantiating this by the balance schema and the distinction natural vs. man-made is common for students – and scientists: in textbooks and articles on climate change,

I found phrases like "balanced carbon flow", "disturbed balance" or "perturbed carbon cycle". This conflation of balance and natural vs. man-made leads to the conception of a natural carbon cycle, which is balanced, and an unbalanced carbon cycle caused by man. This conception is scientifically incorrect: nature knows no absolute balances, just dynamic balances as a result of a series of imbalances. Further interventions are needed to help learners reflect on the role of balances and imbalances in nature.

## The model of educational reconstruction as a model for research and teaching for sustainable development

While science education concentrates on the communication of science concepts and competencies, the current usage of education for sustainable development (ESD) refers to a distinctly more developed pedagogical strategy. In the context of science education, ESD focuses specifically on empowering students to consider how science-based issues and the decisions made concerning them reflect, in part, the moral principles and qualities of virtue that encompass their own lives, as well as the physical and social world around them. Not all of these goals were aim of the study on hand. The study on hand focused on two different aims of ESD: a critical reflection of scientific knowledge and enabling students active participation in learning science by respecting their interests and conceptions.

The model of educational reconstruction, which served as the frame of this study offers an approach for educational research as well as a context for conducting theoretical, basic and applied research on ESD. In my study the MER enabled a structured analysis of conceptions on the carbon cycle in global warming as well as an evidence-based design of interventions by coordinating three domains of research: (1) investigations into students' perspectives, (2) critical analysis of subject matter content and (3) design of fruitful interventions. The theoretical implications of the MER draw on the need to bring science content related issues and students issues into balance when teaching and learning sequences are designed that aim on an education for sustainable development.

It is now widely accepted by science educators that it is necessary to take the students' prior conceptions into account not only before but within the learning discourse. The MER bases on the idea that for teaching science the content structure of a certain domain (e.g. atmospheric energy budget) has to be transformed into a content structure for instruction that is relevant for students. The two structures are substantially different: The science content structure for a certain topic (like the carbon cycle) often cannot be transferred directly into the content structure for instruction. It has not only to be simplified in order to make it accessible for students but also enriched by putting it into contexts that make sense for the students. And the latter is what education for sustainable development is about. The latter is why the MER is an appropriate research model within ESD.

Many teachers and also science educators think that the content structure for instruction has to be "simpler" than the science content structure in order to meet students' understanding. Accordingly, they call the process of designing the content structure for instruction "reduction". However, from the perspective of ESD this view misses the point. In a way the content structure for instruction has to be much more complex than the science content structure in order to meet the needs of the students. It is, namely, necessary to embed the abstract science knowledge into various contexts in order to address learning potentialities and difficulties of the learners: The data discussed in this paper show the importance of reflecting the experiential basis of the conceptions and taking them into account in teaching central aspects of ESD.

# Physikalische Modellierung im Sachunterricht am Beispiel mentaler Modelle

## Thorsten Kosler

Die Auswahl von Inhalten und Methoden im Sachunterricht lässt sich unterschiedlich begründen. Mit dem Ansatz „Bildung für eine nachhaltige Entwicklung" wird der Sachunterricht explizit auf Fragen der Gestaltung der Zukunft bezogen. Wie Menschen heute leben, wie sie miteinander umgehen und welche Auswirkungen heutiges Tun auf die Lebensmöglichkeiten künftiger Generationen hat, steht dabei im Mittelpunkt. Dabei geht es um Gerechtigkeit unter den heute lebenden Menschen und um die Frage, inwieweit die natürlichen Lebensgrundlagen für künftige Generationen erhalten werden müssen. Die eklatante Ungleichheit in den Chancen zur Lebensgestaltung unter den heute lebenden Menschen und die Gefahr, dass die Lebensbedingungen auf der Erde sich aufgrund des heutigen Ressourcenverbrauchs so verschieben, dass unklar ist, ob menschliches Leben überhaupt noch möglich ist (Rockström et al. 2009) machen es notwendig, heutige Lebens- und Wirtschaftsweisen zu analysieren und zu verändern.

Für den Sachunterricht ist damit eine große Herausforderung verbunden. Jüngere Studien aus Entwicklungspsychologie (Nunner-Winkler 1999) und vergleichender Anthropologie (Tomasello 2010, S. 41ff.) belegen einerseits, dass Kinder bereits im Alter von 3 Jahren beginnen, Regeln des sozialen Miteinanders zu entschlüsseln und dass Sie sich unaufgefordert an deren Durchsetzung beteiligen. Dass Kinder auch Fragen, die die Zukunft des Ökosystems Erde betreffen, interessiert, ist ebenfalls belegt (Engdahl/ Rabusicova 2011).

Andererseits sind das Ausmaß an Ungleichheit unter Menschen und auch das Ausmaß an Veränderung im Ökosystem Erde im Alltag von Kindern kaum wahrnehmbar. Die Mechanismen, die jeweils dahinter stehen, sind zudem komplex und ebenfalls kaum sichtbar. Dass in Deutschland – trotz allgemeiner Schulpflicht und Abschaffung des Schulgeldes – die Bildungschancen sehr ungleich verteilt sind, ist nur über sozialwissenschaftliche Analysen (Shell 2006, S. 65ff.) feststellbar. Erklärungen dafür, wie sich soziale Ungleichheit von einer Generation auf die nächste vererbt, werden als „Verborgene Mechanismen der Macht" (Bourdieu 1992) charakterisiert. Weshalb Hunger und Armut in Teilen der Welt trotz jahrzehntelanger Bemühungen der Vereinten Nationen fortbestehen, ist nur durch tiefere Einblicke in die globale Wirtschaftsordnung und in Grundprinzipien kapitalistischen Wirtschaftens nach-vollziehbar (Radermacher/ Beyers 2011).

Der anthropogene Klimawandel ist anhand kurzfristiger Wetterbeobachtungen nicht zu erkennen und nur anhand komplexer Modellierung in seinen Wirkungs-zusammenhängen verstehbar. Ein Nachvollziehen möglicher und wahrscheinlicher Entwicklungsszenarien setzt fortgeschrittene mathematische Kenntnisse voraus (Solomon et al 2007).

Ziel des Sachunterrichtes sollte es sein, Kindern zu ermöglichen, auf zentrale Felder sozialer Ungleichheit und auf wesentliche Veränderungen im Ökosystem Erde aufmerksam zu werden. Zugleich ist Ihnen zu ermöglichen, dahinterliegende komplexe Wirkungszusammenhänge zu verstehen.

## Mentale Modelle als Elemente naturwissenschaftlichen Denkens

Naturwissenschaftliche Denkweisen können im Sachunterricht – so die hier zugrunde gelegte These – dann zweierlei ermöglichen:

Zum einen kann der Umgang mit naturwissenschaftlichen Modellen als Verfahren betrachtet werden, Prozesse in der Natur verstehbar zu machen und künftige Ent-wicklungen vorherzusagen. Die Geschichte der neuzeitlichen Naturwissenschaft hat gezeigt, dass das Projekt von Galilei, Newton und ihrer Zeitgenossen Naturprozesse (ganz wie es Aristoteles in der Physik Buch IV 1 208a gefordert hatte) ausgehend von der Bewegung einzelner Objekte erklären zu wollen, erfolgreich ist. Heute sind hochkomplexe Wirkungszusammenhänge, wie sie sich im Klimawandel zeigen, verstehbar und modellierbar. Damit kann heute analysiert werden, wie natürliche Kreislaufprozesse menschliches Leben und Wirtschaften ermöglichen und welche Rückwirkung menschliches Tun auf das Ökosystem Erde hat.

Zum anderen kann das Gesamtverfahren, sich zunächst über etwas aus dem eigenen Alltag Vertrautes zu wundern, um es dann mit Hilfe von Modellen auf eine neue Weise zu verstehen, als generelles Verfahren einer Welterschließung betrachtet werden. Diese Sichtweise schließt an Brecht (1989 [1957], S. 151) an, der am Bei-

spiel des sich über den pendelnden Kronleuchter wundernden Galilei, der dann die
Pendelgesetze entdeckt, seine Theorie des epischen Theaters entwickelte. Analog
zum so charakterisierten naturwissenschaftlichen Verfahren wollte Brecht ermöglichen, dass seine Zuschauer sich über die scheinbar vertrauten sozialen Verhältnisse
wundern und die dahinter stehenden Wirkmechanismen erkennen, um schließlich
die Verhältnisse zu verändern.[25]

Eine Form der naturwissenschaftlichen Komplexitätsreduktion besteht im Arbeiten mit physikalischen Modellen. Im Rahmen dieses Beitrags sollen dazu mentale
Modelle physikalischer Sachverhalte betrachtet werden. Es wird damit nur einer
spezifischen Verwendung des Wortes ‚Modell' nachgegangen. In der Literatur findet
sich daneben eine Vielzahl weiterer Verwendungsweisen. So unterscheidet Hentschel
(2010) fünf verschiedene Bedeutungsebenen des Wortes:

> „(a.) *als umgangssprachliches Synonym für einen maßstäblich verkleinerten, häufig auch leicht ver-*
> *einfachten Nachbau eines größeren Objekts (etwa das „Modell" eines Gebäudes oder einer*
> *Maschine im Maßstab 1:100 in einem Museum); [...]*
>
> (b.) *als Bezeichnung für physische Modelle, z.B. auseinandernehmbare Skelettmodelle der Ana-*
> *tomie, betastbare Silikon-Modelle der Mediziner zur Schulung der Früherkennung von*
> *Brustkrebs, oder chemische Modelle von Molekülen, in denen durch materielle Entspre-*
> *chungen wie etwa Kügelchen für Atome und Stöckchen für chemische Bindungen räumliche*
> *Konfigurationen [...] sicht- und tastbar gemacht werden können;*
>
> (c.) *dem Funktions- „Modell" beispielsweise einer Dampfmaschine [...]*
>
> (d.) *die mechanischen Modellvorstellungen zu nicht-mechanischen Prozessen beispielsweise in der*
> *Elektrodynamik des ausgehenden 19. Jahrhunderts, bis hin zu*
>
> (e.) *einer formal-strengen „Modelltheorie" im Sinne von Alfred Tarskis Metamathematik oder*
> *der mengentheoretischen Wissenschaftstheorie von Patrick Colonel Suppes [...], Wolfgang*
> *Stegmüller [...] und Konsorten" (Hentschel 2010, 42f.).*

Folgt man der Geschichte des Modellbegriffes, so finden sich noch weitere Verwendungsweisen (vgl. Mahr 2003). In der Sachunterrichtsdidaktik (z.B. Conrads
2011) aber auch in den Naturwissenschaftsdidaktiken (z.B. Leisner-Bodenthin 2006,
Mikelskis-Seifert/ Kasper 2011) werden häufig mehrere Formen von Modellen
gleichzeitig behandelt. Sie finden sich dann in unterschiedlichen Bestandteilen ei-

---

25  An diese Idee schließt auch Meyer-Drawe an, um ihren Begriff erfahrungsbasierten Lernens zu entwickeln
    (Meyer-Drawe 2008).

ner postulierten Modellkompetenz (vgl. Conrads 2011) wieder, ohne dass auf die Unterschiede in ihrer Bedeutung für naturwissenschaftliches Denken näher eingegangen wird.

Mentale Modelle in der Physik sollen hier im Anschluss an Heinrich Hertz gefasst werden. Hertz selber verwendete dabei nicht das Wort ‚Modell', sondern führte den Begriff des inneren Scheinbildes ein:

*„Es ist die nächste und in gewissem Sinne wichtigste Aufgabe unserer bewussten Naturerkenntnis, dass sie uns befähige, zukünftige Erfahrungen vorauszusehen, um nach dieser Voraussicht unser gegenwärtiges Handeln einrichten zu können. [...] Das Verfahren aber, dessen wir uns zur Ableitung des Zukünftigen aus dem Vergangenen und damit zur Erlangung der erstrebten Voraussicht stets bedienen, ist dieses: Wir machen uns innere Scheinbilder oder Symbole der äußeren Gegenstände, und zwar machen wir sie von solcher Art, dass die denknotwendigen Folgen der Bilder stets wieder die Bilder seien von den naturnotwendigen Folgen der abgebildeten Gegenstände" (Hertz 1894).*

## Beispiele mentaler Modelle

Will man verstehen, worin naturwissenschaftliches Denken in diesem Sinne besteht, so muss man sich Beispiele für dieses Vorgehen vergegenwärtigen. Die Betrachtung von Beispielen ermöglicht es, die etwas vage Beschreibung zu konkretisieren ohne dabei komplexe Probleme nach dem erkenntnistheoretischen Status der Bilder und der Gegenstände und zur Frage, in welcher Relation beide zueinander stehen, lösen zu müssen. Schließlich ermöglichen es Beispiele auch zu prüfen, inwiefern sich solche Modelle im Sachunterricht einsetzen lassen. Zwei Beispiele sollen im Folgenden erläutert werden.

### 1) Galileis Nachdenken über fallende Körper

Galileis erstes Fallgesetz lautet: Alle Körper fallen gleich schnell. Zu diesem Ergebnis kommt Galilei über ein Gedankenexperiment das hier als ein erstes Beispiel für ein mentales Modell dienen soll. In dem Ausschnitt aus „Unterredungen und mathematische Demonstrationen über zwei neue Wissenszweige, die Mechanik und die Fallgesetze betreffend" setzt sich Galilei mit der Aristotelischen Lehre auseinander. Der Text ist als Dialog verfasst. Salviati trägt die Lehre vor. Simplicio verteidigt die aristotelische Lehre. Sagredo als Moderator kommt in diesem Abschnitt nicht zu Wort:

*„Salv. Ohne viel Versuche können wir durch eine kurze, bindende Schlussfolgerung nachweisen, wie unmöglich es sei, dass ein grösseres Gewicht sich schneller bewege, als ein kleineres, wenn beide aus gleichem Stoff bestehen; und überhaupt alle jene Körper, von denen Aristoteles spricht. Denn sagt mir, Herr Simplicio, gebt Ihr zu, dass jeder fallende Körper eine von Natur ihm zukommende Geschwindigkeit habe; so dass, wenn dieselbe vermehrt oder vermindert werden soll, eine Kraft angewandt werden muss oder ein Hemmniss.*

*[..., Simplicio stimmt zu]*

*Wenn wir zwei Körper haben, deren natürliche Geschwindigkeit verschieden sei, so ist es klar, dass, wenn wir den langsameren mit dem geschwinderen vereinigen, dieser letztere von jenem verzögert werden müsste, und jener, der langsamere, müsste vom schnelleren beschleunigt werden. Seid Ihr damit einverstanden?*

*Simpl. Mir scheint die Consequenz völlig richtig.*

*Salv. Aber wenn dieses richtig ist, und wenn es wahr wäre, dass ein grosser Stein sich z.B. mit 8 Maass Geschwindigkeit bewegt, und ein kleinerer Stein mit 4 Maass, so würden beide vereinigt eine Geschwindigkeit von weniger als 8 Maass haben müssen, aber die beiden Steine zusammen sind doch grösser, als jener grössere Stein war, der 8 Maass Geschwindigkeit hatte; mithin würde sich nun der grössere langsamer bewegen, als der kleinere; was gegen Eure Voraussetzung wäre. Ihr seht also, wie aus der Annahme, ein grösserer Körper habe eine grössere Geschwindigkeit, als ein kleinerer Körper, ich Euch weiter folgern lassen konnte, dass ein grösserer Körper langsamer sich bewege als ein kleinerer"* (Galilei 1995 [1638], S. 57f.).

Das betrachtete mentale Modell besteht also aus zwei Körpern gleichen Materials aber – in heutiger Terminologie – verschiedener Masse. Angenommen wird, Körper 1 sei der leichtere und Körper 2 der schwerere. Nach aristotelischer Lehre fällt der Körper mit der größeren Masse schneller zu Boden, wenn man beide gleichzeitig fallen lässt. Nun werden beide Körper miteinander verbunden gedacht. Worin diese Verbindung besteht, wird nicht weiter ausgeführt. Heute würde man sich einen masselosen Stab denken (vgl. Ortlieb 2004, S.29). Die Kombination aus Körper 1 und 2 sei als Körper 3 bezeichnet.

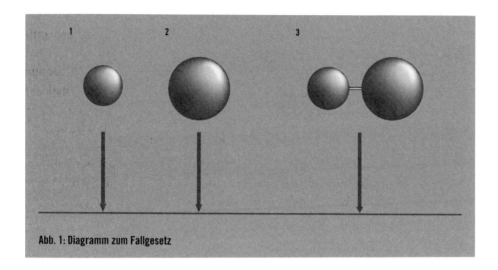

**Abb. 1: Diagramm zum Fallgesetz**

Galilei nimmt nun zum Zwecke seiner Argumentation mit Aristoteles an:

(A) Schwere Körper fallen schneller als leichtere.

Teil I der Argumentation:

Geht man davon aus, dass beide Körper 1 und 2 unterschiedlich schnell fallen, so müsste im Falle einer Verbindung der schnellere den langsameren beschleunigen und der langsamere den schnelleren bremsen.

Also folgt aus A:

(B) Körper 3 fällt langsamer als Körper 2.

Teil II der Argumentation:

Nun ist die Kombination aus beiden Körpern 1 und 2 aber auch als ein neueres Objekt, nämlich Körper 3, zu betrachten, das eine größere Masse hat, als Körper 2. Also folgt aus A:

(C) Körper 3 fällt schneller als Körper 2.

Damit wurde aus der Annahme A ein Widerspruch abgeleitet, da B und C nicht beide wahr sein können. Galilei weist daher Annahme A zurück und postuliert, dass alle Körper gleich schnell fallen.

Bei dieser Argumentation wurde stillschweigend vorausgesetzt, dass die Form der Körper keine Rolle spielt für die Falleigenschaften (vgl. Ortlieb 2008). Das stimmt nur im Vakuum. Das erklärt auch, weshalb Aristoteles und nach ihm viele Generationen Annahme A für richtig hielten.

Galileis Behandlung passt nicht so recht zur Beschreibung von Hertz. Wenn die denknotwendigen Folgen unseres Bildes in einem Widerspruch bestehen, kann dieser schwerlich das Bild der naturnotwendigen Folgen der abgebildeten Gegenstände sein (Widersprüche gibt es nur im Denken nicht in der Natur). Dieser Mangel lässt sich beheben, wenn man das Beispiel so verändert wie es Ortlieb (2004, S.29) unter Berufung auf Benedetti (leider ohne Quellenangabe) getan hat:

Bei Ortlieb geht man von zwei gleichen Körpern mit identischer Masse aus.

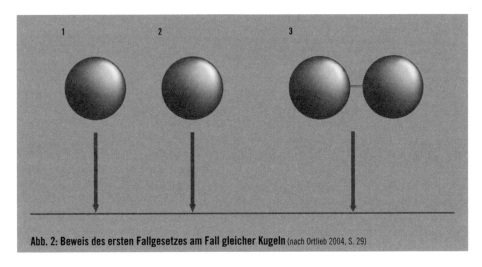

**Abb. 2: Beweis des ersten Fallgesetzes am Fall gleicher Kugeln** (nach Ortlieb 2004, S. 29)

Angenommen, zwei Kugeln 1 und 2 sind aus demselben Material hergestellt und haben dieselbe Form und dieselbe Masse. Dann ist davon auszugehen, dass beide – wenn sie im selben Moment aus derselben Höhe fallengelassen werden – gleichzeitig auf dem Boden aufkommen. Ortlieb ergänzt das Modell nun um einen masselosen Stab, der die beiden Kugeln verbindet. „An der gemeinsamen Fallgeschwindigkeit wird sich" dadurch „nichts ändern" (ebd.). „Dabei handelt es sich aber um einen Körper der doppelten Masse, der mit der gleichen Geschwindigkeit fällt. Diese Überlegung lässt sich ebenso auf drei, vier oder auch eine Milliarde Kugeln anwenden, woraus sich die Unabhängigkeit der Fallgeschwindigkeit von der Masse des schweren Körpers ergibt" (ebd.).

Als zweites Beispiel wird im Folgenden das Pendel betrachtet. Die Darstellung ist als Rekapitulation des Schulwissens zu diesem Thema gedacht. Es wird der Versuch unternommen die Bewegung des Pendels so zu erklären, wie es in der klassischen

Newtonschen Mechanik[26] üblich ist und dabei alle Überlegungen, die dazu nötig sind, auch explizit zu machen. Dabei sollen auch physikalische Grundbegriffe und mathematische Operationen explizit erläutert werden. Es wird mit dem mathematischen Pendel das einfachste Modell gewählt und auch die einfachste mathematische Beschreibung gewählt. Dennoch wird die Argumentation im Detail nur verstanden werden, wenn die Verwendung der physikalischen Begriffe und der mathematischen Operationen der Leserin und dem Leser vertraut sind. Leserinnen und Leser, auf die dies nicht zutrifft, seien gebeten der Argumentation dennoch zu folgen, um zumindest Teile des Argumentationsganges zu verstehen und die Argumentationsstrategie anhand der Struktur des Argumentationsganges nachzuvollziehen.

## 2) Das mathematische Pendel

Das mathematische Pendel ist ein Modell, an dem sich Eigenschaften von realen Pendeln verstehen lassen. Es besteht aus einem Punkt, dem die Eigenschaft eine Masse $m$ zu besitzen, zugeschrieben wird und einem Faden der Länge $l$, an dem der Massepunkt von der Decke hängt (die Idee des Massepunktes selber ist ebenfalls schon ein mentales Modell). Der Faden wird masselos gedacht. Man geht davon aus, dass das Pendel keinen Luftwiderstand besitzt und dass es keine Reibung in der Aufhängung des Fadens an der Decke gibt.

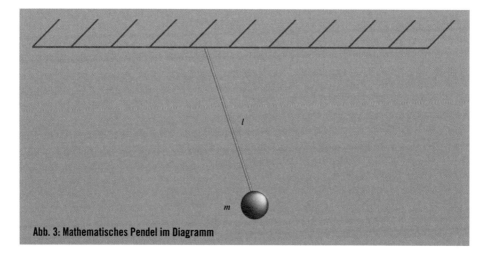

**Abb. 3: Mathematisches Pendel im Diagramm**

---

26 Also nicht in der abstrakteren Form der Hamilton-Jacobischen Theorie.

Abbildung 3 zeigt ein Diagramm, das das mentale Modell veranschaulicht. Es handelt sich dabei lediglich um eine Veranschaulichung. Der Massepunkt wird als kleiner Kreis dargestellt, da sich ein mathematischer Punkt nicht darstellen lässt (er hat keine Ausdehnung). Der masselose Faden wird als Linie dargestellt. Gedacht wird der Faden als mathematische Linie, also als ein Objekt, das nur in einer Dimension eine Ausdehnung hat. Die Linie hat im Diagramm eine bestimmte Länge, da sich eine Linie nicht ohne bestimmte Länge zeichnen lässt. Mit dem Buchstaben $l$, wird angedeutet, dass der Faden eine beliebige Länge hat, ohne dass im Rahmen des Denkmodells eine bestimmte Länge angenommen wird.

Im Sinne von Heinrich Hertz ist das sicher noch kein inneres Bild, da es noch keine denknotwendigen Folgen gibt, die als naturwissenschaftliches Wissen betrachtet werden können. Dennoch lassen sich einige charakteristische Eigenschaften des mentalen Modells benennen. Wenn Luftwiderstand und Reibung in der Aufhängung vernachlässigt werden, wird damit die Anzahl der Einflussfaktoren auf die Bewegung des Pendels reduziert. Dabei werden zwei Faktoren weggelassen, deren Einfluss nur sehr schwer zu erfassen ist (vgl. Feynman 2001 [1963] S. 177f., Müller 2010, S. 113 ff.). Die Beschränkung auf einen Punkt ermöglicht es, dass nicht über den Einfluss der Form des Pendelkörpers und der Dichte des Körpers nachgedacht werden muss. Dass der Faden masselos gedacht wird, ermöglicht es, den Faden nur insofern in Betracht zu ziehen, als er die Wechselwirkung zwischen Decke und Faden vermittelt. Er würde selber ohne Massepunkt nicht pendeln. Diese Idealisierungen vereinfachen die Situation, so dass man sich beim Denken auf wenige Faktoren konzentrieren kann. Und sie sind so gewählt, dass nur Faktoren berücksichtigt sind, die dem Denken auch zugänglich sind.

Um aus dem Denkmodell denknotwendige Folgen ableiten zu können, fehlt noch etwas:

(a) Gesetze, die etwas über das Verhalten von Objekten aussagen, die Masse besitzen und

(b) ein Gesetz darüber, wie verschiedene Objekte miteinander wechselwirken:[27]

---

27 Die folgende Darstellung zielt nicht darauf das mathematische Pendel so zu erläutern, dass eine LeserIn, die keinerlei Vertrautheit mit mechanischem Denken hat, sie vollständig versteht. Dazu wäre eine sehr viel ausführlichere Darstellung nötig, die typische Missverständnisse antizipiert und explizit anspricht. Einen solchen Versuch mechanisches Denken zu erläutern, macht Rainer Müller (2011). Zum Pendel kommt er dann auf Seite 431. Die Darstellung soll daran erinnern, wie in physikalischen Lehrbüchern denknotwendige Folgen aus Denkmodellen abgeleitet werden, um so sowohl den Begriff des Denkmodells, als auch den der denknotwendigen Folge zu erläutern.

(a) Dinge, die eine Masse besitzen, ziehen sich gegenseitig nach dem Gravitationsgesetz an. Die Anziehungskraft ist proportional zur Masse des einen und des anderen Körpers und umgekehrt proportional zum Quadrat des Abstandes. Betrachtet man an der Erdoberfläche die Anziehung zwischen einem Körper und der Erde, so wird die Situation einfacher. Der Abstand zum Erdmittelpunkt bleibt in etwa konstant. Auch die Masse der Erde kann als relativ stabil angenommen werden. Die Kraft, mit der die Erde einen Körper an der Erdoberfläche anzieht, ist damit proportional zu dessen Masse. Der Rest kann in einer Konstanten $G$ zusammengefasst werden. Das Gesetz hat als Gleichung dann eine sehr einfache Form:

$F = m \cdot G$ Die Konstante kann experimentell bestimmt werden: $G = 9{,}81\frac{m}{s^2}$.

Die Kraft wirkt in Richtung zum Erdmittelpunkt, an der Erdoberfläche also nach unten (wenn man nicht gerade am Rande eines Gebirges steht, welches ebenfalls eine Anziehung bewirkt, so dass Körper dort etwas schief zu Boden fallen).

Was passiert nun, wenn auf einen Körper, der Masse besitzt, eine Kraft wirkt? Er verändert seinen Bewegungszustand. Er wird in Richtung der Kraft beschleunigt. Die Größe der Beschleunigung ist proportional zum Quotienten aus der Kraft, die er erfährt, und seiner eigenen Masse: $a = \dfrac{F}{m}$

Das wird üblicherweise als $F = m \cdot a$ dargestellt. Die Richtung von Kraft und Beschleunigung ist identisch. Das ist das zweite Newtonsche Axiom der Mechanik. Man kann sich auch fragen, was denn mit einem Körper passiert, auf den keine Kraft wirkt. Über Jahrhunderte war man der Überzeugung, dass Körper, die sich bewegen eine Kraft benötigen, damit sie ihre Bewegung aufrecht erhalten. Dem hat Newton widersprochen. Nach seinem ersten Axiom der Mechanik bleiben Körper, die ruhen, in diesem Zustand und Körper, die sich gleichförmig geradlinig (also mit konstanter Geschwindigkeit immer in dieselbe Richtung) bewegen, bleiben im Zustand der gleichförmigen geradlinigen Bewegung (sie bewegen sich weiter mit konstanter Geschwindigkeit und ändern auch ihre Richtung nicht). Man nennt dies das Trägheitsgesetz.

(b) Schließlich stellt sich die Frage, wie zwei Körper miteinander wechselwirken. Die Antwort gibt das dritte Newtonsche Axiom: Übt ein Körper eine Kraft auf einen zweiten aus, so übt auch der zweite eine gleich große, aber entgegengesetzt gerichtete Kraft auf den ersten aus. Das lässt sich an zwei Skateboardern veranschaulichen:

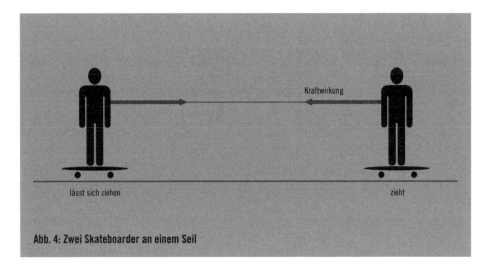

Kraftwirkung

lässt sich ziehen

zieht

**Abb. 4: Zwei Skateboarder an einem Seil**

Halten beide ein Seil fest und zieht der erste an diesem Seil, so zieht er den zweiten Skateboarder an sich heran, aber er wird auch selber durch eine Kraft, die auf ihn wirkt, an den zweiten herangezogen, ohne dass der zweite Skateboarder dafür aktiv ziehen müsste (Festhalten des Seils reicht).

Was jetzt noch fehlt, ist eine Antwort auf die Frage, wie sich die Wirkung mehrerer Kräfte auf einen Körper bestimmten lässt und wie sich überhaupt Kräfte im mentalen Modell berücksichtigen lassen.

Wirken zwei gleichgroße Kräfte in entgegengesetzter Richtung auf einen Körper, so heben Sie sich gegenseitig auf. Bin ich mit einem Karabinerhaken in der Mitte einer Schnur festgemacht und eine Person zieht an einem Ende und eine andere Person am anderen Ende in entgegengesetzte Richtung mit derselben Kraft so wirkt auf mich keine Kraft.

Tragen zwei Personen eine Wasserkiste, in dem beide jeweils an einem Ende der Kiste anfassen und das Gewicht halten, so halbiert sich die Kraft, die jeder aufbringen muss (wenn die Kiste gleichmäßig beladen ist).

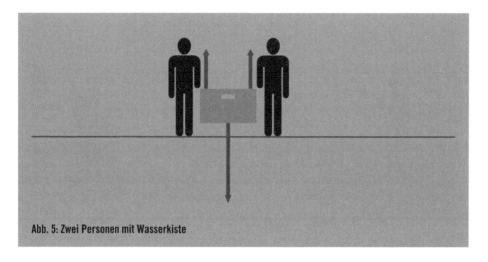

**Abb. 5: Zwei Personen mit Wasserkiste**

Stellen sich die beiden Personen ungeschickt an und ziehen in verschiedene Richtungen an der Kiste, so bringen sie immer noch die gesamte Gewichtskraft der Kiste auf, aber sie ziehen unnötiger Weise mit einer größeren Kraft (es sei denn eine Person ist stärker und zieht dann die Kiste und die zweite Person in seine Richtung und vergeudet so zwar unnötig Kraft, aber bestimmt wenigstens die Richtung, in der sich Menschen und Kiste bewegen). Das lässt sich anhand von Pfeilen im Diagramm veranschaulichen:

**Abb. 6: Zwei Personen mit Wasserkiste im Richtungsstreit**

Das Schöne an Pfeilen ist, dass sie eine Länge haben und eine Richtung anzeigen. Das ist wunderbar, da sie so durch ihre Länge anzeigen können wie groß eine physikalischen Größe ist und zugleich eine Richtung angeben (z.B. Geschwindigkeit, Beschleunigung oder Kraft). Solche physikalischen Größen nennt man Vektorgrößen und die Mathematik bietet mit den mathematischen Vektoren auch noch eine Möglichkeit, mit ihnen systematisch zu rechnen, also Größe und Richtung gleichzeitig zu verrechnen. Physikalische Größen wie die Länge eines Körpers, sein Volumen, seine Masse oder seine Dichte haben keine Richtung und werden skalare Größen genannt. Sie werden durch eine Zahl angegeben. In der Mathematik kann die Richtung eines Vektors im dreidimensionalen Raum, z.B. durch einen Punkt auf einer Kugeloberfläche, die den Radius eins hat angegeben werden. Die gerade Linie, die den Kugelmittelpunkt mit dem Punkt auf der Kugeloberfläche verbindet, zeigt dann die Richtung an. Sie weist so immer aus der Kugel heraus. Eine einer bestimmten Richtung entgegen gesetzte Richtung wird durch den Punkt auf der Kugel, der dem ersten Punkt auf der Kugel gegenüber liegt, dargestellt.

So lässt sich jetzt die Situation der Kräfte beim mathematischen Pendel folgendermaßen darstellen:

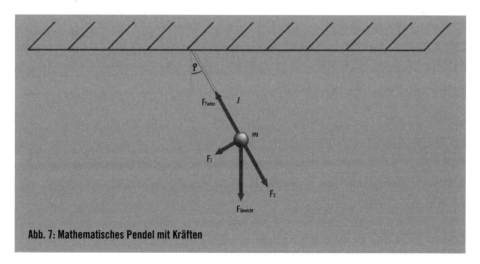

**Abb. 7: Mathematisches Pendel mit Kräften**

Im Diagramm ist zunächst die Gewichtskraft $F_{Gewicht}$ eingezeichnet mit der die Erde den Massepunkt anzieht. Der Massepunkt fällt jedoch nicht zu Boden, da er vom Faden gehalten wird. Über den Faden ist der Massepunkt mit der Decke verbunden. Der Faden vermittelt, wie bei den Skateboardern eine Wechselwirkung zwischen Decke und Massepunkt. Der Faden kann aber nur Kräfte längs seiner eigenen Ausrichtung vermitteln. Daher kann der Faden die Gewichtskraft nicht vollständig kompensieren (das kann er nur, wenn der Massepunkt im tiefsten Punkt der Pendelbewegung ist, da dann der Faden genau vertikal liegt und damit die ebenfalls vertikal gerichtete Gewichtskraft kompensieren kann.

Um die Situation in Abbildung 7 genauer zu analysieren, denkt man sich die Gewichtskraft $F_{Gewicht}$ in zwei Anteile zerlegt. In $F_1$ und $F_2$. $F_2$ ist der Anteil der Gewichtskraft, der längs des Fadens wirkt. Nur dieser Anteil wird vom Faden durch kompensiert. Es bleibt also die Kraft übrig, die der Faden nicht kompensieren kann. Bringt man den Massepunkt in die Lage, wie sie in Abbildung 7 dargestellt ist, so beschleunigt ihn die Kraft $F_1$. Er beginnt sich zu bewegen.

Die Situation lässt sich noch etwas anders formulieren: Auf den Massepunkt wirken zwei Kräfte: Die Gewichtskraft $F_{Gewicht}$ und die Kraft mit der der Faden den Massepunkt hält $F_{Faden}$. Die Summe beider Kräfte ist die Kraft $F_2$. In der Pendelbewegung verändert sich diese Kraft permanent: Sie ändert ständig ihre Richtung, da sie immer senkrecht zum Faden liegt. Und sie ändert ihre Größe. Ist das Pendel um 90 Grad ausgelenkt, so ist $F_1$ identisch mit der Gewichtskraft $F_{Gewicht}$. Der Faden vermittelt in dieser Situation keine Kraft. Im tiefsten Punkt kompensiert der Faden die gesamte Gewichtskraft. Also ist $F_{Faden} = -F_2$. Das Minuszeichen besagt, dass die beiden Kräfte in entgegengesetzte Richtung zeigen. In diesem Punkt ist die Summe aller Kräfte, also $F_2$, Null und der Massepunkt wird nicht beschleunigt. Für $F_2$ gilt in Abhängigkeit vom Winkel $\varphi$:

$$F_2 = mg \sin \varphi.$$

Nach dem oben erwähnten zweiten Newtonschen Axiom bewirkt eine Kraft, die auf einen Körper der Masse m wirkt, die Beschleunigung a:

$$F_2 = m\,a$$

Seien gerichtete Größen auf der Kreisbahn positiv gewählt, wenn Sie gegen den Uhrzeigersinn zeigen und negativ, wenn sie im Uhrzeigersinn weisen.

Dann ist

$$ma = -mg \sin \varphi$$

Und damit (zur Erinnerung: Bei Gleichungen darf man immer auf beiden Seiten dasselbe machen, z.B. darf man beide Seiten durch teilen):

(1)     $a = -g \sin \varphi$

Der Ort unseres Massepunktes lässt sich am einfachsten durch den Winkel φ angeben. Auch die Geschwindigkeit lässt sich dann am einfachsten als Geschwindigkeit mit der der Winkel sich ändert angeben. Eine durchschnittliche Änderung des Winkels pro Zeit $\bar{\omega}$ lässt sich als Änderung des Winkels zwischen zwei verschiedenen Aufenthaltspunkten $\varphi_1$ und $\varphi_2$ an denen sich der Massepunkt zu den Zeitpunkten $t_1$ und $t_2$ befindet definieren:

$$\bar{\omega} = \frac{\varphi_2 - \varphi_1}{t_2 - t_1}$$

Dabei zeigt der Strich über dem Omega an, dass es sich hier um eine durchschnittliche Änderung handelt, die sich ergibt, wenn ein endliches Zeitintervall betrachtet wird. Die Winkelgeschwindigkeit ω in einem Punkt lässt sich dann als Grenzwert für den Fall, dass der Zeitunterschied $t_2 - t_1$ beliebig klein wird, definieren[28] Um klar zu machen, dass man dieses Gedankenspiel durchführen will, schreibt man einfach den Ausdruck ‚$\lim_{(t_2 - t_1) \to 0}$' dazu (‚lim' steht für das lateinische Wort ‚limes' für die Grenze):

$$\omega = \lim_{(t_2 - t_1) \to 0} \frac{\varphi_2 - \varphi_1}{t_2 - t_1}$$

Dies ist die Definition der Ableitung der Winkelgeschwindigkeit φ nach der Zeit $t$. Da die zeitliche Veränderung, also die Veränderungsgeschwindigkeit, von Messgrößen in der Physik von großer Bedeutung ist, wird die zeitliche Ableitung von Größen durch einen Punkt über dem Symbol der Größe, deren Veränderung betrachtet wird, angezeigt. Also $\omega = \dot{\varphi}$

Im Falle der Bewegung auf einer Kreisbahn hängt die Geschwindigkeit $v$ des Massepunktes mit der Winkelgeschwindigkeit über

$$v = l \, \dot{\varphi}$$

zusammen (da der Winkel φ, den das Pendel überstrichen hat, im Bogenmaß definiert ist über $\varphi := \frac{s}{l}$, wenn s der Kreisbogen ist, den der Massepunkt zurückgelegt hat, und $l$ der Radius des Kreises ist und damit auch die Änderung des Winkels pro Zeit im selben Verhältnis zur Änderung der Strecke auf dem Kreisbogen stehen muss).

---

28   Mathematisch ist das nur sinnvoll, wenn dieser Grenzwert auch existiert und für Annäherungen an einen Zeitpunkt von größeren und von kleineren Zeitpunkten identisch ist, was bei physikalischen Größen aber in der Regel der Fall ist.

Auch die Geschwindigkeit, mit der sich der Winkel des Massepunktes ändert, kann sich in der Zeit verändern. Diese Veränderung wird als Winkelbeschleunigung $\alpha$ bezeichnet. $\alpha$ wird analog als Veränderung der Winkelgeschwindigkeit in der Zeit definiert. Die durchschnittliche Änderung der Winkelgeschwindigkeit $\bar{\alpha}$ ist:

$$\bar{\alpha} := \frac{\omega_2 - \omega_1}{t_2 - t_1}.$$

Entsprechend ist die Winkelbeschleunigung in einem Punkt wie folgt definiert

$$\alpha := \lim_{t_2 - t_1 \to 0} \frac{\omega_2 - \omega_1}{t_2 - t_1} = \dot{\omega} = \ddot{\varphi}.$$

Die Winkelbeschleunigung hängt im Falle der Bewegung auf einer Kreisbahn mit der Beschleunigung a nach $a = l\,\alpha = l\,\ddot{\varphi}$ zusammen. Eingesetzt in Gleichung (1) gilt für den Winkel $\varphi$, der den Ort des Massepunktes in Abhängigkeit von der Zeit t angibt die Differentialgleichung:

(2) $\ddot{\varphi}\,(t) = -\frac{g}{l}\,\sin\varphi(\mathrm{t}).$

Es zeigt sich schon an dieser Formel, dass die Beschleunigung des Winkels nur von der Fadenlänge, nicht aber von der Masse des Körpers abhängt. Damit ist auch die Schwingungsdauer des Pendels, also die Zeit, die der Massepunkt braucht, um ausgehend von einem beliebigen Startpunkt mit einer bestimmten Geschwindigkeit zum ersten mal wieder im selben Zustand (mit der selben Geschwindigkeit und Bewegungsrichtung) an denselben Punkt zu kommen, nur von der Länge des Pendels abhängig. Eine exakte Berechnung der Schwingungsdauer wird in Lehrbüchern meist auf den Fall sehr kleiner Winkel begrenzt. Dann kann der Sinus des Winkels durch den Winkel selbst angenähert werden und die Differentialgleichung

(3) $\ddot{\varphi}\,(t) = -\frac{g}{l}\,\varphi(\mathrm{t})$

ist dann leicht lösbar:

$$\varphi(\mathrm{t}) = \varphi_0 \sin\left(\sqrt{\frac{g}{l}}\,t + \varphi_0\right)$$

Die Richtigkeit dieser Lösung lässt sich leicht prüfen, indem diese Gleichung zweimal nach der Zeit abgeleitet wird. Dazu verwendet man die in der Mathematik (vgl. Königsberger 1990, S. 158) bewiesene Formeln für die Ableitung der Sinus- und der Cosinus-Funktion, die hier gleich für Ableitungen nach der Zeit mit der Notationsweise mit Punkten für zeitliche Ableitungen dargestellt werden:

$$\dot{\sin}(t) = \cos(t)$$
$$\dot{\cos}(t) = -\sin(t).$$

Ändert sich eine Größe f über die Zeit immer im gleichen Maße, so lässt sie sich mit Hilfe einer Konstanten k als $f(t) = k \cdot t$ ausdrücken und die Konstante $k$ ist die Ableitung der Größe f, also $\dot{f}(t) = k$. Außerdem benötigt man eine Regel dafür wie man eine Funktion h(t), die sich aus zwei Funktionen f(t) und g(t) nach $h(t) = f(g(t))$ zusammensetzt, ableitet (da man sich weniger Regeln merken muss, wenn man komplexere Funktionen in einfachere zerlegt, für die man die Ableitungs-regeln auswendig weiß). Sie lautet:

$$h(t) = \dot{f}(g(t)) \cdot \dot{g}(t).$$

Damit ist

$$\dot{\varphi}(t) = \varphi_0 \sqrt{\frac{g}{l}} \cos(\sqrt{\frac{g}{l}} t + \varphi_0)$$

$$\ddot{\varphi}(t) = -\varphi_0 \frac{g}{l} \sin(\sqrt{\frac{g}{l}} t + \varphi_0)$$

und Gleichung 3 ist erfüllt.

Damit ist auch die Schwingungsdauer leicht zu ermitteln. Wird der Startpunkt bei t=0 gewählt, so erreicht das Pendel denselben Punkt im selben Zustand, wenn

$$\sqrt{\frac{g}{l}} t = 2\pi$$

(da die Sinusfunktion ihre Funktionswerte mit einer Periode von $2\pi$ wiederholt). Also ist die Schwingungsdauer

$$T = 2\pi \sqrt{\frac{l}{g}}$$

Die so berechnete Schwingungsdauer ist im Sinne von Hertz eine denknotwendige Folge des mentalen Modells. Sie ist dann ein Bild der naturnotwendigen Folgen des abgebildeten Gegenstandes, wenn sich zeigen lässt, dass der Zusammenhang zwischen gemessener Schwingungsdauer und gemessener Pendellänge bei einem realen Pendel annähernd diesen Zusammenhang aufweist, wenn man die Pendellänge variiert. Die Übereinstimmung der gemessenen Werte mit den berechneten sollte um so größer werden, je näher das reale Pendel dem mathematischen Pendel kommt.

Der Faden sollte im Verhältnis zum Pendelkörper also eine möglichst kleine Masse besitzen. Der Pendelkörper sollte seine Masse auf ein möglichst kleines Volumen konzentrieren. Es sollte möglichst wenig Reibung in der Aufhängung des Fadens geben und es sollte einen möglichst kleinen Luftwiderstand geben. Der Faden sollte möglichst lang gewählt werden, da die Winkel an denen Messungen vorgenommen werden können, dann klein gewählt werden können.

Das Nachvollziehen der Behandlung des mathematischen Pendels offenbart eine Reihe von Einsichten: Schon für die Behandlung der scheinbar banalen Frage, wovon die Schwingungsdauer eines Pendels abhängt, muss man auf alle drei Axiome Newtons zurückgreifen. Darüber hinaus muss man die Begriffe Kraft, Masse, Geschwindigkeit und Beschleunigung verstehen. Und man muss mit Grundzügen der Differentialrechnung vertraut sein. In der hier aufgeführten einfachen Variante muss man die Idee der Begriffe Geschwindigkeit und Beschleunigung auch noch auf Kreisbewegungen übertragen können und die Winkelgeschwindigkeit und die Winkelbeschleunigung verstehen. Schließlich muss man eine Idee davon haben, was eine Sinus- und eine Cosinusfunktion ist.

Das Beispiel illustriert aber auch, dass die drei Newtonschen Axiome einem im Sinne des Hertzschen Naturwissenschaftsverständnisses kaum etwas bringen, wenn man nicht in der Lage ist, anhand von mentalen Modellen daraus denknotwendige Folgen abzuleiten, die mit naturnotwendigen Folgen modellierter realer Objekte anhand von Experimenten verglichen werden können.

## Schlussfolgerungen

Naturwissenschaftliches Denken, das im Sinne von Hertz Vorhersagen in die Zukunft ermöglicht und ein Verstehen von Zusammenhängen in der Natur beinhaltet, besteht diesen Überlegungen zufolge darin, naturwissenschaftliche Begriffe und Gesetze anhand von mentalen Modellen so zu nutzen, dass denknotwendige Folgen abgeleitet werden.

Die Auseinandersetzung mit dem Fallgesetz zeigt dabei, dass die geschickte Nutzung von mentalen Modellen auch ohne tiefergehende mathematischen Kenntnisse und ohne tiefergehende physikalische Begriffe eine denkende Auseinandersetzung mit fundamentalen Naturgesetzen anleiten und so eine kulturelle Errungenschaft, wie die Überwindung des Aristotelischen Weltbildes und die Entwicklung einer kontraintuitiven Alternative verständlich machen kann. Zentral ist dabei, dass mentale Modelle eine Konzentration auf wenige Faktoren ermöglichen, die im Denken gleichzeitig bedacht werden können. Die Nutzung mentaler Modelle kann insofern als Verfahren der Elementarisierung von Problemfeldern durch Konzentration auf wesentliche Aspekte in den Naturwissenschaften gesehen werden.

Der Einsatz von mentalen Modellen kann daher sowohl dabei helfen, eine Beschränkung auf wesentliche Aspekte zu bewerkstelligen und ist zugleich selber eine zentrale Methode naturwissenschaftlichen Denkens, um komplexe Zusammenhänge zu verstehen.

Was heißt das nun für den Sachunterricht? Die bisherigen Überlegungen zeigen, dass naturwissenschaftliches Denken, zumindest soweit es die beiden angeführten Beispiele zeigen, zum einen darin besteht naturwissenschaftliche Begriffe wie Geschwindigkeit, Beschleunigung und Kraft zu nutzen, um naturwissenschaftliche Gesetze wie das Fallgesetz oder die drei Newtonschen Axiome zu begründen und zu formulieren. Zum anderen besteht es darin, diese Begriffe und Gesetze anhand von mentalen Modellen anzuwenden, um denknotwendige Folgen abzuleiten, die dann anhand von Experimenten mit den naturnotwendigen Folgen verglichen werden können. So kann schließlich die Nützlichkeit der Begriffe, Gesetze und Modelle an der Natur überprüft werden und Begriffe, Gesetze und Modelle können gegebenenfalls revidiert werden.

Die Beispiele zeigen, wie sich geschickt mit einem mentalen Modell denken lässt, so dass am Ende ein Gesetz, also eine Aussage die zu allen Zeiten und für alle Körper, die bestimmte Voraussetzungen erfüllen (hier war es: eine Masse zu besitzen), gilt, begründet wurde. Der Trick bestand darin, mit Objekten zu denken die eine nicht näher bestimmte Masse besitzen oder eine nicht näher bestimmt Länge haben, so dass die am Ende gefundenen Aussagen für Objekte mit beliebiger Masse und beliebiger Länge gültig sind.

Das Beispiel des Fallgesetzes zeigt, dass dies im Sachunterricht ohne fortgeschrittene Mathematik möglich ist. Das mathematische Pendel zeigt, dass man ausgehend von einem realen Pendel mithilfe des Modells sehr genau darüber nachdenken kann, welche Kräfte in einem bestimmten Moment wirken und wie sie die Bewegung des Pendelkörpers beeinflussen. Damit lässt sich zwar ohne Differentialrechnung keine Gleichung für die Schwingungsdauer ableiten. Aber es lässt sich anhand des Modells erklären, weshalb die Masse des Schwingungskörpers keine Rolle spielt. Ein solches mentales Modell kann zum einen dazu genutzt werden um die technische Verwendung naturwissenschaftlicher Begriffe kennenzulernen und zu üben. Und zum anderen um zu zeigen, wie sich Naturphänomene mithilfe von Gesetzen, die auf mentale Modelle angewendet werden, erklären lassen.

Auch ohne eine mathematische Behandlung lässt sich so die Verwendung naturwissenschaftlicher Begriffe, die Begründung und Anwendung von Gesetzen und die Erklärung von Phänomenen einüben. Bei einem solchen Vorgehen steht zum einen das Verstehen von Zusammenhängen im Mittelpunkt und zugleich können spätere Lernprozesse vorbereitet werden, da die Verwendung von Begriffen, Gesetzen und Modellen bereits eingeübt wird und spätere Lernprozesse anhand komplexerer Modelle und mit einer stärkeren Mathematisierung vorbereitet werden.

Um im Sachunterricht naturwissenschaftliches Denken zu ermöglichen und spätere Lernprozesse sinnvoll vorzubereiten wäre daher eine Zusammenstellung grundlegender naturwissenschaftlicher Begriffe und Gesetze, die wesentlich sind, um in das naturwissenschaftliche Denken der Gegenwart einzuführen, sinnvoll. Zu berücksichtigen sind dabei Ergebnisse zu Schülervorstellungen von physikalischen Begriffen die auf Lernschwierigkeiten und Missverständnissen führen (vgl. Wodzinski 1996). Angeschlossen werden kann dabei an ältere Arbeiten von Spreckelsen (1984) zu Basiskonzepten im Sachunterricht. Die Idee sich an Basiskonzepten zu orientieren findet aktuell im Kontext der Diskussion um die Anschlussfähigkeit des Sachunterrichts (Wodzinski 2011) wieder Beachtung. In dieser Debatte wird der Begriff des Konzeptes recht vage verwendet. Den Überlegungen dieses Artikels folgend wäre eine genauere Differenzierung verschiedener Hilfsmittel des naturwissenschaftlichen Denkens sinnvoll. Es wäre danach zu unterscheiden zwischen wesentlichen Begriffen (Bewegung, Geschwindigkeit, Beschleunigung, Kraft, Masse, Ladung Energie, ...), Gesetzen (Trägheitsgesetz, Bewegungsgesetz, Wechselwirkungsprinzip, Materieerhaltung, Energieerhaltung, Fallgesetz, Gravitation, ...)[29] und geeigneten mentalen Modellen[30], an denen das Zusammenspiel der Begriffe und der Gesetze um Phänomene zu erklären besonders gut erprobt werden kann. Im Sinne eines anschlussfähigen Lernens sollten dabei insbesondere diejenigen Begriffe und mentalen Modelle die in spateren Lernprozessen, die eine stärkere Mathematisierung beinhalten, eine grundlegende Rolle spielen, besonders berücksichtigt werden. Das hier diskutierte mathematische Pendel stellt dafür ein Beispiel dar.

---

29  Die Auswahl an Begriffen und Gesetzen ist hier nur beispielhaft aufgeführt und muss an anderer Stelle begründet werden.
30  Meiner Kenntnis nach gibt es hierzu bisher keinerlei Überlegungen für den Sachunterricht.

# Sachunterricht in Bildungslandschaften: Kooperation, Vernetzung, Partizipation. Und die Aus- und Weiterbildung von Lehrpersonen?

## Susanne Offen

Die Anforderungen an Lehrpersonen zur Gestaltung von Bildungsprozessen und Bildungssettings unterliegen einem stetigen Wandel. Was Schule soll und wie Unterricht geht ist immer auch Gegenstand gesellschaftlicher Auseinandersetzungen, in denen Beharrlichkeiten, aktuelle Anforderungen und bewährte Elemente von Lehren, Lernen und Bildung verhandelt werden.

Für die Bildung im Sachunterricht der Grundschule steht die Unterstützung einer eigentätigen Erschließung der Welt, ihre komplexer und systematischer werdende Deutung und eine Fundierung der kindlichen Weltzugänge in Tiefe und Breite, auch in der Kontrastierung von wissenschaftlichen Arbeitsweisen, kindlicher Expertise und lebensweltlichen Rahmungen, im Fokus eines damit sehr anspruchsvollen Faches.

Der vorliegende Beitrag konzentriert sich dabei auf die Verortung des Faches im Kontext sachbezogener und problemorientierter Bildungslandschaften. Dabei geht es vor allen Dingen um die Potentiale einer teilhabeorientierten Arbeit in Bildungslandschaften und die daran geknüpften Herausforderungen für die professionellen Kompetenzen (und damit auch die Hochschulbildung) der Lehrpersonen. Für diese konzeptionellen Überlegungen wird das Bildungskonzept einer Bildung für eine nachhaltige Entwicklung als Impulsgeberin verwendet.

Um Gelingensbedingungen benennen zu können, soll zunächst der Begriff der Bildungslandschaft für den Sachunterricht eingekreist werden. Vor diesem Hintergrund werden Aufgaben von Lehrpersonen in der Moderation von Bildungsprozessen skizziert und auf die Hochschulbildung zugespitzt.

## Bildungslandschaften und Sachunterricht

Sachunterricht als reflexive Welterschließung wird in vielen Beschreibungen des Faches als Aneignung von Welt, auch im Sinne ihrer kritischen Gestaltung konzipiert,

wenngleich die präzisen Ausbuchstabierungen dann doch sehr unterschiedlich aus-
fallen – ob die Beschäftigung mit Welt als Teilnahme, Beteiligung, Partizipation oder
eben als Teilhabebefähigung verstanden wird, macht im Endeffekt dann doch einen
Unterschied ums Ganze aus, was die gesellschaftspolitischen Dimensionen und die
angestrebte Kritikfähigkeit der AdressatInnen angeht. Im Anschluss an die andau-
ernden Debatten um den Bildungsbegriff (vgl. etwa Koller 2012, Terhart 2012)
wird hier auf einen Begriff Bezug genommen, der in aller gebotenen Demut in Bezug auf die Kontingenz von Bildungsverläufen die Ermöglichung kritischer Distanz
zu subjektiven Eigentheorien (Pech 2009), eigenen biographischen Selbstverständ-
lichkeiten und Wissensbeständen anstrebt und dabei bedenkt, dass der Erwerb von
disziplinärem wie interdisziplinärem Fachwissen zwar einen notwendigen Teil von
Handlungsfähigkeit und agency darstellt, jedoch andere Ressourcen hinzu kommen
müssen, damit Menschen sich nicht nur als kompetent, sondern auch als legiti-
miert erleben, in gesellschaftliche Wirklichkeiten zu intervenieren (Scherr 2003).
Die Welt, um deren Erschließung geredet wird, ist eine komplex politisch geformte
Welt. Die politischen Dimensionen der Welt bilden den Kontext und das Wesen
auch der Sachen des Sachunterrichts (vgl. Köhnlein 2012). Diese schlichte Fest-
stellung steht in krassem Widerspruch dazu, dass Lehrpersonen, wie etwa Dagmar
Richter (2007, vgl. auch Richter 2012) konstatiert, oft Mühe haben, „das Politische"
in den Gegenständen, in der Welt zu erkennen, geschweige denn zu fassen, zu
formulieren und dann auch noch unterrichtskonzeptionell zu bearbeiten. Dies stellt
aber eine zentrale Herausforderung eines Sachunterrichts dar, der die Sachen der
Welt in ihren Kontexten erschließbar werden lassen will. Diese Herausforderung
zeigt sich zum Beispiel, wenn es um die Moderation von Bildungsprozessen in
regionalen oder thematischen Bildungslandschaften geht, in denen verschiedene
Akteurinnen und Akteure aus verschiedenen institutionellen Bereichen ihre jeweils
sozial situierten Expertisen zum im Unterricht gerade verhandelten Gegenstand
einbringen und im Rahmen von aufgesuchten Bildungsorten, eingebrachtem bzw.
durch die Kinder in Rechercheexkursionen erforschtes Material oder in Unter-
richtsbesuchen vorstellen. Eine Moderation dieser als Bildungsgelegenheiten zu
verstehenden Beiträge setzt voraus, dass die Lehrperson diese Bildungsgelegenheiten einerseits sinnvoll auf den Gegenstand beziehen kann, die Recherche nach
AnsprechpartnerInnen in der Bildungslandschaft also gegenstandsbezogen und
problemorientiert erfolgt, dass sie aber andererseits ein Verständnis der politischen

Dimensionen der jeweiligen Sprechorte dieser AnsprechpartnerInnen entwickelt hat. Nun ist nicht jede Zusammenarbeit mit irgendeiner außerhalb der Schule liegenden Institution oder jede Einladung einer Person in den Unterricht gleich die Moderation von Bildungsprozessen in Bildungslandschaften.

Zur Illustration der Prozesse, die mit der Stiftung und Pflege von Bildungslandschaften verbunden sind, zunächst eine Gegenüberstellung zweier Möglichkeiten, den Begriff überhaupt zu verstehen. In der bildungspolitischen Diskussion ist vor allen Dingen die Konzeption aufgenommen worden, die sich auf eine Vernetzung der pädagogischen Akteurinnen und Akteure konzentriert und viele Anschlüsse an die Debatten um die Ganztagsschulentwicklung bietet (Bleckmann/ Schmidt 2012, DJI 2007-2010, DKJS/ Hasse 2012). Allerdings ist dabei gelegentlich eine ordnungspolitisch motivierte Dimension zu hören, die vor allen Dingen die effektivere Kontrolle der kindlichen und jugendlichen AdressatInnen beabsichtigt.

Dem gegenüber steht der Versuch, so wie ich ihn hier auch verstehe und wie er etwa im Kontext einer Bildung für eine nachhaltige Entwicklung weiter entwickelt wird (vgl. Stoltenberg 2013), gegenstandsbezogen Bildungslandschaften zu „entdecken", also systematisch danach zu suchen, wer und welche Institutionen sich für die Klärung einer Frage, eines Problems aufsuchen und ansprechen lassen, wie also das gesellschaftlich vorhandene Wissen in den Unterricht einfließen kann. Dabei kann sich Schule als Teil dieser Bildungslandschaft begreifen und im Zuge von Unterrichtsgeschehen erarbeitete Ergebnisse etwa im Rahmen öffentlicher Präsentationen oder für den Stadtteil zugänglicher Aktionen in diese Bildungslandschaft zurückfließen lassen. Wenn thematisch sinnvoll konzipiert, können hier auch Ansätze des Service Learning (Frank/ Sliwka/ Zentner 2009) aufgenommen werden, ohne lediglich instrumentell zu werden. Eine Bildungslandschaft kann auch Medien umfassen – nicht um der Begegnung mit Medien als Wert an sich willen, sondern weil dies eine Möglichkeit darstellt, Begegnungen mit Akteurinnen und Akteuren zu organisieren.

An der Schnittstelle dieser Konzepte liegen klassische Ansätze der Gemeinwesenarbeit (exemplarisch mit einem Beispiel Hollenstein/ Kollmann 2010), die alle diejenigen projektbezogen oder in längeren Kooperationen zusammenbringen, die in einem bestimmten Gebiet, zum Beispiel einem Stadtteil, „aktiv sind " – auch in solchen, oft an bestimmten Initiativen sich herstellenden Landschaften finden sich Bildungsgelegenheiten, insbesondere auch informeller und non-formaler Art, die hier jetzt aber nur am Rande erwähnt sein sollen.

Sachunterricht in Bildungslandschaften gedacht nutzt also die besondere Perspektive des Faches und nimmt den Bildungsauftrag des Faches als systematisch integrativ auch insoweit an, als dass das Lernen und die Bildung von Menschen mit Sachen auch gedacht und konzipiert wird als das Lernen und die Bildung von Menschen mit den Deutungen und Begriffen, also den Zugängen und der Expertise von anderen Menschen zu und mit Sachen.

## Lehrpersonen in der Moderation von Bildungsprozessen

Festzuhalten ist, dass diese Menschen und ihre Zugänge und Deutungen nicht nur Ausdruck neutraler Expertise sind, sondern dass sich in dem, was Menschen zu einem Gegenstand des Sachunterrichts beizutragen haben, spezifische (manchmal domänenspezifische) Sichtweisen und soziale Situierungen abbilden – die es konsequent und kritisch zu erkennen, zu befragen und zu markieren gilt.

Auf diese Weise gedacht erlaubt gerade das Arbeiten in Bildungslandschaften die Vielfalt von Perspektiven auf Gegenstände des Sachunterrichts deutlich zu machen: sowohl im Sinne einer vielperspektivischen Ausdifferenzierung und Verschränkung disziplinärer Dimensionen als auch im Sinne der für ein gesellschaftspolitisch relevantes Fach gebotenen Kontroversität der Positionen.

Wenn sich Schülerinnen und Schüler also mit der Frage beschäftigen, welche Eier für den Waffelteig für die Schultombola verwendet werden sollen (und in diesem Zusammenhang vielfältige Gelegenheiten auch für naturwissenschaftliche Grundbildung wahrnehmen können, um zu klären, warum überhaupt Eier in den Teig kommen oder warum das Eisen heiß ist und wie es heiß wird), so kann dies eine gute Gelegenheit sein, die Produktionsbedingungen von Hühnereiern genauer unter die Lupe zu nehmen. Wer gehört dann in eine solche Bildungslandschaft? Neben der Filialleiterin des Supermarktes und der Vertreterin einer benachbarten Food-Coop wären Köche aus dem Restaurant um die Ecke ebenso denkbar wie die Verfasserinnen des kritischen Agrarberichtes oder ein Vertreter der Landwirtschaftskammer. Studierende schlagen in diesem Zusammenhang auch den Besuch auf einem Bauernhof vor – um der Kontroversität willen spricht hier viel für einen Kontrast konventioneller Geflügelhaltung mit ökologischer Landwirtschaft.

Aber was macht dann die Lehrperson mit dem Landwirt, der konventionell wirtschaftet, das mit ökonomischen Erwägungen begründet, Freilandhaltung albern findet und darauf verweist, dass er nur regional ausliefert – und das im Rahmen eines Besuches auf seinem Hof wahnsinnig sympathisch darstellt?

Um der Anforderung an diese Komplexität gerecht zu werden und nicht die Macht der freundlichen Begegnung die Fachlichkeit überrennen zu lassen, brauchen Lehrpersonen professionelle Kompetenzen. Aus den in den letzten Jahren für die verschiedenen Lehramtsvergleichsstudien zur Professionalität systematisierten Versuche einer Dimensionierung professioneller Kompetenzen (etwa Blömeke et al. 2010, 2011) lässt sich die Differenzierung in Fachwissen, fachdidaktische Kompetenz und professionelle Haltung herausgreifen, die in Bezug auf den Umgang mit komplexen Fragestellungen – also in einem so integrativen Fach wie dem Sachunterricht – ebenfalls einigermaßen komplexe Anforderungen darstellen.

Das Konzept einer Bildung für eine nachhaltige Entwicklung bietet für diese Anforderungen eine Ausbuchstabierung an, die jenseits einer disziplinenbezogenen Formulierung von Wissensbeständen eine Systematisierung von Dimensionen vorschlägt (Stoltenberg 2009), in der die Standortgebundenheit von Akteurinnen und Akteuren konstitutiv mit bedacht wird.

Das Denken in Mehrperspektivität ist dem Sachunterricht ja auch in der Ausbuchstabierung des Perspektivrahmens zu eigen und kann hier entsprechend erweitert werden.

Eine Bildungslandschaft würde sich entsprechend daran konstituieren, wer/ was zur Erschließung des Gegenstandes, also etwa der Frage nach der Wahl der Eier im Teig, Ansichten und Einsichten beitragen kann, die im Unterrichtsgeschehen in verschiedenen Arbeitsweisen gemeinsam aufgearbeitet und reflektiert werden.

Dieses Beispiel lässt sich auf viele Bereiche übertragen. Exemplarisch könnte es etwa bedeuten, sich mit regionaler Mobilität auseinanderzusetzen und die Fragen in den Mittelpunkt zu stellen: Was hat der Fahrplan an der Bushaltestelle mit der ökonomischen Dimension, der ökologischen, der sozialen und der kulturellen Dimension unter der Perspektive einer nachhaltigen Entwicklung zu tun?

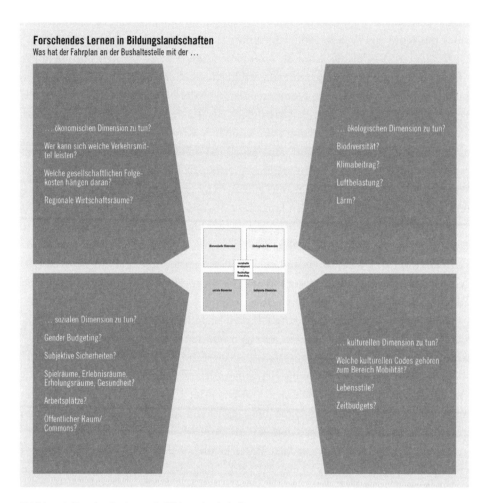

Abbildung 1: Forschendes Lernen in Bildungslandschaften

Zur Klärung dieser Frage bedarf es wiederum einer Klärung, welche Personen und Institutionen dazu befragt werden können und wie eine um die Frage der regionalen Mobilität organisierte Bildungslandschaft aufgebaut sein müsste, um gleichermaßen informativ, anregend, fachlich und kontrovers zu sein.

Die Moderation einer Bildungslandschaft bedarf darüber hinaus einer mittel- bis langfristigen Vernetzungsarbeit, die eine längere Zusammenarbeit ermöglicht.

Darüber ist nicht nur der Arbeitsaufwand der Anbahnung längerfristiger reduzierbar, sondern die Begegnung und fachliche Reibung in einer kontroversen Bildungslandschaft kann wiederum Potentiale der informellen Bildung zwischen den Beteiligten ermöglichen und damit das Bildungsvorhaben und die Schule dauerhaft als Teil des Gemeinwesens verorten.

## Herausforderungen für die Aus- und Weiterbildung von Lehrpersonen

Um die Moderation kontroverser Bildungslandschaften, die Ausschöpfung lokaler Expertise und Erschließung der Standortgebundenheit der Perspektiven von AkteurInnen leisten zu können, brauchen Lehrpersonen ein Querschnittsprofil, das weder in den naturwissenschaftlich-technischen noch in den sozialwissenschaftlich-historisch-kulturwissenschaftlichen Domänen selbst eines vielperspektivischen Sachunterrichts aufgeht. Denn Lehrpersonen sollen in der Moderation von Bildungsprozessen in Bildungslandschaften fachlich sehr viel leisten und das sowohl auf der Ebene der Schülerinnen und Schüler als auch auf der Ebene der Entwicklung der Institution Schule selbst:

Sie sollen Bildungsgelegenheiten konzipieren, die als Ermöglichung zu verstehen sind. Darin sollen sie anregen: zum Fragen stellen, Vermutungen äußern, Eigentheorien artikulieren, Wissen recherchieren/ aufbereiten/ befragen/ verstehen/ vergleichen/ in Frage stellen/ kontrastieren, zur Entwicklung von Narrationen, zur Diskussion...

Sie unterstützen beim Wissenserwerb und begleiten die Begegnung von Wissensbeständen der ExpertInnen aus der Bildungslandschaft mit der Expertise der Kinder. Nicht zuletzt sollen sie auch eine Reflexion der Bildungsprozesse unterstützen.

Solche Lehrpersonen können Aufgaben stellen, die im Sinne der Welterschließung reale Probleme, Phänomene und Fragestellungen in den Mittelpunkt rücken, zu deren Bearbeitung Fachwissen erforderlich ist und damit interessant werden kann. Sie können damit den Sinn fachbezogener, domänenspezifischer Zugänge ebenso zeigen wie den Sinn gegenstandsbezogener, integrativer Bearbeitung.

## Fachlichkeit in Bildungslandschaften und politische Bildung

Fachlichkeit in Bildungslandschaften heißt, vielfältige Zugänge zum forschenden Lernen erschließen und mit den Schülerinnen und Schülern kompetent und fachwissend aufarbeiten zu können – dazu gehört die Entwicklung einer eigenen forschenden Haltung, und vor allen Dingen gehört dazu die Ausbildung der oben genannten Fähigkeit, „das Politische" an Gegenständen überhaupt erkennen zu können, entsprechend also: grundlegend politisch gebildet zu sein.

Dazu gehört es, um Dimensionen des Politischen zu wissen, über politische Urteils-, Entscheidungs- und Handlungsfähigkeit zu verfügen (grundlegend dazu Ackermann et al. 2010) und Wissen über Spielregeln politischer Systeme ebenso wie Wissen um politische Akteurinnen und Akteure (Johann 2011) zu haben.

Für eine Zuspitzung dieser Anforderungen im Kontext des Sachunterrichts sowie der Aus- und Weiterbildung von Lehrpersonen scheint es vorläufig sinnvoll, auf das quer zur deutschen Diskussion liegende Konzept der civic/ political literacy (Davies 2008, 2010) zurückzugreifen.

Diese political literacy lässt sich im Kontext der eben vorgestellten Überlegungen zur Arbeit in Bildungslandschaften als Element von Fachlichkeit von Lehrpersonen verstehen, das ebenso wie die für den Sachunterricht bereits ausführlich beschriebenen naturwissenschaftlich-technischen wie sozial- und humanwissenschaftlichen Inhalte und Methoden zur Fähigkeit beiträgt, die spezifischen Beiträge domänenspezifischer und lebensweltlicher Expertise, wie sie das Arbeiten in Bildungslandschaften kennzeichnen, wohlwollend kritisch zu beurteilen und eigene unterrichtskonzeptionelle Überlegungen zu formulieren. Inwieweit auch hier gilt, dass Fachwissen in einem engen Zusammenhang zu fachdidaktischen Kompetenzerwerbsmöglichkeiten und dieses wiederum zu den Lern- und Bildungschancen der Schülerinnen und Schüler beiträgt (vgl. Blömeke et al. 2010), bleibt empirisch noch zu klären – evident scheint aber, auch auf der Basis der Beobachtungen von Studierenden, dass fehlende political awareness den Blick auf politische Dimensionen des Sozialen systematisch verstellt.

Die Fähigkeit, politische Dimensionen zu erkennen, erlaubt es erst, den „Raum" der Bildungslandschaft als von Kräfteverhältnissen, Interessen und Ungleichheit durchzogenen „öffentlichen" Raum zu erkennen, in dem Deutungen und Phänomenbeschreibungen an soziale Situierungen gebunden sind – die auch die Möglichkeiten ihrer Artikulation bzw. die Reichweite dieser Artikulation beeinflussen.

Die Ausbildung dieser Fähigkeit braucht eine Begleitung und Beförderung durch die Hochschulbildung, die ihre Studierenden ja befähigen soll, Unterricht zu konzipieren und fachlich fundiert zu arbeiten.

Denn eine Unterrichtsplanung, die sich für den Kern des Politischen interessiert, braucht politisches Grundwissen. Die Dimensionierung dieses Grundwissens umfasst in je spezifischer Gewichtung Fakten-, Kategorien- und Begriffswissen. Ihre Bedeutung bezieht sich stets auf den situativen Kontext, die Zielperspektive: Steht Situationsbewältigung im Vordergrund (soziales Alltagswissen)? Geht es um Entscheidungen in gesellschaftlichen Systemen (Institutionenwissen)? Oder liegt der Schwerpunkt auf der Analyse (sozialwissenschaftliches Wissen)?

Fundierte Fachdidaktik untersucht und bestimmt jeweils gegenstandsangemessen die Relationen zwischen den Wissenskontexten (Grammes 1995).

Eine zentrale Aufgabe der Hochschulbildung liegt darin, angehenden Lehrpersonen auf dem Weg zur Ausprägung einer solchen fachdidaktischen Professionalität unterstützend zur Seite zu stehen.

Darin ist es einerseits wichtig, Lehrpersonen selbst auch die Erfahrung zu ermöglichen, dass gesellschaftlich relevante Strukturen des Politischen erkennbar sind und – nicht immer erfolgreiche – Interventionen, Teilhabe möglich sind, dass Urteilsfähigkeit erwerbbar ist.

Andererseits trägt eine kritische politische Bildung dazu bei, einer entpolitisierten Bearbeitung von Gegenständen zu widersprechen und nicht so leicht in eine der Parallelisierungsfallen (Pohl 2004) zu geraten, die eine reduzierte Beschäftigung mit politischen Dimensionen gesellschaftlicher Verhältnisse produziert (der Fehlschluss „Streit=Konflikt=die Frage: warum vertragen sich die Staaten nicht einfach wieder?" Oder „alltägliche soziale Kälte=soziale Ungleichheit=alle sollten freundlicher zueinander sein": Solche Kindern gern unterstellten „naiven" Präkonzepte von Politik sind vielen Studierenden nicht fern).

## Kritikfähigkeit

Kategorien des Politischen ermöglichen Kritikfähigkeit, die nicht entpolitisiert und auch keine pädagogische Heilung gesellschaftlicher Zumutungen verspricht. Eine solche Form der Kritikfähigkeit ist aber sehr wohl geeignet, Fragen etwa nach Gerechtigkeit aufzuwerfen und dann auch wieder in Dialog mit den anderen Fachbezügen des Sachunterrichts zu treten, wie dies etwa in der Diskussion um „teaching science for social justice" (Calabrese Barton et al. 2003) der Fall ist, die allerdings im englischsprachigen Raum deutlich lebendiger geführt wird.

In diesem Sinne wäre die Unterstützung von political literacy der Lehrpersonen ein wichtiger Bestandteil einer gesellschaftspolitischen Verortung des eigenen fachlichen Selbstverständnisses – und der Begriff political literacy bei aller Kritik an der möglichen operationalistischen Verarmung des Bildungsbegriffes für die Hochschulbildung ein vorläufig ganz geeigneter Referenzpunkt.

Empirisch ist hier allerdings noch einiges zu tun. So fehlen Forschungen zu Politikbegriffen angehender Lehrpersonen im Primarschulbereich (zu Lehrpersonen weiterführender Schulen vgl. Klee 2008) und ihrer Bedeutung für Unterrichtsgestaltung, Bildungsprozesse von Kindern, Fachentwicklung und Schulentwicklung. Konzeptionell wären die Fragen nach den verschiedenen Dimensionen des Politischen und einem angemessenen Politikbegriff, die Tücken der literacy-Konzeption sowie die Brauchbarkeit einer Orientierung an politischer Urteilsfähigkeit für den Primarschulunterricht weiter zu diskutieren.

Angehende Lehrpersonen sollten jedenfalls die Gelegenheit haben, im Rahmen ihrer Aus- und Weiterbildung politische Dimensionen des Sozialen zu erschließen und vertiefend zu differenzieren – ganz vergleichbar dem Bildungsauftrag des Sachunterrichts auch in der Kontrastierung wissenschaftlicher Arbeitsweisen, eigener Expertise und lebensweltlicher Rahmungen im Fokus einer damit sehr anspruchsvollen Hochschulbildung. Eine politische Bildung für eine nachhaltige Entwicklung im Hochschulkontext kann dazu beitragen, exemplarisch das Navigieren in komplexen, kontroversen Bildungslandschaften zu erproben und zu reflektieren. Dabei kann zum Gegenstand der Bildungsarbeit werden, welche besonderen Herausforderungen im Kontext nicht-nachhaltiger Entwicklung relevant werden (Davies/ Pitt 2010).

# Weltorientierung fängt in der Kita an! Neue Perspektiven für die Zusammenarbeit von Schule und Kita durch das Konzept Bildung für eine nachhaltige Entwicklung

## Barbara Benoist

Mit dem Beschluss der Bundesregierung aus dem Jahr 2000, Bildung für eine nachhaltige Entwicklung in alle Bildungsbereiche zu integrieren, eröffnet sich die Möglichkeit, das Bildungskonzept als orientierenden Rahmen auch für die Zusammenarbeit verschiedener Institutionen heranzuziehen und die Übergangsbewältigung für die Kinder gelingender zu gestalten. Vergleicht man etwa die historische Entwicklung von Kindergarten und Grundschule (ausführlich dazu: Reyer 2006), so fällt auf, dass beide Institutionen kontinuierlich nach Anerkennung streben, sich dabei aber eher um gegenseitige Abgrenzung denn Solidarisierung bemühen. Erschwerend kommt hinzu, dass unterschiedliche bildungspolitische, rechtliche und verwaltungsorganisatorische Zuständigkeiten für die beiden Institutionen eine Orientierung an einem gemeinsamen Bildungsverständnis, daraus resultierenden Bildungszielen und einer darauf ausgerichteten Kontinuität im Bildungsprozessverlauf für die Kinder erschweren. Das Konzept Bildung für eine nachhaltige Entwicklung könnte hier eine gemeinsame Orientierung, einen verbindenden Rahmen schaffen. In diesem Artikel sollen, ausgehend von den unterschiedlichen faktischen Trennungen, die Anschlussstellen dafür aufgezeigt werden. Ein Schwerpunkt wird dabei auf die Bewältigung des Übergangs von einer Institution in die andere gelegt.

Solche Transitionen zu bewältigen ist ein subjektives Bedürfnis und individuelle Aufgabe für jedes Kind und seine Eltern. Aber auch die beiden Institutionen Kita und Grundschule stehen in der Verantwortung, Anschlüsse zu bieten und den Übergang durch gemeinsame Erlebnisse und Erfahrungen aktiv zu gestalten.

Zwei Perspektiven sind dabei einzunehmen und sollen in diesem Artikel diskutiert werden: Zunächst die geläufige und konzeptionell auch meist berücksichtigte, in den Bildungsplänen der Länder für den Elementarbereich und in den meisten Bundesländern auch in den Schulgesetzen festgeschriebene Auseinandersetzung mit dem Übergang vom Kindergarten in die Grundschule, also die nächstfolgende Einrichtung in der Bildungsbiographie eines Menschen, hinzu kommt aber die notwendige Auseinandersetzung mit der Tatsache, dass nicht nur aus Kindergartenkindern Schulkinder werden, sondern dass auch Schulkinder zuvor in den meisten Fällen Kindergartenkinder waren. Für die Kinder beginnt also mit dem Eintritt in die Grundschule nicht ihr Prozess der Weltaneignung und Welterschließung, sondern die Kinder kommen mit in der Regel sechs Jahren WeltbürgerInnen-Erfahrungen, mit Wissen und Kompetenzen, die ein gelingender Sachunterricht nicht ignorieren darf und kann. Im Gegenteil: gerade der Sachunterricht könnte hier eine entscheidende integrierende Rolle spielen. Das setzt jedoch voraus, dass er seine nachrangige Bedeutung, eingereiht hinter dem Erwerb der Kulturtechniken (vgl. Reinhoffer 2000) verliert, die Lehrkräfte den Kindern die Auseinandersetzung mit zukunftsbedeutsamen Themenfeldern ermöglichen und „Die Sache als Brücke zwischen Elementar und Primarbereich" (Kaiser/ Miller 2009, S.77) stellen.

## Eine gemeinsame Basis für Kita und Grundschule

### Ausgangslage I: Rechtliche Voraussetzung

Während seit 1919 durch die Weimarer Verfassung für ganz Deutschland eine allgemeine Schulpflicht gilt, ist der Besuch einer Kita nach wie vor Entscheidungswille der Eltern. Ein wesentlicher Grund dafür ist die gesetzliche Ausgangslage: Artikel 7 Absatz 1 des Grundgesetzes regelt, dass die Schulen unter staatlicher Aufsicht stehen. Bedingt durch den Föderalismus und die damit einhergehende Kulturhoheit der Länder regeln in Deutschland die Verfassungen und Ländergesetze entsprechend die Schulpflicht. Die Kitas hingegen haben laut Bundesverfassungsgericht (BVerfGE 97, 332, Z. 41ff) nach wie vor ihren Schwerpunkt in der „fürsorgende[n] Betreuung mit dem Ziel einer Förderung sozialer Verhaltensweisen und damit präventiver Konfliktvermeidung. Der vorschulische Bildungsauftrag steht hinter dieser dem Bereich der öffentlichen Fürsorge zuzuordnenden Aufgabe zurück. Eine einheitliche Zuordnung zum Bereich der öffentlichen Fürsorge im Sinne von Art. 74 Abs. 1 Nr. 7 GG ist daher zu bejahen (ebenso BVerwG, Beschluss vom 14. Februar 1995 – BVerwG 8 B 19.95)"[31]. Hier gilt also das Primat der Eltern auf die Pflege und

---

31  BVerfG, 1 BvR 178/97 vom 10.3.1998, Absatz-Nr. (1 – 60), http://www.bverfg.de/entscheidungen/ rs19980310_1bvr017897.html

Erziehung ihrer Kinder, festgeschrieben in Artikel 6, Absatz 2 des Grundgesetzes. Entsprechend regelt das achte Sozialgesetzbuch (SGB VIII) Kinder- und Jugendhilfe das damit verbundene Recht der Kinder auf „Förderung seiner Entwicklung und Erziehung zu einer eigenverantwortlichen und gemeinschaftsfähigen Persönlichkeit" (§1, Absatz 1, SGB VIII) und dass die Einrichtungen der Kinder- und Jugendhilfe zur Verwirklichung dessen beitragen sollen (§ 1, Absatz 3, SGB VIII). Im § 22 des achten Sozialgesetzbuches sind dann die Grundsätze der Förderung festgeschrieben: Abschnitt 1 definiert die Kitas, Abschnitt 2 betont die familienergänzende und unterstützende Funktion und Abschnitt 3 regelt die Dreigliedrigkeit des Auftrags in Bildung, Erziehung und Betreuung.

Auch auf die Übergangsthematik geht das Kinder- und Jugendhilfegesetz explizit ein: In § 22a, Absatz 2 regelt das achte Sozialgesetzbuch, die „Träger der öffentlichen Jugendhilfe sollen sicherstellen, dass die Fachkräfte in ihren Einrichtungen zusammenarbeiten

1. mit den Erziehungsberechtigten und Tagespflegepersonen zum Wohl der Kinder und zur Sicherung der Kontinuität des Erziehungsprozesses,
2. mit anderen kinder- und familienbezogenen Institutionen und Initiativen im Gemeinwesen, insbesondere solchen der Familienbildung und -beratung,
3. mit den Schulen, um den Kindern einen guten Übergang in die Schule zu sichern und um die Arbeit mit Schulkindern in Horten und altersgemischten Gruppen zu unterstützen.

Die Erziehungsberechtigten sind an den Entscheidungen in wesentlichen Angelegenheiten der Erziehung, Bildung und Betreuung zu beteiligen."

Eine Entsprechung findet sich auch in den meisten Schulgesetzen der Länder; zum Beispiel in Niedersachsen im § 6 Grundschule des Niedersächsischen Schulgesetzes (NSchG): „(1) [..] Die Grundschule arbeitet mit den Erziehungsberechtigten, dem Kindergarten und den weiterführenden Schulen zusammen". Auch Bayern regelt in § 7 (1) BayEUG und das Land Berlin in § 20, Abschnitt 7 seines Schulgesetzes die Zusammenarbeit mit den Kitas. In Brandenburg geht § 19 (1), in Bremen § 18 (2) BrSchulG und in Hamburg Abschnitt 4 des §14 auf die Kooperation mit den Kitas ein. In Hessen regelt eine Verordnung in § 9 Abschnitt 4 in Bezug auf die Schulpflicht die Zusammenarbeit. In § 13 des Schulgesetzes von Mecklenburg-

Vorpommern heißt es „(2) Die Grundschule knüpft an die vorschulischen Erfahrungen sowie individuellen Ausgangslagen der Schülerinnen und Schüler an"; § 4 (4) des Schulgesetzes Sachsen-Anhalt argumentiert ähnlich. § 19 des Schulgesetzes in Rheinland-Pfalz, § 17 (1a) SchulG im Saarland und die Abschnitte (4) und (5) des § 5 Sächsischen Schulgesetzes regeln ebenfalls die Zusammenarbeit mit den Kitas. Auch § 41 des Schulgesetzes in Schleswig-Holstein und § 2 (4) des Schulgesetzes in Thüringen gehen auf die Notwendigkeit der Kooperation mit den Einrichtungen des Elementarbereichs ein. In Baden-Württemberg hingegen regelt eine gemeinsame Verwaltungsvorschrift von Kultus- und Sozialministerium die Zusammenarbeit zwischen Kita und Grundschule zum Wohle des Übergangs für die Kinder. Nordrhein-Westfalen spart in seinem § 4 ‚Zusammenarbeit von Schulen', den Elementarbereich aus.

**Ausgangslage II: Bildungspolitik**

Ausgehend von den Ergebnissen und Diskussionen um die erste internationale Bildungsvergleichsstudie PISA im Jahre 2000 rückte auch die frühkindliche Bildung in den Institutionen des Elementarbereichs in das Interesse der Bildungspolitik. Auf Grund der unterschiedlichen ministeriellen Zuständigkeiten von Kindergarten und Schule kann es als bedeutsamer Schritt angesehen werden, dass die Jugendministerkonferenz (JMK) zusammen mit der Kultusministerkonferenz (KMK) im Jahr 2004 den Beschluss für einen „Gemeinsamen Rahmen der Länder für die frühe Bildung in Kindertageseinrichtungen" gefasst hat, auf dem aufbauend bis zum Jahre 2007 alle Bundesländer eigene, nicht rechtsverbindliche aber orientierend-leitende Bildungspläne/-vereinbarungen für die Arbeit in den Kindertageseinrichtungen verfasst haben.

Die Institutionen des Elementarbereichs werden in dem „Gemeinsamen Rahmen" der 16 Bundesländer „als unentbehrlicher Teil des öffentlichen Bildungswesens" (JMK und KMK 2004, S. 2) und auf Grund ihres ganzheitlichen Förderauftrags, der Berücksichtigung entwicklungspsychologischer Erkenntnisse sowie ihrer guten Beteiligungsmöglichkeiten und der lebensweltorientierten Arbeit, als geeignete Orte für frühkindliche Bildungsprozesse anerkannt.

Der Schwerpunkt des Bildungsauftrags der Kitas liegt demnach „in der frühzeitigen Stärkung individueller Kompetenzen und Lerndispositionen, der Erweiterung, Unterstützung sowie Herausforderung des kindlichen Forschungsdranges, in der Werteerziehung, in der Förderung das Lernen zu lernen und in der Weltaneignung in sozialen Kontexten" (JMK und KMK 2004, S. 2).

Interessant erscheint die deutliche Positionierung zum Thema Transition: „Kindertageseinrichtungen sind Bildungsinstitutionen mit eigenem Profil. Sie legen Wert auf die Anschlussfähigkeit des in ihnen erworbenen Wissens und der erlernten Fähigkeiten und Fertigkeiten und sie gehen davon aus, dass sich die Schule den Prinzipien der Elementarpädagogik öffnet und die Kinder, die vom Elementar- in den Primarbereich wechseln, verstärkt individuell fördert. Einerseits sollen die Kinder aufnahmefähig sein für die Schule und andererseits zugleich die Schule aufnahmefähig für die Kinder. Die Schule setzt die Bildungsarbeit der Kindertageseinrichtungen auf ihre Weise fort." (JMK und KMK 2004, S. 3)

Hier wird sowohl die Eigenständigkeit als auch Bedeutung der frühkindlichen Bildungsprozesse betont, als auch die klare Positionierung, dass die verschiedenen Bildungsinstitutionen gefordert sind wechselseitige Anschlüsse an die Bildungsbiografie zu bieten, es aber nicht um eine Gleichschaltung der Institutionen geht.

Der „Gemeinsame Rahmen" geht an zwei weiteren Stellen auf die Übergangsthematik ein: unter der Arbeitsdimension „Gemeinwesenorientierung, Kooperation und Vernetzung" wird die Zusammenarbeit mit der Grundschule als Beispiel explizit erwähnt. Das Kapitel 5 widmet sich ausschließlich der „Optimierung des Übergangs vom Elementar- in den Primarbereich" (JMK und KMK 2004, S. 8).

Auf diesem Kapitel aufbauend bringt ein weiterer gemeinsamer Beschluss der Jugend- und Familienministerkonferenz mit der Kultusministerkonferenz im Jahre 2009 zum Ausdruck, dass ein positiv gestalteter Übergang zwischen den Bildungssystemen einen zentralen Beitrag zum gelingenden Aufwachsen liefert (JFMK und KMK 2009). Entsprechend lautet der Titel des Beschlusses „Den Übergang von der Tageseinrichtung für Kinder in die Grundschule sinnvoll und wirksam gestalten – Das Zusammenwirken von Elementarbereich und Primarstufe optimieren" (JFMK und KMK 2009).

Im Anschluss an eine gemeinsame Konferenz der JFMK und KMK mit Fachexperten aus den Bereichen Kita und Schule im Dezember 2008 wurden unter Berücksichtigung von rechtlichen und entwicklungspädagogischen Aspekten elf Eckpunkte verabschiedet, die auf einem Konzept gleicher Grundsätze und Prinzipien basieren:

Die Grundsätze besagen dass 1) Frühe Bildungsprozesse mit der Geburt beginnen und den Grundstein für spätere Bildungschancen legen; dass 2) Kinder sich die Welt mithilfe der Förderung und Begleitung durch die Familie und die Fachkräfte der jeweiligen Institutionen als aktiv handelnde Subjekte aneignen; dass damit 3) der Bildungs- und Erziehungspartnerschaft mit den Eltern eine besondere Bedeutung beizumessen ist. 4) Maßstab für das pädagogische Handeln in Kita und Schule ist die Orientierung am einzelnen Kind. 5) Die Gestaltung von Übergängen (Eintritt in die Kindertageseinrichtung, Aufnahme in die Grundschule, Übergang in die Sekundarstufe, Wechsel von Institutionen) in der Bildungsbiografie eines Kindes erfolgt nach kind- und entwicklungsgerechten Aspekten. Dies gilt unabhängig von länderspezifischen Ausgestaltungen des Elementar- und Primarbereiches. 6) Die Anschlussfähigkeit der pädagogischen Angebote erfordert die Zusammenarbeit zwischen Kita und Grundschule. 7) Die Gestaltung des Übergangs berücksichtigt sowohl das Prinzip der Diskontinuität – der Übergang als neue Herausforderung, verbunden mit dem Bedürfnis des Größerwerdens und das Prinzip der Kontinuität – der Übergang als Fortführen begonnener Entwicklungs- und Lernprozesse, verbunden mit dem Bedürfnis, Bekanntes wiederzuerkennen und beizubehalten. 8) In der Orientierung an der Bildungsbiografie des einzelnen Kindes findet die grundgesetzlich unterschiedliche inhaltliche und organisatorische Ausgestaltung des Bildungs- und Erziehungsauftrags (bedingt durch unterschiedliche Traditionen und gesetzliche Bestimmungen) eine gemeinsame Ausrichtung. 9) Elementar- und Primarpädagogik leisten jeweils einen spezifischen Beitrag zu Bildung und Erziehung, der den Entwicklungsphasen des Kindes entspricht. Dem Grundsatz nach sind deshalb Besonderheiten des jeweiligen pädagogischen Angebots (inhaltlich wie methodisch) angemessen und notwendig. 10) Die Pluralität und Autonomie der Träger von Kindertageseinrichtungen sind zentrale Grundsätze des SGB VIII. Sie sind Ausdruck einer auf die Vermittlung von Werten und Orientierung abzielenden Bildung und Erziehung, die sich an den unterschiedlichen Auffassungen und Einstellungen der Eltern orientieren. 11) Kindertageseinrichtungen und Schulen sollen gleichermaßen als Akteure in die Bildungsplanung vor Ort eingebunden sein (vgl. JFMK und KMK 2010, S. 4 f).

Aus den gemeinsamen Grundsätzen ergeben sich nach Auffassung der KMK und der JFMK daher gemeinsame Leitsätze und Handlungsempfehlungen für die Sicherung und Weiterentwicklung guter Praxis. Dies sind vor allem:

„1. Stärkung des Selbstvertrauens der Kinder und Wertschätzung ihrer jeweiligen speziellen Fähigkeiten erfolgt in beiden Systemen. Die Kinder sollen ihr Können und Wissen als nützlich für die jeweilige neue Situation erleben können.

2. Einbeziehung und Begleitung der Eltern beim Übergang ihrer Kinder in die Schule und Eröffnung von Beteiligungsmöglichkeiten sowie Wertschätzung der Eltern als Bildungs- und Erziehungspartner.
3. Soziale Integration der Kinder und Vermittlung einer positiven Haltung in der Rolle als zukünftige Schülerin/ Schüler.
4. Unterstützung und Förderung der Kinder in ihrer individuellen Lebenssituation und bei der Bewältigung möglicher Konflikte.
5. Altersgemäße und individuelle Betrachtung und Begleitung des Entwicklungs- und Bildungsprozesses eines jeden Kindes. Nicht die Institutionen mit ihren Zielen und Bedingungen stehen im Mittelpunkt, sondern der Blick auf das Kind mit seinen Bedürfnissen und Alltagserfahrungen.
6. Gegenseitiges Kennenlernen und Wertschätzen der professionell tätigen Akteure beider Systeme, insbesondere durch gemeinsame Praxiserfahrungen.
7. Berücksichtigung der im pädagogischen Handeln zu beteiligenden Akteure „Kind – Eltern – Institutionen" insbesondere bei der Weitergabe von Bildungsdokumentationen; Einbezug aller an der Erziehungs- und Bildungspartnerschaft beteiligten Personen und Institutionen unter Beachtung des Datenschutzes.
8. Abstimmung der jeweiligen frühpädagogischen und schulischen Bildungskonzepte auf lokaler Ebene zwischen den Trägern der freien Jugendhilfe und den Schulen.
9. Herstellung von Verbindlichkeit durch konkrete Kooperationsvereinbarungen zwischen beiden Systemen vor Ort unter Berücksichtigung des organisatorischen Rahmens, der Methoden und Inhalte, der Planung und Umsetzung der Elternarbeit und gemeinsamer Fortbildungen der Fachkräfte.
10. Nutzung der Erkenntnisse aus Schuleingangsuntersuchungen – sofern sie gemeinsam durchgeführt werden können – zur gezielten Förderung und Kooperation bis zum Schuleintritt.
11. Aufbau und Sicherung der Kooperationsprozesse durch Expertinnen und Experten und durch ein unterstützendes Coaching (Prozessbegleitung).
12. Förderung der bildungsbiografischen Orientierung in den Kindertageseinrichtungen und den Grundschulen durch gemeinsame Projekte und Fortbildung" (JFMK und KMK 2010, S. 5f).

Die gemeinsamen Grundsätze, auf die sich JFMK und KMK einigen konnten, sind beide Bildungsbereiche gleichwertig würdigend und können als umsichtige Formulierungen gelten. Die daraus abgeleiteten Handlungsempfehlungen sind weitreichend, könnten aber als eine gute Orientierungshilfe dienen, liefern sie doch wertvolle Hinweise, wie Kindern und ihren Familien der Übergang von der einen zur anderen Institution erleichtert werden kann und wie es gleichzeitig zu einer besseren konzeptuellen und organisatorischen Zusammenarbeit und vielleicht auch zu mehr Verständnis der beiden Institutionen füreinander kommen kann. „Die JFMK und die KMK verfolgen damit den Weg einer gemeinsamen pädagogischen Konzeptualisierung des Elementar- und Primarbereichs" (ebd.). Die Eckpunkte des Papiers zeugen allerdings noch nicht von einem gemeinsamen Bildungsverständnis und gemeinsamer Bildungsziele, doch eine Annäherung und die Basis für gelingende Transitionen in der Bildungsbiografie von Kindern sind damit gelegt.

**Ausgangslage III: Bildungsverständnis und Bildungsziele**
In dem gemeinsamen Beschluss von JFMK und KMK zu einer sinnvollen Übergangsgestaltung kommt also zum Ausdruck, dass neben den Rahmenbedingungen, die zu einer gelingenden Transition beitragen, vor allem die Verständigung auf gemeinsame Bildungsziele, denen ein geteiltes Bildungsverständnis zu Grunde liegt, gewinnbringend wäre. Genau hier ist aber die Fehlstelle zu verzeichnen.

Hanna Kiper weist in ihren Reflexionen über den Sachunterricht im Anfangsunterricht (2007) deutlich darauf hin, dass es keine „institutionelle Verzahnung" (Kiper 2007, S. 16), keine „übergreifend formulierten und von den Professionellen beider Institutionen ebenso wie von der Gesellschaft akzeptierten Bildungsziele für die pädagogische und fachliche Arbeit im Elementar- und Primarbereich" (ebd.) und auch keine gemeinsam geteilten Ideen über die Zielsetzungen des Lernens und seine Voraussetzungen oder „abgestimmte Ideen über sinnvolle Bezüge zwischen dem Lernen in den Kindertageseinrichtungen und in den Fächern und Lernbereichen der Schule" (ebd.) gäbe.

Dabei böte gerade der Sachunterricht gute Voraussetzungen zur Behebung dieses Desiderats. Der vielperspektivische Ansatz, wie er im Perspektivrahmen für den Sachunterricht der Gesellschaft für Didaktik des Sachunterrichts (2013) ausformuliert ist, findet sich unter dem Prinzip „ganzheitliche Förderung" in ähnlicher Weise auch im Gemeinsamen Rahmen der Länder für die frühkindliche Bildung in Kindertageseinrichtungen (vgl. JMK und KMK 2004, S. 3). Im Gegensatz zur Grundschule wird eine Orientierung an Wissenschaftsdisziplinen dort ausdrücklich ausgeschlossen, jedoch darauf hingewiesen, dass Themenfelder, welche die kindliche Neugierde aktivieren, sinnvoll seien, weil sie die pädagogische Arbeit konkretisieren. Ausdrücklich wird darauf hingewiesen, dass die inhaltlichen Förderschwerpunkte nicht isoliert sondern integrierend zu verstehen sind und die pädagogische Praxis gefordert ist, die „Verbindung und gegenseitige Durchdringung der Felder [zu] wahren und gezielt [zu] gestalten" (ebd.). Im Perspektivrahmen für den Sachunterricht sollen die Themenbereiche sowie die Denk-, Arbeits- und Handlungsweisen sowohl perspektivenbezogen als auch perspektivenübergreifend angeboten werden, um den kindlichen Kompetenzerwerb zu unterstützen (Gesellschaft für Didaktik des Sachunterrichts 2013, S. 13f). Gerade die perspektivenvernetzende Bearbeitung von Themenbereichen soll den Kindern einen Transfer des erworbenen Wissens in die Lebenswelt ermöglichen (vgl. Gesellschaft für Didaktik des Sachunterrichts 2013, S. 15). Auch der Rahmenplan für die frühkindliche Bildung empfiehlt die Lerninhalte so auszuwählen, dass sie die Lebenswelt der Kinder betreffen, an deren Interessen anknüpft sowie selbstgesteuertes, Gestaltungsspielräume eröffnendes Lernen ermöglicht (vgl. JMK und KMK 2004, S. 3).

Als Bildungsbereiche werden für die Institutionen des Elementarbereichs aufgeführt: 1) Sprache, Schrift und Kommunikation; 2) Personale und soziale Entwicklung, Werteerziehung/ religiöse Bildung; 3) Mathematik, Naturwissenschaft, (Informations-)Technik; 4) Musische Bildung/ Umgang mit Medien; 5) Körper, Bewegung, Gesundheit; 6) Natur und kulturelle Umwelten (vgl. JMK und KMK 2004, S. 4f). Schnell lässt sich ablesen, dass auch hier Anknüpfungspunkte an den Fächerkanon der Grundschule möglich sind. Zieht man die fünf Perspektiven des Sachunterrichts hinzu, wird das Bild noch differenzierter:

| Unterrichtsfach | Perspektiven des Sachunterrichts | Bildungsbereiche Kita |
|---|---|---|
| Sachunterricht | Sozialwissenschaftliche Perspektive (Politik, Wirtschaft, Soziales) | 2) Personale und soziale Entwicklung, Werteerziehung/religiöse Bildung 6) Natur und kulturelle Umwelten |
| | Naturwissenschaftliche Perspektive (belebte und unbelebte Natur) | 3) Mathematik, Naturwissenschaft, (Informations-)Technik 6) Natur und kulturelle Umwelten |
| | Geographische Perspektive (Räume, Naturgrundlagen, Lebenssituationen) | 2) Personale und soziale Entwicklung, Wertebildung/religiöse Bildung 6) Natur und kulturelle Umwelten |
| | Historische Perspektive (Zeit, Wandel) | |
| | Technische Perspektive (Technik, Arbeit) | 3) Mathematik, Naturwissenschaft, (Informations-)Technik |
| Deutsch | | 1) Sprache, Schrift und Kommunikation |
| Mathematik | | 3) Mathematik, Naturwissenschaft, (Informations-)Technik |
| Musik | | 4) Musische Bildung/Umgang mit Medien |
| Sport | | 5) Körper, Bewegung, Gesundheit |
| Religion/Ethik | | 2) Personale und soziale Entwicklung, Wertebildung/religiöse Bildung |

Abbildung 1: Zuordnung der Bildungsbereiche des Kindergartens zum Fächerkanon der Grundschule und den fünf Perspektiven des Sachunterrichts

Es kann nicht darum gehen, im Kindergarten den Fächern der Schule vorzugreifen, aber beide Institutionen müssen sich klar sein, dass sie Bildungsprozesse anregen, deren Inhalte einerseits für die nachfolgende Bildungsinstitution vorbereiten und dass andererseits auf Vorerfahrungen in vielen Bereichen aus der vorherigen Institution aufgebaut werden kann. Es geht auch nicht darum, die Eigenlogik der beiden Institutionen Kindergarten und Grundschule aufzulösen (vgl. Liegle 2011, S. 166) sondern vielmehr darum, eine grundlegende Anschlussfähigkeit für die Kinder herzustellen. Dazu ist von besonderer Bedeutung, „dass die pädagogischen Fachkräfte beider Einrichtungen übereinstimmende pädagogische Prinzipien vertreten und im Alltag zur Geltung bringen" (Liegle 2011, S. 161). Dann nämlich kann die Akzentuierung der verschiedenen Einrichtungen, das eigene Profil, positiv auf die Entwicklungspräferenzen der Kinder wirken, ohne dass es zu Brüchen kommt, die in der Haltung der pädagogischen Fachkräfte und ihren Einstellungen zu Bildung und Lernen manifestiert sind.

Anfang der 70er Jahre des 20. Jahrhundert wurde mit dem Situationsorientierten Ansatz von Jörg Zimmer schon einmal ein entsprechender Versuch, ein integrierendes Konzept zu erarbeiten, im Rahmen der Empfehlungen des Deutschen Bildungsrates zur Weiterentwicklung des Elementarbereichs vorgelegt. Mit seiner „Curriculumentwicklung im Vorschulbereich" (Zimmer 1973a) und für die Schuleingangsstufe bis einschließlich der zweiten Klasse (vgl. Zimmer 1973b, S. 689f.) formuliert er einen institutionsübergreifenden Curriculumansatz. Die dahinterliegende Idee war eine „Entschulung der Schule" und ihrer Inhalte zu Gunsten von mehr Lebenswirklichkeit (Zimmer 1973a, S. 16f). Ziel des daraus entwickelten Situationsorientierten Ansatz war es, die Kinder zu „kompetent und autonom" (Zimmer 1973b, S. 685) Handelnden zu erziehen. Diese Autonomie und Kompetenz sollten die Kinder in konkreten Lebenssituationen in institutionellen, sozialen wie sachlichen Zusammenhängen ihres nahen Umfeldes konkret handelnd erlernen. Die erworbene Handlungsfähigkeit zielt dabei sowohl auf die Gegenwart als auch auf die Zukunft und auf einen inklusiven Grundgedanken: „Kinder aus verschiedenen subkulturellen Milieus und mit unterschiedlicher Lerngeschichte zu befähigen, Situationen ihres gegenwärtigen und zukünftigen Lebens zu bewältigen" (Zimmer 1973b, S. 684) war die Intention. Während der Situationsorientierte Ansatz in seiner Weiterentwicklung (Zimmer 1998, Projekt Kinderwelten 2000-2008, Preissing 2009) für den Elementarbereich tatsächlich wegweisend war, konnte er sich für den Sachunterricht und die Übergangsbewältigung nicht bewähren. Fehlende Wissenschaftsorientierung und eine fast naive Orientierung am Handeln und Erfahren ohne kognitive Forderung oder Erwartung an das Verstehen-Lernen mögen wohl ausschlaggebend dafür gewesen sein.

Hier kann Bildung für eine nachhaltige Entwicklung als weltweit anerkanntes Bildungskonzept, das die Zielsetzung verfolgt, Menschen – gleich welchen Alters – in die Lage zu versetzen, die Gegenwart und Zukunft gemeinsam mit anderen im Sinne einer nachhaltigen Entwicklung mitzugestalten, der orientierende Rahmen sein.

## Bildung für eine nachhaltige Entwicklung als gemeinsamer orientierender Rahmen für Kindergarten und Grundschule

### Bildung als Grundlage

Der ehemalige UN-Generalsekretär, Kofi Annan, hat an verschiedenen Stellen – unter anderem auch zur Begründung der Weltdekade Bildung für eine nachhaltige Entwicklung – deutlich gemacht, dass bei den Bemühungen um eine dauerhaft zukunftsfähige Entwicklung der Weltgesellschaft Bildung eine zentrale Rolle spielen muss. Er weist damit auf zwei Aspekte hin: zum einen, dass die Anstrengungen dahin gehen müssen, allen Menschen in der einen Welt, unabhängig von Geschlecht, Herkunft, oder sozialer Lage überhaupt Zugang zu Bildung zu ermöglichen und dass es andererseits angesichts der Herausforderungen des 21. Jahrhunderts generationsübergreifend Bildungsangebote für eine nachhaltige Entwicklung für eine breite Bevölkerungsschicht braucht, um einen Bewusstseinswandel und die große Transformation hin zu einer nachhaltigen Entwicklung gelingen zu lassen.

Auch Wolfgang Klafki sieht die Orientierung am Bildungsbegriff als eine „Grundkategorie in Hinblick auf unsere pädagogischen Gegenwarts- und Zukunftsaufgaben" (Klafki 2007, S. 44) und damit als „pädagogische Zielkategorie" (ebd.). Seinen Bildungsbegriff expliziert er ausdrücklich „für alle Bildungsstufen, von der vorschulischen Erziehung und der Grundschule bis zur Erwachsenenbildung" (Klafki 2005, S. 2). Klafkis kritisch-konstruktiver Ansatz der Allgemeinbildung, in welchem er das notwendige Zusammenspiel von Selbst- und Mitbestimmungsfähigkeit des Einzelnen sowie die Solidaritätsfähigkeit herausstellt und mit der Forderung, Bildung für alle' den inklusiven Gedanken verfolgt (vgl. Klafki 2005, S. 2), enthält viele Anschlussmöglichkeiten zur Entwicklung eines gemeinsamen Bildungsverständnisses für die Art des Selbst- und Weltverstehens die Kindern in ihren ersten zehn Lebensjahren im Sinne einer nachhaltigen Entwicklung ermöglicht werden soll – ohne die institutionelle Rahmung der verschiedenen Institutionen aufzugeben. Klafkis Bildungsbegriffsverständnis ist im Sachunterricht eingeführt. Die Bildungspläne für den Elementarbereich orientieren sich ebenfalls am Bildungsgedanken und führen Grundannahmen für die Bildung in den frühen Jahren aus. Diese machen insbesondere den Selbstbildungsgedanken stark und konstruieren das Kind als Akteur, meist jedoch ohne sich explizit auf eine dahinterliegende Bildungstheorie zu beziehen. Im Bildungsprogramm für saarländische Kindergärten etwa heißt es, ebenso wie im Berliner Bildungsprogramm, dass Bildung verstanden wird „als Aneignungsprozess, mit der sich der Mensch ein Bild von der Welt macht. [...] Sich ein Bild von der Welt machen, beinhaltet: sich ein Bild von sich selbst in der Welt machen, sich ein Bild von anderen in dieser Welt machen, das Weltgeschehen erleben und erkunden" (Preissing/ Dreier 2007, S. 16). Diese Gedanken erinnern an Humboldt und zielen stärker auf das Individuum und weniger auf eine gerechte und demokratische Gesellschaft ab, wie sie Klafki in der Weiterentwicklung des Humboldtschen Bildungsgedankens stark macht. Aus der Orientierung an den ethischen Grundsätzen einer nachhaltige Entwicklung wie Menschenwürde, einem demokratisches Grundverständnis, Gerechtigkeit und dem Erhalt der natürlichen Lebensgrundlagen leiten sich Bildungsziele ab, die ein solch weiteres, an Solidarität und dem Gemeinschaftsgedanken ausgerichtetes Bildungsverständnis bedürfen. Klafki könnte hier, vor allem den Institutionen, die Bildung für eine nachhaltige Entwicklung ermöglichen wollen, als bereichernde Bezugstheorie dienen. So weist er im Zusammenhang mit seinem Bildungsziel der Selbst-, Mitbestimmungs- und Solidaritätsfähigkeit nicht nur auf die Aneignung bestehender Selbst- und Weltverhältnisse hin, sondern macht die Dynamik, das Prozesshafte und damit Gestaltbare und Mitgestaltbare in der Lebensführung an sich und dem Bildungsprozess speziell deutlich. Betrachtet man die Kita als einen Ort, an dem Menschen unterschiedlicher Generationen, Herkunft und religiöser Orientierung sowie mit unterschiedlichen körperlichen und geistigen Individualitäten zusammen ihren Tag gestalten, kommt dem Anspruch Klafkis, Bildung für alle zu ermöglichen und die Solidaritätsfähigkeit als integratives Moment den Bildungszielen anbei zu stellen, eine besondere Aufgabe, aber auch Chance zu: Gerade junge Kinder zeigen eine unbekümmerte Offenheit, manchmal auch Neugierde gegenüber anderen und Tomasello (2010) zeichnet in seinen Studien eindrucksvoll nach, in welch hohem Masse sich junge Kinder hilfsbereit und kooperativ gegenüber anderen zeigen; und zwar ohne eine besondere Aufforderung und ohne ein Lob oder eine Gegenleistung dafür zu erwarten. Diese Erkenntnisse könnten Kitas sich noch viel mehr bewusst machen und ihre pädagogische Arbeit auch im Hinblick auf die Ermöglichung von Inklusion darauf ausrichten. Studien haben zudem gezeigt, dass Familien in prekären Lebenslagen die Bewältigung der Anforderungen, die Kitas an sie stellen, noch ganz gut bewältigen, mit dem Eintritt des Kindes in die Schule die Schwierigkeiten jedoch zunehmen. Eine Ausrichtung der Bildungsarbeit am Solidaritätsgedanken – für Kinder und Erwachsene – würde bedeuten, auch die Elternarbeit und die Kooperationsbereitschaft zwischen den Einrichtungen Kita

und Grundschule entsprechend auszurichten. Familien, denen durch eine besondere Familienkonstellation, Beeinträchtigung eines Familienmitglieds, durch Armut
oder Herkunft möglicherweise ein erschwerter Übergang bevorsteht, könnte so eine
Brücke gebaut werden.

## Gestaltungskompetenzerwerb ermöglichen

Das Ziel von Bildung für eine nachhaltige Entwicklung ist „nicht ein Wissenskanon,
sondern eine Persönlichkeit, die sich ermutigt und fähig fühlt, das eigene Leben
mitzugestalten, und die über Wissen und Kompetenzen verfügt, dies im Sinne einer
nachhaltigen Entwicklung zu tun" (Stoltenberg 2008, S. 22). Stoltenberg greift damit
das Konzept der Gestaltungskompetenz (de Haan 2008) als orientierende Zielsetzung
einer Bildung für eine nachhaltige Entwicklung auf und macht ebenfalls deutlich,
dass der Zielsetzung etwas Über-Individuelles innewohnt. Sich ermutigt fühlen kann
sich ein Individuum nur in der Erfahrung des Selbst in seiner Wirkung auf Andere
und in deren Resonanz oder Feedback, also in der Ermutigung, die dem Individuum
zugesprochen wird. So kommt in dem Konstrukt der Gestaltungskompetenz – auch
im Gegensatz zu anderen Kompetenzkonzepten – deutlich die Gemeinschafts- und
Solidaritätsorientierung zum Ausdruck. Der Hinweis, nicht allein auf Wissenserwerb
zu fokussieren, weist aber auch darauf hin, dass die Veränderungen durch Bevöl-
kerungswachstum, Klimawandel und Wachstumsstreben so gravierend sind, dass
niemand heute voraussagen kann, welche Lebensstilmodelle, welches Wissen und
welche Praktiken wir in der Zukunft benötigen werden. Wenn mit dem Wissen von
heute die Herausforderungen von morgen also gar nicht allein zu meistern sind,
erscheint es sinnvoller, den Kindern, beginnend in der Kita, durch ihre Bildungsbiografie hinweg Gelegenheiten zu geben, Dinge oder auch Lösungen zu hinterfragen,
die eigene Sichtweise zu äußern, mit Kreativität und Neugierde auch unkonventionelle
Ideen zu verfolgen und gemeinsam mit anderen neue Wege zu bestreiten – zusammengefasst, urteils-, handlungs- und gestaltungskompetent zu werden.

Obwohl dem Konstrukt der Gestaltungskompetenz das allgemeine Kompetenz-
modell Heinrich Roths zu Grunde liegt und die Bildungspläne für den Elementarbereich sich gerade eben an dieser Trias von Ich-, Sozial-, und Sachkompetenz orientieren, fällt es vielen pädagogischen Fachkräften in den Kitas, die sich mit Bildung für
eine nachhaltige Entwicklung auseinandersetzen, schwer, ihre Bildungsarbeit daran
auszurichten (vgl. Stoltenberg/ Benoist/ Kosler 2013, S. 176f). Die Ergebnisse aus

der Begleitforschung des Modellversuchs Transfer 21 zu Bildung für eine nachhaltige Entwicklung in Schulen hingegen zeigen, dass die Orientierung am Konzept der Gestaltungskompetenz in den teilnehmenden Schulen zumindest zum ersten Messzeitpunkt sowohl aus der Sicht der Lehrkräfte (Trempler/ Schellenbach-Zell/ Gräsel 2012, S. 35ff) als auch der SchülerInnen (vgl. Petsch/ Gönnewein/ Nickolaus 2012) positive Effekte hatte. Hier könnten ErzieherInnen und Lehrkräfte von einer kooperativen Zusammenarbeit profitieren und sich sowohl gegenseitig stärken als auch das Konzept der Gestaltungskompetenz für Kindergarten und Grundschule konkretisieren. Zudem könnte ein gemeinsamer Sprachgebrauch bzw. die Orientierung an einem Kompetenzkonzept zu einem gleitenden Übergang bezüglich der übergeordneten Bildungsziele führen. Die Kinder würden von einer solchen Orientierung durch Kontinuität in ihren Möglichkeiten des Kompetenzerwerbs bzw. eines Kompetenzzuwachses profitieren.

**Prinzip und Ziel Partizipation: einmischen und mitgestalten**

Die Ergebnisse (Rode 2005) der BLK21 und Transfer21 Modellversuche zur Verankerung von Bildung für eine nachhaltige Entwicklung in der Schule zeigen auf, dass gerade die Ermöglichung von Partizipation bei der Planung und Gestaltung des Unterrichts großen Erfolg hatte (vgl. Rode 2005, S. 7f). Diese Ergebnisse bestätigen sich für den Elementarbereich aus der Evaluation des Projekts „Leuchtpol" (vgl. Stoltenberg/ Benoist/ Kosler 2013, S. 179f). Während im Schulbereich auch die Mitgestaltung von Schulprofil und die Orientierung an Nachhaltigkeitsgesichtspunkten in einem gemeinsamen Prozess von Lehrkräften und SchülerInnen gelingt (Rode 2005, S. 7f), dafür aber die Beteiligung von Eltern und externen Kooperationspartnern noch als schwierig erlebt wird (ebd.), gibt es hier für den Elementarbereich konträre Ergebnisse: Die Kinder bei der nachhaltigen Gestaltung der Kita einzubeziehen gelingt weniger gut (vgl. Stoltenberg/ Benoist/ Kosler 2013, S. 164f), während es sehr positive Ergebnisse für die Zusammenarbeit mit ExpertInnen und für das Eingehen von Kooperationen gibt (vgl. Stoltenberg 2011a, S. 151; Stoltenberg/ Benoist/ Kosler 2013). Hier könnten die Institutionen voneinander lernen und vor allem in der Schule systematisch an den Partizipationserfahrungen der Kinder anknüpfen.

Die Leitidee, Kooperationen einzugehen, ExpertInnen mit anderen Wissensbeständen hinzuzuziehen und die Beteiligung an ernsthaften Aufgaben in den Mittel-

punkt der Partizipationsbemühungen zu stellen, könnte zudem ein guter Ansatz-
punkt für Kitas und Grundschulen sein, auch gemeinsame Projekte zu initiieren,
sich gemeinsam an Belangen des Gemeinwesens im Stadtviertel zu beteiligen. Über
solche gemeinsamen Vorhaben könnte gelingen, tatsächlich miteinander zu kooperieren, wie es ja Bildungspläne, Schulgesetze und die Beschlüsse von JMK und
KMK vorsehen. Orientiert an Bildung für eine nachhaltige Entwicklung könnten
solche Kooperationen auch für alle Beteiligten (PädagogInnen, Kinder, Familien)
spannender sein als der obligatorische Schulbesuch der „Vorschulkinder" kurz vor
den Sommerferien oder das Kontaktgespräch zwischen Kita und Grundschule über
die Anzahl der Kinder, die eingeschult werden sollen.

## Orientierung an relevanten und zukunftsbedeutsamen Themen

Wenn man Kindern die Auseinandersetzung mit der Welt ermöglichen möchte,
dabei die Menschenrechte und den Erhalt der natürlichen Lebensgrundlagen sowie
Bildungsziele wie Selbstbestimmungsfähigkeit, Demokratiefähigkeit und Gestaltungs-
kompetenzerwerb zu Grunde legt, hat das Auswirkungen auf die Auswahl der Themen und Inhalte, mit denen sich die Kinder in Kita und Schule beschäftigen können
sollen. Die Themen einer nachhaltigen Entwicklung wie Mobilität, Biodiversität,
Wasser, Klima oder Energie stellen faszinierende, vielfältige Themenkomplexe dar,
die es Kindern ermöglichen, sich die Welt, in der sie leben, zu erschließen, Zusammenhänge zu entdecken und sich im abwägenden Urteilen zu üben. Sie können
erkennen, dass es verschiedene Sichtweisen auf einen Inhalt gibt und damit Fragen
nach ‚richtig' oder ‚falsch' und ‚gut' oder ‚schlecht' gar nicht immer so einfach zu
beantworten sind. Die Vielschichtigkeit und Komplexität, die in den Themen nachhaltiger Entwicklung zu sehen ist, ermöglicht zudem, dass sich Kinder altersgemäß, in
der ihnen angemessenen Lern- und Auseinandersetzungsform diese „Lebensfragen"
(Stoltenberg 2010, S. 62) Schritt für Schritt erschließen können. Schule und Kindergarten schaffen somit den Kindern einen Lebensweltbezug, der es den Kindern
ermöglicht, sich mit ernsthaften Aufgaben zu beschäftigen. Mit einer Orientierung
an globalen Herausforderungen unserer Zeit sollen den Kindern weder die Probleme der Erwachsenen aufgebürdet, noch Ängste geschürt werden. Vielmehr haben
Kinder ein Recht darauf – das auch in den UN-Kinderrechtskonventionen in Artikel
12 und 13 festgeschrieben ist – sich mit den Themen ihrer Zeit auseinanderzusetzen
und ihre Sichtweise dazu einzubringen.

Orientieren sich Kindergarten und Grundschule an Themenfeldern nachhaltiger Entwicklung, brauchen Grundschullehrkräfte oder Eltern keine Sorge haben, dass sich die Kinder im Kindergarten bereits ausführlich mit dem Wald oder Ernährung beschäftigt haben. Denn im Kindergarten machen die Kinder Welterfahrungen über das Ausprobieren und sinnliche Erfahren, versuchen sich in ersten Analogien und suchen nach Erklärungen. Sie entwickeln sich eine Vorstellung von der Welt und verstehen sicher auch einige Phänomene ziemlich gut. Der Anspruch des Sachunterrichts muss also sein, nicht das eigene Lehrkraftwissen, die eigenen Vorstellungen und Dimensionen eines Themas als Grundlage zu nehmen und zu denken, die Kinder kämen als unbeschriebenes Blatt, sondern möglichst genau und differenziert darauf zu hören, was die Kinder an Erfahrungen, Wissen und Vorstellungen mitbringen und vor allem, welche Fragen und tiefer gehenden Interessen sie an einem Thema haben. Im Idealfall kommunizieren Kita und Grundschule auch über die inhaltliche Bildungsarbeit und tauschen sich aus, in welcher Weise, Perspektive und Tiefe ein Thema bearbeitet wurde. Die Gesprächskreise mit den Kindern im Sachunterricht zu deren Vorerfahrungen könnten unterstützt werden, indem die Bildungs- oder Portfoliobücher aus dem Kindergarten in der Grundschule fortgeführt werden.

Einen Schritt weiter geht noch die gemeinsame Bearbeitung von Inhalten und thematischen Aufgaben. Kümmern sich Kindergarten und Schule beispielsweise gemeinsam um einen Garten oder ein Stück Ackerland, gibt es im Jahreslauf genug Gelegenheiten für gemeinsame Arbeits- und Lernsituationen, in denen es keine Rolle spielt ob man „noch" ein Kindergartenkind oder „schon" ein Schulkind ist. Ebenso wird es aber Aufgaben geben, die es ermöglichen, den Entwicklungspräferenzen gerecht zu werden: Wer Schleife binden und Knoten knoten kann, bindet eben die Tomaten an, während andere die Pflanzschilder beschriften oder bemalen. Während die Jüngeren nicht müde werden, in der Erde nach Kartoffelschätzen zu buddeln, können die Größeren es übernehmen zu recherchieren und nachzulesen, wie der Boden nach der Ernte wieder verbessert werden kann oder was man eigentlich mit der Asche macht, die nach dem Kartoffelfeuer übrig bleibt. Am Feuer oder bei einem gemeinsamen Essen trifft man sich, tauscht sich über die gesammelten Erfahrungen aus und merkt, dass man selbst beigetragen hat und stolz darauf sein kann, dass aber das Zutun aller die positive Wirkung bestärkt.

## Arbeitsweisen und Methoden

Bildung für eine nachhaltige Entwicklung in der Kita zu ermöglichen heißt, bezogen auf die Arbeitsweisen und Methoden, dass Kinder die Gelegenheit haben über Dinge nachzudenken, Fragen zu stellen, sich im Austausch mit anderen im Argumentieren zu üben und Handlungsoptionen zu entwickeln. Immer mehr Kitas nutzen dazu bewusst die in der Grundschule bereits verbreitete Methode des Philosophierens mit Kindern – eine Methode die beginnend in den 1970er Jahren von Matthew Lipman in der Ausrichtung ‚Philosophieren von Kinder' und etwas später von Garreth B. Matthews in der Ausrichtung des ‚Philosophierens mit Kindern' in den USA für den Schulbereich entwickelt wurde. Auch im deutschsprachigen Raum gibt es Dank Barbara Brüning (2001), Ekkehard Martens (1999), Kerstin Michalik (2006) oder Helmut Schreier (1997, 1999) unterschiedlich akzentuierte Konzeptionen und Materialien zum Philosophieren mit Kindern. Philosophierrunden oder Nachdenkgespräche könnten also in mehrfachem Sinne für anschlussfähige Bildungsprozesse sinnvoll sein: Zum einen wäre auf der methodischen Ebene Kontinuität zwischen den Institutionen erfahrbar, zum anderen wäre die inhaltliche Herangehensweise an Themen oder Phänomene vertraut. Und Kinder, die im Kindergarten gelernt haben, sich diskursiv und konstruktiv mit Fragen auseinanderzusetzen, die sich im Argumentieren geübt haben und gewohnt sind, die Dinge aus verschiedenen Perspektiven zu betrachten, hätten in der Grundschule die Gelegenheit, dieses Tun fortzusetzen, ihre kommunikativen Kompetenzen weiterzuentwickeln und müssten nicht plötzlich erfahren, dass es vorgefertigte eindimensionale Antworten oder einseitige Wissensbestände gibt.

Im Rahmen der wissenschaftlichen Begleitforschung des Projektes „Leuchtpol" (Stoltenberg/ Benoist/ Kosler 2013) wurde in Hessen eine Erkundungsstudie dazu durchgeführt, wie Schulkinder aller vier Jahrgangsstufen, die die gleiche Kindertagesstätte besucht haben, rückwirkend ihre (1) Erfahrungen und ihr Lernen im Rahmen der Projekte, die sie in der Kita mitgestaltet haben, einschätzen und (2) in der Kontrastierung dazu ihre Erfahrungen und ihr Lernen im Sachunterricht der Schule beurteilen. Auf die Frage, was sie denn so im Sachunterricht machen würden, antwortet eine Viertklässlerin, die zuvor wortreich und lebendig von den Projekten in der Kita erzählte, zunächst: „Bäume, Frühjahrsblüher und so". Auf die Nachfrage „Und wie geht ihr da so vor im Sachunterricht, auch so in Projekten, so wie in der

Mäusegruppe?" entgegnet Antonia[32] entrüstet:

*„Nee! Immer so, immer nur so mit Arbeitsblättern, mit so Lücken, mit so Strichen im Text, da muss man das richtige Wort hinschreiben."Und nach einer Pause: „Projekt haben wir nur einmal gemacht, eine Woche oder so, vor den Ferien. (.) Faustlos, zu so (.) nicht schubsen oder schlagen, besser aus dem Weg gehen so."*

Nicht nur der Inhalt, sondern auch das Antwortverhalten macht die Mutter des Kindes besorgt: in einem Nebengespräch schildert sie, ihre Tochter hätte immer so gerne von den Erlebnissen im letzten Kindergartenjahr in der Projektgruppe erzählt und zuhause zu den Themen noch nachgefragt; seit sie in die Schule gehen würde, hätte sich das verändert und Antonia würde nun mehr und mehr knappe präzise Antworten – teils auch in Ein-Wort-Sätzen geben.

In dem skizzierten Gesprächsausschnitt bestätigen das Mädchen und seine Mutter implizit, dass Kinder im Kindergarten und in der Grundschule verschiedene Wege zur Erschließung der Welt verfolgen. Im Kindergarten geht es eher darum einen Zugang, ein Interesse zu wecken, während in der Schule spezifische Kenntnisse und Fähigkeiten erworben werden sollen, die dann auch abrufbar und artikulierbar sind. Kinder sollen sich im Kindergarten fragend zu der Welt in Beziehung setzen, sollen neugierig sein und den Willen verspüren, den Dingen auf den Grund zu gehen. Gilt aber das nicht auch für die Grundschule? Wäre nicht gerade der Sachunterricht der richtige Ort, an dem systematisch auf den Grunderfahrungen aus der Kita aufgebaut werden kann, wo die Kinder sich systematisch, aber durchaus fragend den Zugang zu den Sachen und Dingen erschließen und verstehen lernen, was vorher als Erfahrung, als Eindruck oder Option den Zugang zu der Welt erschlossen hat? Welterschließung wäre dann die primäre Aufgabe, bei der sich Mathematik und Schriftspracherwerb als notwendige Werkzeuge einordnen. Für die Bewältigung des Übergangs zwischen den Bildungsinstitutionen würde das den Kindern mehr Sicherheit und Selbstverständlichkeit, vielleicht auch mehr Sinnhaftigkeit geben – ohne auf den Zauber des Anfangsunterrichts, endlich lesen, schreiben und rechnen zu lernen, zu verzichten.

Ein anderer verbindender methodischer Zugang neben dem Philosophieren im Kindergarten und in der Grundschule wäre das Experimentieren. Im Zuge der Diskussionen um die frühe naturwissenschaftliche Bildung und gestärkt durch Projekte

---

32  Alle Namen der befragten Kinder sind geändert

wie das „Haus der kleinen Forscher" finden Experimente vermehrt in Kitas statt. Die Zugänge zwischen starker Instruktion durch die pädagogischen Fachkräfte und freiem Stationenlernen variieren dabei ebenso stark wie die Herangehensweisen: mit Hilfe von Bildkarten – wie es Lück (2007) zum Beispiel vorschlägt und ganz freiem Hantieren der Kinder mit selbstgesuchten Materialien. Sigmund (2012) zeichnet in ihrer Studie im Rahmen der Begleitforschung des Projekts „Leuchtpol" Perspektiven von Kindergartenkindern auf das Experimentieren in der Kita mit Hilfe von elf dialogzentrierten Interviews nach Weltzien (2009) nach. In dem erhobenen Material wird deutlich, dass die von den Kindern am häufigsten (neun von elf Interviews) benannte Begründung dafür, warum man in der Kita Experimentieren würde ist, dass man dabei lernt. In mehreren Interviews beziehen sich die Kinder explizit darauf, dass das Experimentieren in der Kita hilfreich für das Lernen in der Schule sei. Die folgende Passage aus einem der Transkripte zeigt, dass beide Kinder davon ausgehen, beim experimentieren etwas zu lernen und Linus dieses Tun sogar explizit als „Vorschule" bezeichnet:

*Interviewerin: „Aha, okay. Was heißt das denn hier bei euch im Kindergarten zu experimentieren?"*

*Linus (5 Jahre): „Na ja, also, wir probieren immer neue Sachen aus. Wir machen mal das, mal das, mal das, das oder das oder das und dann irgendwann wiederholen wir es vielleicht mal wieder oder dann fängt es wieder von neuem an."*

*Interviewerin: „Mhm (bejahend). Habt ihr denn eine Idee, warum man Experimente macht, wozu macht man die?"*

*Linus (5 Jahre): „Also, weil dann kann man/ Das ist so was wie eine Vorschule. Da kann man und wenn die Lehrer dann in der Schule fragen: „Linus, was ergibt, was ist ein Experiment", kann man gleich sagen, das IST das oder das oder das."*

*Interviewerin: „Quentin, was meinst du, warum macht man Experimente?"*

*Quentin (5 Jahre): „Ja, weil man das dann lernt, neue Wörter lernt."*

*Interviewerin: „Mhm (bejahend)"*

*Linus: „Ja, und ich hab gedacht, das wäre eine Vorschule. Eine Vorschule ist so was für die Grundschule oder fürs Gymnasium. Weißt du? So was in der Richtung." (Transkript F.B.E.Leuchtpol; Sigmund_Kiga2_01, Zeile 37ff)*

Aus diesem und anderen Interviewausschnitten wird deutlich, dass die Kinder die Tätigkeit des Experimentierens als sinnvoll ansehen und davon ausgehen dabei zu lernen. Ihnen ist auch klar, dass die Kita eine Stufe in ihrer Bildungsbiografie ist und sich die Schule daran aufbauend anschließt. Andere Ergebnisse aus Interviews mit Kindergartenkindern der Begleitforschung des Projekts Leuchtpol zur Implementierung von Bildung für eine nachhaltige Entwicklung im Elementarbereich (Stoltenberg/ Benoist/ Kosler 2013) zeigen, dass Kinder, die an Praxisprojekten im Rahmen des Modellprojektes Leuchtpol teilgenommen haben, diese Projektarbeit an einem meist selbst gewählten Thema von den sonstigen Aktivitäten in der Kita unterscheiden. Als Unterscheidungsmerkmal wird von Kindern hervorgehoben, dass sie im Rahmen der Projekte etwas lernen, während in den sonstigen Aktivitäten das Spielen im Vordergrund stehe. Auch diese Einstellung kann für die Gestaltung gelingender Übergänge zwischen Kindergarten und Grundschule herangezogen werden. Bei der Arbeit in Projekten und an ernsthaften Aufgaben, besonders im letzten Kindergartenjahr, haben die Kinder die Möglichkeit Dinge zu verstehen und daraus Konsequenzen zu ziehen. Im Planen und Handeln gemeinsam mit anderen haben sie die Möglichkeit zu erfahren, dass man Aufgaben manchmal gemeinsam leichter lösen kann und dass der Austausch über verschiedene Positionen zwar manchmal länger dauert und anstrengender ist als wenn einer die Lösung vorgibt, dass man am Ende aber vielleicht mehr weiß und alle zufrieden sind. Im Idealfall kooperieren Kita und Grundschule miteinander und arbeiten gemeinsam an einem Projektthema.

## Ausblick

Der Sachunterricht ist neben Deutsch und Mathematik eines der drei Hauptfächer in der Grundschule. In der Bedeutung, die ihm beigemessen wird, tritt er deutlich hinter die anderen Fächer zurück: „Wenn Du in die Schule kommst, lernst Du lesen und schreiben" hören angehende Schulkinder wohl wesentlich öfter als „Und wenn Du in die Schule kommst, lernst Du ganz viel über Deinen Körper, über Technik, Tiere und Pflanzen – und Du kannst vielleicht auch manchmal Experimente machen!" An ernsthaften Aufgaben und Fragen arbeiten und dabei erfahren, wie sinnvoll es ist, lesen, schreiben und rechnen zu können, sollte die gemeinsame Botschaft von Kindergarten und Grundschule sein. Dann erhielte die alte Weisheit „Nicht für die Schule, sondern für das Leben lernen wir" eine ganz neue Plausibilität.

# Innovativer Sachunterricht aus der Perspektive von Studierenden

## Stella Sonntag da Cruz / Dana Farina Weiher

Welche Bedeutung hat das Fach Sachunterricht und welche Möglichkeiten bieten sich für seine innovative Gestaltung? Diese Fragen werden mit unseren Erfahrungen und Einsichten aus dem ersten und zweiten Semester als Studentinnen des Sachunterrichts beantwortet. Der Beitrag wird auch auf den Einfluss eingehen, den die Auseinandersetzung mit dem Konzept „Bildung für eine nachhaltige Entwicklung" für den Prozess der Veränderung unserer Sichtweisen hatte. Wir beschäftigen uns sowohl mit dem ersten als auch mit dem zweiten Semester und legen dar, wie sich unsere Auffassung eines guten Sachunterrichts gebildet hat.

Dieser Beitrag soll Interesse für das Studium des Sachunterrichts wecken, er soll angehenden Studentinnen und Studenten eine Orientierung bieten, mit welchen Fragestellungen es sich zu beschäftigen lohnt. Mittels einer reflektierenden Erzählung unserer Erfahrungen und unserer Lernprozesse im Laufe des ersten Semesters werden wir offenlegen, wie schon in sehr kurzer Zeit ein Neu- und Umdenken für eine neue Auffassung von Sachunterricht stattfinden kann. Durch die theoretischen Grundlagen, mit denen wir uns im zweiten Semester auseinander gesetzt haben, können wir diese begründen; das Praxisseminar im zweiten Semester machte uns Erfahrungen zugänglich, wie wir sie dem Nachdenken über Unterricht zugrunde legen können.

In der vorliegenden Schilderung folgen wir nun der dargelegten Struktur: Zunächst werden die Module der ersten beiden Semester beschrieben und in das Gesamtstudium eingebettet. So soll verdeutlicht werden, welcher fachliche Zusammenhang zwischen den Modulen besteht und welche Inhalte in den Seminaren und Vorlesungen diskutiert und behandelt werden. Das Leuphana Semester als Struktur des ersten Semesters an der Leuphana Universität Lüneburg (vgl. Michelsen 2012), in die auch die Seminare der LehrerInnenbildung eingebettet sind, wird aufgrund von Bezügen des Moduls „Wissenschaft kennt Disziplinen" (in dem das erste Seminar im Studium des Sachunterrichts angesiedelt ist) und dem Modul „Wissenschaft trägt Verantwortung" ebenfalls in diesem Beitrag thematisiert.

Anschließend daran wird das erste Modul im Abschnitt „Biographisches Lernen" anhand unserer Erfahrungen vorgestellt. Wir erzählen von dem Prozess der Veränderung, den wir im ersten Semester erleben durften und schildern unser persönliches Um- und Neudenken in Bezug auf den Sachunterricht.

Als Prüfungsleistung des ersten Moduls im Studiengang Sachunterricht ist ein Lerntagebuch vorgesehen. Im folgenden Kapitel „Das Lerntagebuch – eine sinnvolle Auseinandersetzung mit dem eigenen Lernprozess" verdeutlichen wir die Besonderheit dieser Art von Prüfungsleistung und unsere damit verknüpften Erfahrungen.

Das anschließende Kapitel „Nach dem ersten Semester" beinhaltet unseren Entwicklungsstand und unsere Erfahrungen nach dem Absolvieren des Seminars „Unsere Erde – für Kinder" und der Vorlesung im ersten Modul. Hier nennen wir offene Fragen, Erwartungen an das zweite Semester sowie die Ergebnisse des ersten Semesters.

Im zweiten Teil dieses Beitrages geht es um das Modul „Bildung für eine nachhaltige Entwicklung für Kinder und Jugendliche" des zweiten Semesters. Zunächst werden die Inhalte des Theorieseminars beschrieben und daraufhin wird Bezug auf zwei dazugehörige Praxisseminare genommen.

Zum Schluss unseres Beitrages werden wir uns mit unseren Erwartungen an das folgende Studium beschäftigen.

## Zwei grundlegende Module

Das Studium besteht aus den Veranstaltungen, die sich direkt auf Sachunterricht beziehen, sowie aus jenen, die Teil des Bezugsfaches sind. Ein Bezugsfach ist ein natur- oder gesellschaftswissenschaftliches Fach, das aus dem Angebot Geschichte, Politik, Geographie, Biologie, Chemie, Physik gewählt werden kann. Die Module im Sachunterricht bestehen aus jeweils zwei Veranstaltungen; zum erfolgreichen Abschluss eines Moduls wird eine Prüfungsleistung erbracht.

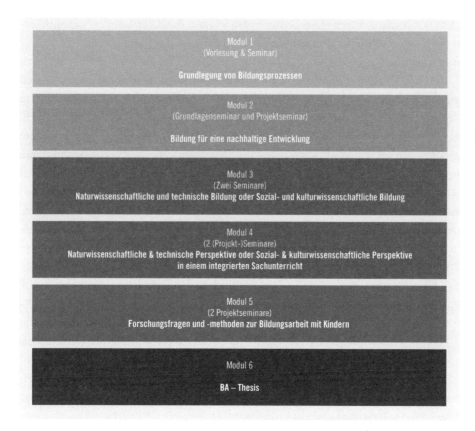

Abbildung 1: Studiengang Sachunterricht und seine Didaktik an der Leuphana
Universität Lüneburg im Studiengang Lehrern und Lernen (B.A.)

Das Modul des ersten Semesters besteht aus einer einführenden Vorlesung und einem Seminar mit dem Titel „Unsere Erde – für Kinder". Ein zentrales Ziel der wöchentlich stattfindenden Sitzungen im Rahmen des Seminars ist die Auseinandersetzung mit dem eigenen, früher erlebten Sachunterricht und damit das Verständnis dafür, dass der Sachunterricht im Konzept von Bildung für eine nachhaltige Entwicklung von den autobiographischen Unterrichtserfahrungen abweicht und neue Gestaltungsmöglichkeiten für die eigene Lehrpraxis bieten kann.

Die Interessen der Studentinnen und Studenten haben die Ausgestaltung des Seminarkonzepts geprägt: Es konnten Schwerpunkte gesetzt werden, die vorher z.T.

anders vorgesehen waren. Der Seminarplan konnte flexibel nach den Lernprozessen und Interessenschwerpunkten der Studierenden umgestaltet werden. So war es uns Studierenden möglich, auch näher und länger auf Fragestellungen einzugehen, die uns besonders wichtig waren. Durch eine U-förmige Sitzordnung, bei der sich alle ansehen konnten, wurde eine anregende Arbeits- und Diskussionsatmosphäre geschaffen. Jeder, der etwas zu einem Gespräch beitragen wollte, war eingeladen, dies auch zu tun. Besonders mit ambivalenten oder unpassenden Aussagen konnte gearbeitet werden, weil die Überzeugung aus Fehlern zu lernen im Vordergrund stand. Die Vorlesung „Grundlegung von Bildungsprozessen", zu der alle DozentInnen des Sachunterrichts beitragen, dient als Fundament für die Inhalte des dazugehörigen Seminars. Alle beteiligen sich an der Vorlesung. Sachunterricht wird unter dem Anspruch von „Bildung" begründet, aktuelle Diskussionen um andere Schlüsselkonzepte wie „Kompetenzen" werden angesprochen. Als eine Grundlage für integratives Arbeiten im Sachunterricht werden die fachlichen Perspektiven vorgestellt, die für den Sachunterricht von Bedeutung sind. Dabei wird Bezug genommen auf den „Perspektivrahmen Sachunterricht" der Gesellschaft für Didaktik des Sachunterrichts (GDSU 2002, 2013). Die Vorlesung bietet somit die Möglichkeit, auch die Perspektiven kennenzulernen, die nicht direkt in Verbindung mit dem jeweils gewählten Bezugsfach stehen.

Das erste Modul hat außerdem eine inhaltliche Verbindung zum Modul „Wissenschaft trägt Verantwortung" des Leuphana Semesters. In diesem Modul werden eine Vorlesung, ein Tutorium und ein Projektseminar besucht, in welchem verschiedene Perspektiven und Projekte zu Fragen einer nachhaltigen Entwicklung erarbeitet werden. Der fächerübergreifende Bezug wird auch den Studierenden deutlich:

*„Themen der nachhaltigen Entwicklung, die vor allem in den Vorlesungen zum Modul ‚Wissenschaft trägt Verantwortung' vorgestellt werden, passen auch gut zum Thema Umweltbildung, das im Sachunterricht in dem ersten Semester diskutiert wird. Meiner Meinung nach arbeitet das erste Semester, das Leuphana Semester, sehr fächerübergreifend und ich bin gespannt, die Themen, die in den Vorlesungen vorgestellt werden, mit denen des Sachunterrichts und die Bedeutsamkeit der nachhaltigen Entwicklung für die nachfolgenden Generationen, also auch für die Kinder, die wir später unterrichten werden, zu verknüpfen" (Sonntag da Cruz 2011, S. 3).*

Das zweite Modul im Studiengang Sachunterricht „Bildung für eine nachhaltige Entwicklung" besteht aus zwei Seminaren, einem zu „Bildung für eine nachhaltige

Entwicklung für Kinder und Jugendliche" zum theoretischem Hintergrund und einem Projektseminar, für das eine Wahlmöglichkeit aus mehreren verschiedenen Seminaren besteht.

Ziel des Moduls ist es, das Wissen über das Konzept „Bildung für eine nachhaltige Entwicklung" zu vertiefen und eine genaue Kenntnis über die Hintergründe und aktuellen Diskussionen zu erlangen. Dieses Wissen konnte in den praktischen Übungen des zweiten Seminares umgesetzt und reflektiert werden. Als Prüfungsleistung wurde ein Portfolio oder ein Projektbericht verfasst. Das Portfolio bezieht sich auf die theoretische Veranstaltung und stellt eine individuelle Sammlung wichtiger Aspekte des Seminars dar. Es soll ein Sammelprinzip sichtbar sein, sodass zu einem späteren Zeitpunkt mit diesem Portfolio weitergearbeitet werden könnte. Der Projektbericht beschreibt und erklärt das durchgeführte Projekt. So soll das Vorgehen in der Erarbeitung des Projekts reflektiert sowie eine theoretische, wissenschaftliche Begründung gefunden werden.

## Biografisches Lernen

Im folgenden Abschnitt beschreiben wir unsere fachliche und persönliche Entwicklung und veranschaulichen beides mit Zitaten aus Lerntagebüchern, die als Prüfungsleistung verfasst wurden.

Besonders wichtig war die Beschäftigung mit dem eigenen, erlebten Sachunterricht. Diese Reflexion fand durchgehend, aber vor allem zu Beginn des ersten Semesters, also auch zu Anfang des Studiums statt. Ziel der Selbstreflexion war es, den eigenen Sachunterricht „von außen" zu betrachten.

*„Die Auseinandersetzung mit dem eigenen früher erlebten Sachunterricht war für mich hilfreich, um nachzuvollziehen, dass der Sachunterricht, wenn er ‚richtig' durchgeführt wird, sehr große Möglichkeiten bietet, die Kinder zu unterstützen, zu weltoffenen Menschen heranzuwachsen, die an den Geschehnissen der Welt beteiligt und interessiert sind" (Sonntag da Cruz 2011, S. 54).*

Mit der gemeinsamen Reflexion der Erfahrungen aus dem eigenen Sachunterricht in der Seminargruppe wurde deutlich, dass in dem Sachunterricht unserer Schulzeit Themen additiv, also relativ zusammenhangslos behandelt wurden. Die Bedeutung einzelner Themen soll hier zwar nicht gänzlich herabgesetzt werden, jedoch wurde das Ergebnis dieser Art von Sachunterricht wie folgt beschrieben:

*„Auf konkrete Fragen nach dem Inhalt der Themen konnte keine/r der Studierenden antworten. Wir haben also die Themen behalten, aber der Lernerfolg, also das, was wir darüber gelernt haben, ließ sich nach so langer Zeit nicht mehr feststellen. Außerdem stellten wir fest, dass die Themen sehr oberflächlich behandelt wurden und somit keinen vollständigen, manchmal sogar einen fehlerhaften Überblick vermittelten"* (Weiher 2011, S. 4).

*„Erstaunliche und unerwartete Ergebnisse kamen bei dieser Diskussion zum Vorschein. Bei den genannten, in der Grundschule behandelten Themen des Sachunterrichts wie: Fahrrad, Stromkreislauf, Ebbe und Flut, Wasserkreislauf war der Wissensstand der Gruppe erschütternd gering"* (Sonntag da Cruz 2011, S. 2).

Aufgrund dieser Äußerungen fragten wir uns, was anders gemacht werden sollte. Das ist deshalb von großer Bedeutung, weil Unterricht häufig so gestaltet wird, wie er auch erlebt wurde:

*„Dies lässt sich mit dem Text [der von allen Studierenden für diese Sitzung gelesen wurde; vgl. Godemann/ Stoltenberg 2004; die Verfasserinnen] verknüpfen: werdende Lehrer greifen auf eigene Erfahrungen zurück, subjektive Theorien und Alltagserfahrungen sind entscheidend für das, was Lehrer tun. Diese müssen zwangsläufig reflektiert werden"* (Weiher 2011, S. 5).

Diese Einsicht fundierten wir durch die Auseinandersetzung mit der Unter-scheidung von Alltagstheorien und wissenschaftlichen Theorien (vgl. Hierdeis/ Hug 1992).

Die Ergebnisse der Reflexion des früher erlebten Sachunterrichts, die unsere Auffassung von Sachunterricht schon wesentlich verändert haben, führen uns zu der Erkenntnis, dass Wissen nicht „vermittelbar" ist. Jedes Kind lernt anders, hat andere Erfahrungen und einen anderen Wissensstand als seine Mitschülerinnen und Mitschüler

*„Wissen kann ich als Lehrerin nicht „1 zu 1" von mir auf die Kinder übertragen, sondern ich muss davon ausgehen, dass das, was ich sage, nicht in genau derselben Art und Weise von den Schülerinnen und Schülern aufgenommen wird. Vielmehr mache ich ein Bildungsangebot, das [...] genutzt werden kann. Meine Aufgabe als Lehrerin ist es, dieses Angebot so attraktiv wie möglich zu gestalten"* (Weiher 2011, S. 42).

Der Prozess, der beiden Einsichten zugrunde liegt, ist das Begreifen der neuen Aufgabe der Lehrkraft. Anders als in unserem eigenen Sachunterricht, dessen Inhalte den meisten Studierenden offensichtlich kaum in Erinnerung blieben, soll der Sachunterricht, der im Konzept „Bildung für eine nachhaltige Entwicklung" gestaltet wird, eine Bedeutung für die Gegenwart als auch eine Zukunftsrelevanz aufweisen. Dies soll und muss verknüpft geschehen, so dass neues Wissen immer mit dem alten verbunden werden kann. Das additive Aneinanderfügen von Themen reicht hierbei nicht aus, um Komplexität zu gewährleisten.

Wir erarbeiteten im Seminar, dass sich mit der konzeptionellen Orientierung an dem Konzept „Bildung für eine nachhaltige Entwicklung" auch die Unterrichtsform verändert: Der Unterricht soll nicht lehrerzentriert, sondern schülerzentriert stattfinden. Eben weil Wissen nicht linear vermittelbar ist, weil Kinder nicht alle gleich sind, müssen Schülerinnen und Schüler ihren eigenen Lernprozess selbst mitgestalten dürfen. Neu war für uns die Rolle der Lehrperson als BegleiterIn, die die Schülerinnen und Schüler in ihrem Lernprozess unterstützt. Viele Studierende äußerten zu Beginn der Veranstaltung, dass sie Sachunterricht studieren, weil es ihnen in ihrer eigenen Schulzeit gefallen und Spaß gemacht hat:

*„Ich studiere Sachunterricht ebenfalls, weil mir mein eigener Sachunterricht immer noch in Erinnerung ist und ich den Kindern, die ich unterrichten werde, dieses auch ermöglichen möchte"* (Weiher 2011, S. 26).

Im Laufe des Seminars fiel es uns leichter, die Wahl unseres Studiengangs auch auf fachlicher Ebene zu begründen und damit erklären zu können, weshalb gerade der Sachunterricht ein wichtiges Fach ist. Durch die laufende Beschäftigung mit der veränderten Lehrerrolle und dem neuen Blick auf Kinder und die Unterrichtsgestaltung erwarben wir die ersten Kompetenzen, um uns einen Sachunterricht nach dem Konzept „Bildung für eine nachhaltige Entwicklung" vorstellen zu können. Das Denken über den Sachunterricht hat sich demnach stark verändert:

*„Als wichtigsten, zusammenfassenden Aspekt nehme ich aus dieser Seminarsitzung das Umdenken, Neudenken und Überdenken mit" (Weiher 2011,ebd.: S. 26). Wir begreifen Sachunterricht nun als wichtige Möglichkeit, Schülerinnen und Schülern bei ihrer Weltorientierung zu begleiten und zu unterstützen. Außerhalb des Studiums haben wir die Erfahrung gemacht, dass Freunde, Bekannte, Eltern und andere fachfremde Personen in Gesprächen sinngemäß geäußert haben: „„Sachunterricht müsse man nicht studieren' [...] " (Sonntag da Cruz 2011, S. 7).*

Wir sind der Überzeugung, dass diese Ansicht dem innovativen Sachunterricht nicht gerecht wird und die Möglichkeiten, die dieser bieten könnte, völlig außer Acht lässt. Es muss eine Vorbereitung in Form eines Studiums gegeben sein, um einen sinnvollen Sachunterricht gestalten zu können.

## Das Lerntagebuch – eine sinnvolle Auseinandersetzung mit dem eigenen Lernprozess

Ein Lerntagebuch ist eine persönliche und individuelle Arbeit, in der zu jeder Sitzung ein Beitrag geschrieben wird. Hierin soll kurz der Inhalt zusammengefasst, aber vor allem der persönliche Lernfortschritt dokumentiert werden. Folgende Fragen können reflektiert werden: Was habe ich in dieser Sitzung gelernt? Was finde ich besonders wichtig? Worin liegen meine Schwächen, wo meine Stärken? Was sind meine (weiterführenden) Fragen, eventuell für die nächste Sitzung, welche kann ich aus vorherigen beantworten? Dieses Lerntagebuch ermöglicht eine erneute Auseinandersetzung mit den Inhalten des Seminars. Durch das schriftliche Reflektieren wird Wissen gefestigt und es werden Formulierungen für Sachverhalte herausgearbeitet, für die vorher vielleicht noch keine gefunden werden konnten. Dies wird auch in der Abschlussreflexion der Lerntagebücher von Studierenden beschrieben:

*„Das Lerntagebuch zur Dokumentation meines Lernfortschritts und meiner Fragen und Probleme hat mir geholfen, einen Überblick über den Sinn und den Verlauf des Seminars zu behalten. Ich bin mir so bewusst geworden, worin ich mir sicher bin und wo noch Unklarheiten bestehen. Außerdem hat die Wiederholung nach dem Seminar geholfen, die Inhalte zu behalten. Ich konnte sie so für mich sortieren und erneut nachvollziehen. Dadurch, dass ich gezwungen war, eigene Worte zu wählen und in ganzen Sätzen zu schreiben, habe ich einige Male gemerkt, dass ich Zusammenhänge zwar nachvollziehen kann, wenn ich sie lese oder höre, sie jedoch nicht so verstanden habe, dass ich sie in eigenen Worten wiedergeben kann" (Weiher 2011, S. 46).*

*„Ein offensichtliches Beispiel für die Sinnhaftigkeit eines prozessorientierten Lernens ist für mich dieses Lerntagebuch, welches mir die Prozesshaftigkeit des Lernens selbst vor Augen geführt hat. Durch Reflexion von Inhalten und Fragestellungen werden Erkenntnisse präsenter und vertieft, sodass ich das Lerntagebuch für eine sehr gute Form der Prüfungsleistung halte" (Böke-Englert 2011, S. 49).*

*„Die Aufgabe, ein Lerntagebuch zu verfassen [...], hat mir geholfen, nicht alles ohne ‚Wenn und Aber‘ hinzunehmen, sondern durchaus auch Dinge zu hinterfragen und Besprochenes zu verfestigen, indem das Nachdenken über angesprochene Bereiche zu Hause weiter ging und nicht nach der Sitzung beendet war" (Sonntag da Cruz 2011, S. 59).*

Interessant ist unter anderem bei dieser Methode, dass der eigene Lernprozess wirklich erkannt wird, Fragen, die auf den ersten Seiten des Lerntagebuches gestellt wurden, zu spaterem Zeitpunkt beantwortet oder neu überdacht werden können. Dabei hat sich auch die Kompetenz des Niederschreibens weiterentwickelt:

*„Auch bei der Formulierung des Lerntagebuches ist meiner Meinung nach eine Entwicklung zu sehen. Zu Beginn habe ich die Seminarsitzungen mehr nacherzählt, im Laufe des Seminars habe ich gelernt, mehr zu verknüpfen, mir mehr eigene weiterführende Gedanken zu machen und vor allem mich auf vorangegangene Sitzungen zu beziehen. Das Lerntagebuch hat mir also geholfen, immer wieder erneut Anknüpfungspunkte zu finden" (Weiher 2011, S. 47).*

Inzwischen wissen wir: Nicht nur während des ersten Semesters ist die Auseinandersetzung mit den Seminarinhalten interessant und hilfreich, auch danach stellt das Lerntagebuch eine Bereicherung als „Nachschlagewerk" dar.

## Nach dem Ersten Semester

Die wohl bedeutendste und größte Veränderung im Zuge des Lern- und Entwicklungsprozesses des ersten Semesters ist die neue Sicht auf den Sachunterricht. Zum Ende des ersten Semesters kann die Mehrzahl der Studierenden des Seminars fachlich begründen, worin für sie und in aktuellen Fachdiskursen die Bedeutung des Sachunterrichts liegt und weshalb es sich lohnt, dieses Fach zu studieren. Eine Studentin sagt zu Beginn ihrer Abschlussreflexion:

*„Meine Definition von Sachunterricht hat sich grundlegend verändert" (Böke-Englert 2011, S.45).*

Eine andere Beschreibung dieser Veränderung lautet:

*„Verglichen mit der ersten Seminarstunde kann ich nun auch begründen, warum ich Lehrerin für dieses Fach werden möchte: Ich möchte es verändern, verbessern und den Sinn deutlich herausstellen.*

*Kein Fach in der Grundschule ermöglicht den Kindern in dieser Art und Weise den Erwerb von zukunftsorientierten Kompetenzen" (Weiher 2011, S. 47).*

Sachunterricht wird als ernsthafter und nicht zu unterschätzenden Einfluss auf die Weltorientierung der Kinder wahrgenommen:

*„Sachunterricht ist nicht dazu da, im Frühling ein Lied über Schneeglöckchen zu singen, im Herbst ein Igelbild zu malen oder ein verklärtes Bild von „Heimat" zu vermitteln, sondern um Kindern unsere als auch ihre Welt zu erklären mit allem, was dazu gehört, aus allen Perspektiven und unter Berücksichtigung aller Zusammenhänge" (Böke-Englert 2011, S. 45).*

Die Welt ist komplex, deshalb muss der Sachunterricht sie auch so behandeln. Das Bewusstsein über Komplexität ist ein wesentliches Ergebnis des Seminars. Vor Beginn des Studiums hätten wir dies wahrscheinlich für eine Überforderung der Kinder gehalten und wären der Meinung, dass man die Probleme dieser Welt am besten von Kindern fernhalten sollte. Nach dem Besuch der Veranstaltung hat sich aber auch die Sichtweise auf und das Verhältnis zu Kindern verändert.

*„Kinder sind durchaus fähig, auch in wissenschaftlicher Hinsicht Themen und Probleme zu verstehen und Lösungswege zu finden. Sie wollen Verantwortung für ihre Erde, ihrem Lebensraum und sich selbst übernehmen. Diese Erkenntnis war mir in diesem Ausmaß nicht bewusst, vergrößert aber noch meine Motivation, Sachunterrichtslehrerin zu werden, mit Kindern gemeinsame Lernprozesse zu begehen und weltbewegende Themen zu erschließen" (Böke-Englert 2011, S. 48).*

Außerdem ist uns bewusst geworden, dass es nicht „das Kind" gibt, sondern das alle Kinder unterschiedliche Voraussetzungen mitbringen, auf die wir uns einstellen und mit denen wir arbeiten müssen und dürfen. Wichtig ist hierbei die Erkenntnis, dass Verschiedenheit sowohl eine Herausforderung als auch eine Chance sein kann. Damit hat sich für uns auch die Rolle der Lehrkraft verändert:

*„Bezüglich der Lernprozesse muss und möchte ich noch beachten, dass ich den Unterricht gemeinsam mit den Schülern und Schülerinnen gestalte. Sie sind Teil ihres eigenen Lernprozesses, sie müssen sich Dinge selbst erschließen können" (Weiher 2011, S. 44).*

*„Als Sachunterrichtslehrerin unterstütze ich die SchülerInnen, ich rege an und berate, nehme also eine VermittlerInnenrolle ein und moderiere den Unterricht. Wir definieren uns als Ermöglichende" (Böke-Englert 2011, S. 30).*

Kinder sollen somit an ihrer eigenen Lernentwicklung, am Sachunterricht, an der Welt beteiligt werden und sich beteiligen dürfen – die Einsicht in die Bedeutung von Partizipation ist ein weiteres wichtiges Ergebnis des Seminars.

Selbstverständlich birgt die Thematisierung von Problemen, die die Welt bewegen, auch eine Verantwortung für die Lehrkräfte. Die Kinder müssen bei der Konfrontation mit schwierigen Zusammenhängen angemessen begleitet werden. Ebenso muss eingeschätzt werden, ob Kinder für ein bestimmtes Thema bereit sind und inwieweit sie Begleitung und Reflexion benötigen. Dabei bestehen zum Zeitpunkt des ersten Semesters verständlicherweise noch Unsicherheiten:

*„Dieser Punkt, wirklich zu wissen, in welchem Alter Kinder was und wie weit erfassen können, verunsichert mich noch. Aber wahrscheinlich muss ich mich in diesem Punkt einfach öffnen und es auf mich zukommen lassen, spontan sehen, wohin es führt, und situativ zu reagieren. Das ist natürlich für einen Berufseinsteiger ein steiniges Feld"* (Böke-Englert 2011, S. 48).

Mit diesen veränderten Sichtweisen gehen natürlich auch Fragen und Unsicherheiten einher. Wie erfüllt man Kriterien für einen guten und sinnvollen Sachunterricht? Was genau wird in diesem Fach unterrichtet? Wie gehe ich mit dem Konzept „Bildung für eine nachhaltige Entwicklung" um? Zu diesem Zeitpunkt stehen wir zwar mit einer veränderten, angemessenen und reflektierten Sichtweise auf den Sachunterricht immer noch am Anfang unseres Studiums, trotzdem sind wir der Meinung, schon sehr viel gelernt zu haben:

*„Die vielen neuen Erkenntnisse über das Lehren und Lernen in diesem Seminar bieten enorm viele positive Möglichkeiten [...]"* (Böke-Englert 2011, S. 49).

## Theorie als Orientierung

Im zweiten Semester besuchten wir das Theorieseminar „Bildung für eine nachhaltige Entwicklung für Kinder und Jugendliche" in Verbindung mit einem Projektseminar. Das Theorieseminar ermöglichte uns, genauer hinter das Konzept „Bildung für eine nachhaltige Entwicklung" zu schauen und bot uns damit eine Grundlage für die Gestaltung eines Sachunterrichts, der diesem Konzept entspricht. Anhand des praktischen Seminars konnten wir das Gelernte direkt auf ein Beispiel anwenden. Hier wurde zum Beispiel ein konkreter Unterrichtsentwurf zu einem ausgewählten Sachverhalt erarbeitet. (In Kapitel sieben wird es dazu genauere Erläuterungen geben.)

Zu Beginn des Seminars äußerten die Studierenden im Rahmen einer sogenannten „fishbowl-Diskussion" ihre Vorstellungen zu der Frage „Was ist nachhaltige Entwicklung?" Sie konnten dabei auch auf Erfahrungen aus dem Modul „Wissenschaft trägt Verantwortung" aus dem ersten Semester zurückgreifen. Diese Methode stieß eine gemeinsame Diskussion an, in der wir auf viele Aspekte nachhaltiger Entwicklung mit Bezug zu unserem eigenen Leben zu sprechen kamen. Geäußert wurde vor allem, dass Nachhaltigkeit und nachhaltiges Handeln ein anzustrebendes Ziel ist, und dass die Bildung eine entscheidende Rolle hierbei spielt. Es wurde die Bedeutung von Nachhaltigkeit für die Umwelt und die Nachwelt, also unsere folgenden Generationen, herausgestellt und ein persönliches Interesse daran, dass Nachhaltigkeit auch gelebt wird.

Mit den Fragen, die uns nach dem ersten Semester geblieben sind, konnten wir im zweiten Semester hervorragend weiterarbeiten, weil ein deutlicher, sinnvoller Zusammenhang zwischen den Seminaren des ersten und zweiten Semesters besteht. Wie genau wird ein Sachunterricht gestaltet, der angemessen den heutigen Anforderungen und Erwartungen entspricht?

Ein besonders wichtiger Aspekt war die Erarbeitung des Konzepts „Bildung für eine nachhaltige Entwicklung". Dabei haben wir uns mit dem politischen Kontext und dem Entstehen der Idee nachhaltiger Entwicklung ebenso beschäftigt wie mit Bildungsprojekten, die schon erfolgreich entstanden sind. Außerdem haben wir uns mit der Rolle auseinandergesetzt, die Lehrerinnen und Lehrer in einem Sachunterricht einnehmen können, der sich am Konzept „Bildung für eine nachhaltige Entwicklung" orientiert, sowie mit unserer Rolle als Studierende des Lehramtes. Uns wurde bewusst, wie sehr unser Denken sich bereits verändert hatte ist und wie wenig wir zum Studienanfang darüber wussten.

In Verbindung mit der Erarbeitung des politischen Hintergrundes wurde uns deutlich, dass es einen internationalen Austausch über „Bildung für eine nachhaltige Entwicklung" gibt und dass die damit verbundene Aufgabe einen Prozess darstellt und von vielen Menschen weiterentwickelt und erarbeitet wird. Wir haben die Bedeutung der UNESCO (United Nations Educational, Scientific, Cultural Organization) kennengelernt und uns mit Zielen und Struktur dieser Organisation vertraut gemacht. Außerdem haben wir uns mit weiteren bildungspolitisch bedeutenden Institutionen beschäftigt, wie mit der KMK (Kultusministerkonferenz) und der DUK (Deutsche UNESCO-Kommission).

2002 wurden in Johannesburg im Rahmen des Weltgipfels für nachhaltige Entwicklung von der UN-Vollversammlung die Jahre 2005 bis 2014 zur Weltdekade „Bildung für nachhaltige Entwicklung" ausgerufen. Seitdem gibt es viele nationale Aktionspläne, die die Umsetzung der Dekade regeln. Wir erhielten im Seminar neben einem Reader verschiedene Materialien, zum Beispiel den „Nationalen Aktionsplan für Deutschland 2011" (Herausgeber: Nationalkomitee der UN-Dekade „Bildung für eine nachhaltige Entwicklung"). Im Portfolio, der Prüfungsleistung dieser Veranstaltung, äußerten sich die Studierenden wie folgt dazu:

*„Ich darf ein relativ neues Bildungskonzept kennenlernen und erfahren, wie es aufgebaut ist, begründet werden kann und umgesetzt wird" (…) Interessant finde ich, dass es sich nicht nur um ein Thema handelt, dass im Unterricht behandelt werden könnte, sondern um ein Konzept, unter dem alle behandelten Themen beleuchtet werden" (Weiher 2012, S. 2).*

Bildung für eine nachhaltige Entwicklung wurde uns demzufolge nicht als „Thema" für den Sachunterricht, sondern als eine übergeordnete Orientierung für die Gestaltung von Unterricht bewusst. Das Konzept gibt die Möglichkeit, Inhalte zu begründen und aus einer sinnvollen, sowohl für die Gegenwart als auch für die Zukunft bedeutenden Perspektive zu betrachten. Das Kerncurriculum Sachunterricht (wie die bildungspolitische Vorgabe für den Sachunterricht in Niedersachsen heißt) konnte so mit einer neuen Sichtweise aufgegriffen werden: nicht als eine Liste, die abgearbeitet wird, sondern als eine Vorgabe, zu deren Ausgestaltung man selbst über ein Bildungskonzept verfügen muss. Es ist notwendig, die im Kerncurriculum gestellten Anforderungen an Schülerinnen und Schüler sinnvoll zu interpretieren und in einen Zusammenhang zu bringen. Deshalb setzten wir uns mit dem übergeordneten Ziel des Sachunterrichts, dem Erwerb von Gestaltungskompetenzen, auseinander: Schülerinnen und Schülern zu ermöglichen und dazu befähigen, selbstständig und selbstreflektiert ihr Leben und ihre Umwelt zu gestalten, schien uns als eine Voraussetzung, um Verantwortungsbewusstsein der Welt gegenüber zu entwickeln und komplexe Probleme erfolgreich zu lösen. Um das gewährleisten zu können, ist es für uns als angehende Lehrerinnen notwendig, dass wir uns diese Kompetenzen aneignen. Dafür bot das Seminar im zweiten Semester eine theoretische Grundlage, auf der wir unsere Erfahrungen reflektieren und unsere Gestaltungskompetenzen weiter entwickeln konnten. Wir verstehen dies als Prozess zu, der auch nach dem Absolvieren des Moduls fortläuft.

Uns wurde deutlich, dass neben den „klassischen" drei Dimensionen nachhaltiger Entwicklung (ökonomische, ökologische, soziale) auch eine vierte von großer Bedeutung ist: die kulturelle Dimension. Diese vier Dimensionen verstanden wir nicht nur als „Analysefeld einer nicht nachhaltigen Entwicklung" (Holz/ Stoltenberg: S. 15-34), sondern auch als „Gestaltungsfeld" einer nachhaltigen Entwicklung (ebd.). Die bewusste Auseinandersetzung mit Werten, die sich nicht vollständig von der Auseinandersetzung mit den vier Dimensionen trennen lässt, hat sehr schnell das Verhalten der Studierenden beeinflusst: Da wir in Diskussionen immer wieder der Meinung waren, dass Bildung für nachhaltige Entwicklung nicht beigebracht wird, sondern vorgelebt werden muss, tauschten zum Beispiel einige Studierende ihre Plastikflaschen durch Glasflaschen aus. Dieses veränderte Bewusstsein über eigenes Verhalten und eigene Werte und die damit verbundene Selbstreflexion ist das Resultat aus zwei Semestern des Sachunterrichtsstudiums. Wir haben gelernt, Dinge nicht nur in einem lokalen, sondern auch in einem globalen Zusammenhang zu betrachten. Das bedeutet für uns, dass wir in unserer lokalen Lebenswelt globale Beziehungen erkennen können und diese bei der Entwicklung von Gestaltungskompetenzen berücksichtigen müssen.

Unser Wissen über das Konzept „Bildung für eine nachhaltige Entwicklung" muss ständig erweitert und ergänzt werden. Der Prozess des Lernens ist fortlaufend und somit stellen sich auch nach diesem Semester Fragen, mit welchen wir im weiteren Studium arbeiten können. Diese wurden in einer Diskussion zum Ende des Seminars von den Studierenden zusammengetragen. Dazu gehörten zum Beispiel Fragen wie: Können einheitliche Werte als Grundlage für Bildung für eine nachhaltige Entwicklung für die ganze Welt vereinbart werden? Wie könnten die erforderlichen Kompetenzen für Bildung für eine nachhaltige Entwicklung auch Menschen zugänglich gemacht werden, die sich nicht mehr in der KITA, in der Schule oder im Studium befinden? Wie soll mit Kolleginnen und Kollegen, die eine ganz andere Lehrerbildung erlebt haben, zusammengearbeitet werden? Wie können wir als Lehrperson mit Eltern, die gegen dieses Konzept sind, umgehen? Alle diese Unsicherheiten verlangen vor allem Kommunikation über Bildung für eine nachhaltige Entwicklung.

In unserem dritten Semester wurde der Studiengang Sachunterricht im Bachelor-Studiengang Lehren und Lernen an der Leuphana Universität Lüneburg von der UNESCO als Projekt der UN-Dekade „Bildung für nachhaltige Entwicklung" ausgezeichnet. „Diese Auszeichnung erhalten Initiativen, die das Anliegen der weltweiten Bildungsoffensive der Vereinten Nationen vorbildlich umsetzen" (UNESCO Kommission). Für die Studierenden war das ein weiterer Anreiz, sich mit Bildung für eine nachhaltige Entwicklung zu beschäftigen. Es ist eine weitere Bestärkung dafür, dass das, was wir lernen dürfen, wirklich sinnvoll und von Bedeutung ist.

## Mit dem Konzept „Bildung für eine nachhaltige Entwicklung" arbeiten

In diesem Abschnitt geht es um die Erfahrungen in den Praxisseminaren, die wir absolviert haben. Da wir unterschiedliche Seminare besucht haben, können wir auf zwei Beispiele von Bildung für eine nachhaltige Entwicklung eingehen.

Dazu gehört das Projektseminar „Kunststoff, Plastic Planet, Verpackungen. Themen und Fragestellungen in einem integrativen Sachunterricht erschließen: exemplarisch am Gegenstandsbereich ‚Plastik'". Ziel und Aufgabe des Seminars wurden folgendermaßen angekündigt: „Das Themenfeld ‚Plastik' soll in diesem Seminar für einen Sachunterricht erschlossen werden, der Zusammenhangsdenken befördert und fachliche Zugänge mehrperspektivisch vernetzt. Die Arbeit mit sozialen, kulturellen, ökologischen und ökonomischen Dimensionen des Gegenstandes bildet dabei eine didaktische Herausforderung, der auch in der Beschäftigung mit und Weiterentwicklung von Praxisfeldern nachgegangen wird" (Sommersemester 2012: Inhaltsbeschreibung des Seminars bei mystudy.de). In den ersten Wochen des Seminars erarbeiten wir uns Kenntnisse über Plastik und Kunststoffe. Unter Hinzuziehung geeigneter Literatur lernten wir verschiedene Plastikarten, deren Herstellung, Weiterverarbeitung und Recyclingmöglichkeiten kennen und diskutierten die Vor- und Nachteile verschiedener Plastikarten. Danach wurde in kleinen Gruppen ein Unterrichtsabschnitt zum Thema „Plastik und Kunststoffe" entworfen, so wie er in einer realen Situation im Sachunterricht durchgeführt werden könnte. Dazu sollte ein Experte auf dem Gebiet Plastik und Kunststoffe interviewt werden. Der Entwurf einer Unterrichtssequenz wurde in einer Präsentation den anderen Studierenden vorgestellt.

Die erste Herausforderung bei der Erstellung des Entwurfs war die Frage: Was wollen wir eigentlich mit unserer Unterrichtseinheit erreichen? Es fiel uns schwer, ein Ziel klar zu definieren, weil wir der Meinung waren, dass alles von Bedeutung ist: Möchten wir den Kindern die chemische Zusammensetzung, die stofflichen Unterschiede und die verschiedenen Herstellungsverfahren von Kunststoffen erklären? Sollen sie lernen, welche Gegenstände unserer Umwelt aus welchen Kunststoffen bestehen und ist es wichtig, diese benennen zu können? Möchten wir, dass Kinder die große Masse an Plastik in der Umwelt erkennen? Möchten wir sie dazu anhalten, sparsam mit Plastik umzugehen oder sollen sie nach Möglichkeit gar keines mehr verwenden? Wollen wir Plastik als bedrohlich darstellen oder als tollen Werkstoff, der viel erleichtert?

Wir sind zu dem Schluss gekommen, dass das Ziel einer Unterrichtseinheit zum Thema Kunststoffe mit Bezug auf Bildung für nachhaltige Entwicklung den Kindern die Möglichkeit geben muss, mit ihrem neu erworbenen Wissen ihren zukünftigen Umgang mit Kunststoffen zu reflektieren. Dabei bleibt offen, ob und in welche Richtung sie zum Beispiel ihren Verbrauch an Plastiktüten verändern. Ihnen wird die Chance gelassen, selbst zu entscheiden und dabei selbst Verantwortung für ihr Handeln zu übernehmen.

Es fiel uns ebenfalls schwer, einzuschätzen, inwieweit die chemische Zusammensetzung von Kunststoffen von Bedeutung ist. Selbstverständlich sollte ein grober Überblick in der Unterrichtseinheit vorhanden sein, aber wie „tief" müssen wir vorgehen? Hier wurde deutlich, dass wir unsere jeweiligen Bezugsfächer und damit unsere Interessen stark als Grundlage nutzten, um zu entscheiden, was sinnvoll ist. Ein Vorteil war, dass in der Gruppe verschiedene Bezugsfächer vorhanden waren, sodass dieser Fehler schnell erkannt wurde.

Als eine Konkretisierung des Themenfelds Plastik im Sachunterricht überlegten wir Folgendes: Es soll erarbeitet werden, ob im Schulkiosk der Joghurt in konventionellen Kunststoffbechern, in Bechern aus biologisch abbaubaren Kunststoffen oder offen in Glasschalen verkauft werden soll. Hierzu müssen sich die Kinder informieren, wo die Unterschiede in den Plastikarten liegen und welche Vor- und Nachteile durch die verschiedenen Varianten entstehen. Fragen der Kinder werden entstehen und geklärt werden müssen: Wer ist für den Joghurt zuständig? Wie wirkt sich die Variante auf den Preis aus? Gibt es Hygienevorschriften für den Verkauf in Glasschalen? Wo kann man Joghurt „lose" kaufen, wer wäscht ab, wer stellt Schalen und Löffel? Was passiert, wenn Schalen zerbrechen oder verloren gehen?

Es wurde deutlich, dass zur Beantwortung dieser Fragen unterschiedliches Wissen herangezogen werden muss und dass die Kinder durch Beteiligung an der Gestaltung ihres direkten Umfelds die Möglichkeit erhalten, sich eine Meinung zu bilden, diese zu überprüfen, zu diskutieren und zu vertreten. Es ist eine Möglichkeit, Gestaltungskompetenz zu entwickeln und zu fördern.

Das zweite Projektseminar arbeitete zu der Frage „Grünes Leben im Alltag: Können wir so die Welt verbessern? Themen und Fragestellungen in einem integrativen Sachunterricht erschließen". In dieser Veranstaltung wurden mehrere Gruppen gebildet, die an problemorientierten Aufgaben arbeiteten. Die Ergebnisse wurden am Ende der gesamten Gruppe mit Hilfe von gedrehten Filmen oder angefertigten Präsentationen vorgestellt und miteinander verknüpft. Während der Bearbeitung konnten sich die Studierenden stets in Form von Blogs austauschen und sich über die derzeitigen Ergebnisse der anderen Gruppen informieren. Einige Studierende beschäftigten sich mit nachhaltiger Kleidung, manche mit nachhaltigem Spielzeug und andere mit nicht nachhaltigen Lebensmitteln bei Fast-Food-Unternehmen. Einige StudentInnen versuchten, drei Wochen lang vegetarisch bzw. vegan zu leben; sie protokollierten währenddessen ihre Erfahrungen und Empfindungen. Eine Studierendengruppe überprüfte, welche Unterschiede konventionelle und Bio-Nahrung aufweisen. Sie verbrachten ein Wochenende im Wendland, um dort Menschen zu interviewen, die ausschließlich Bio-Nahrung konsumieren. Anschließend erzählten sie, welche Vorteile und zum Teil auch welche Nachteile die Interviewten damit verbinden. Im Seminar wurde darüber diskutiert, ob für alle Menschen die Möglichkeit besteht, biologisch angebaute Nahrungsmittel zu erwerben und ob eventuell die konventionellen Lebensmittel zu günstig seien und somit die Bio-Lebensmittel den Menschen im Vergleich dazu teuer erscheinen.

In dieser Veranstaltung wurde der Blick auf verschiedene Themengebiete gerichtet, die jedoch alle miteinander verknüpft sind. Nachhaltig leben beinhaltet auch, dass Menschen in anderen Ländern und in zukünftigen Generationen nicht unter „unserer" derzeitigen Lebensweise leiden dürfen. Bestehende globale Verbindungen wurden in diesem Seminar sehr deutlich herausgearbeitet.

## Erwartungen und Wünsche an das weitere Studium

Durch die Beschäftigung mit dem Konzept Bildung für nachhaltige Entwicklung in den ersten beiden Semestern ist uns die Relevanz eines innovativen Sachunterrichts noch deutlicher geworden, sodass wir am Ende des zweiten Semesters ungefähre Erwartungen und Wünsche an das weitere Studium formulieren können.

Dazu gehört, dass wir weitere praxisbezogene Seminare besuchen möchten, um mehr Sicherheit beim Gestalten von Unterricht zu erlangen. Wir erwarten, dass wir die Möglichkeit haben, uns und unseren Lernprozess immer wieder zu reflektieren. Damit möchten wir vermeiden, wieder in die Sichtweise zurückzufallen, die wir vor dem Studium vertreten haben. Wir wünschen uns, uns weiterzuentwickeln, denn es ist uns bewusst, dass wir nie alles wissen werden und wissen können. Wir erwarten, dass wir mit den Inhalten des ersten und zweiten Semesters weiterarbeiten können. Außerdem möchten wir weitere soziale Kompetenzen erwerben. Das kann besonders durch gute Teamarbeit unter den Studierenden geschehen; deswegen hoffen wir weiterhin auf motivierte und offene Zusammenarbeit, zum Beispiel beim Verfassen von Prüfungsleistungen. Die Erwartungen an das Studium wurden auch in den Lerntagebüchern und in den Portfolios formuliert:

*„Hierzu erwarte ich im weiteren Verlauf meines Studiums Einblicke auch in die anderen Perspektiven, damit ich mir die da erwarteten und für den Unterricht notwendigen Kompetenzen aneignen kann. (Weiher 2011, S. 43).*

*„Weitergehend, unabhängig von den im Unterricht behandelten Themen möchte ich lernen, wie ich den Eltern der Schülerinnen und Schüler richtig gegenübertrete und Elterngespräche führe" (Weiher 2011, S. 13).*

*„Wie sollen wir Kindern später wichtige Themen lehren, wenn wir selber nicht genügend darüber Bescheid wissen? Deutlich wurde für mich, dass das eigene Wissen während des Studiums noch erheblich wachsen muss. Ich hoffe, dass dieses Studium neben anderen wichtigen Bereichen [...] dafür genügend Platz bietet" (Sonntag da Cruz 2011, S. 5).*

Insgesamt haben wir uns sowohl fachlich als auch persönlich weiter entwickeln können. Dazu beigetragen haben auch universitäre Veranstaltungen, die unseren Studiengang noch einmal in ein neues Licht gesetzt haben. Dazu gehört z.B. die Tagung „Bildung für eine nachhaltige Entwicklung in Schulen – Herausforderungen für die LehrerInnenbildung", die im Januar 2013 an der Leuphana Universität Lüneburg stattfand und an der Studierende partizipieren konnten. Die Möglichkeit, auf diesem Weg Vertreterinnen und Vertretern des Bildungskonzepts „Bildung für eine nachhaltige Entwicklung" und ihren innovativen Projekten zu begegnen, verhalf uns zu einem erweiterten Blick auf unseren Studiengang und auf bestehende und mögliche Netzwerke zwischen beispielsweise NGOs, Universitäten, Schulen und Vereinen.

Durch Aufbau, Struktur und Inhalte des Studiengangs Sachunterricht an der Leuphana Universität Lüneburg konnten wir eine neue Sichtweise auf den Bildungsauftrag des innovativen Sachunterrichts, dem das Konzept für Bildung für nachhaltige Entwicklung zugrunde liegt, gewinnen. Unterstützt wurde dieser Prozess durch die transdisziplinäre Arbeit des Instituts für integrative Studien, so dass wir uns fachlich und persönlich weiterentwickeln konnten und weiterhin können.

# Gute Beispiele, Bildungsnetzwerke und Materialien für eine Bildung für nachhaltige Entwicklung im Sachunterricht

## Julia Preisigke

In der Auseinandersetzung mit dem Bildungskonzept „Bildung für eine nachhaltige Entwicklung" kommt sowohl bei Studierenden als auch bei praktizierenden LehrerInnen immer wieder die Frage nach der konkreten Arbeit in der Praxis mit diesem Konzept auf. Es wird nach bereits bestehenden Erfahrungen gesucht, die die Arbeit mit diesem anspruchsvollen Konzept verdeutlichen und gute Beispiele darstellen. Dieser Wunsch besteht nicht zuletzt auch, um Impulse für die eigene Arbeit und einen Einblick in mögliche Herangehensweise zu erhalten. An dieser Stelle muss jedoch verdeutlicht werden, dass es eine Verkürzung wäre, eine Liste mit Kriterien für die Arbeit im Rahmen des Konzept „Bildung für eine nachhaltige Entwicklung" weiterzureichen. Das Bildungskonzept und sämtliche daran orientierte Materialen und good practice-Beispiele lassen sich nicht als Anleitung verstehen, nach der man die Idee einer Bildung für eine nachhaltige Entwicklung umsetzen kann. Vielmehr dient das Konzept als Orientierung für die Gestaltung von Bildungssituationen und eröffnet eine neue Perspektive, unter der Themen- und Problemfelder betrachtet werden können. Diese wiederum orientiert sich an dem ethischen Leitbild und dem daraus resultierenden Werterahmen einer nachhaltigen Entwicklung (vgl. den Beitrag von Ute Stoltenberg in diesem Band). Aus diesen Zielstellungen einer Bildung für eine nachhaltige Entwicklung resultieren wiederum Anforderungen für den Wissensaufbau und die Kompetenzentwicklung, die den Lernenden ermöglicht werden sollen. Die Theorie des Konzepts bietet den Rahmen einer inhaltlichen Ausgestaltung dieser Ziele mit Arbeitsweisen, die Gestaltungskompetenz fördern. Dennoch können bestehende Bildungsmaterialien und gute Beispiele hilfreich sein, wenn Lehrpersonen sich entschließen, sich in ihrer Arbeit an dem Konzept zu orientieren.

Im Folgenden werden einzelne Beispiele der guten Praxis vorgestellt und ihr jeweiliges Potenzial für die Arbeit mit dem Konzept einer Bildung für eine nachhaltige Entwicklung verdeutlicht.

## Gute Beispiele

Gute Beispiele im Rahmen des Konzepts einer Bildung für eine nachhaltige Entwicklung zeigen, dass die Arbeit mit dem Bildungskonzept bereits Realität ist und in den verschiedensten Bildungsbereichen stattfindet. Sie sind hilfreich, um die Scheu vor der Arbeit mit diesem Konzept zu verlieren und differenzierte Einblicke in die Herangehensweise zu erhalten. Lehrpersonen können ermutigt werden ihre eigene Arbeit unter den Perspektiven dieses Konzepts zu reflektieren und Impulse für die eigene Arbeit aufzunehmen. Good practice-Beispiele zeigen exemplarisch, welche Themen bearbeitet und welche Perspektiven eingenommen werden können. Auch potenzielle Kooperationen werden dargeboten und das Gestaltungspotenzial an Beispielen aufgezeigt. Je nach dem, wie Praxisbeispiele aufbereitet sind, bieten sie sogar die Möglichkeit, potentielle Hindernisse aufzuzeigen und Lösungswege anzubieten.

Die Arbeit mit Beispielen der guten Praxis ersetzt jedoch nicht die eigene Auseinandersetzung mit dem Konzept und den Zugängen zum Thema der gewählten Bildungssituation. Die Kenntnis der theoretischen Grundlagen ist eine Bedingung dafür, die eingenommenen Perspektiven begründen zu können. Das Gestaltungspotenzial des Themenfelds und Überlegungen zu den konkreten Grundeinsichten, die Themen bieten, müssen jeweils neu untersucht werden. Die realistischen Gestaltungsmöglichkeiten im Umfeld der Lernenden ergeben sich aus der jeweils besonderen Situation, in der Unterricht stattfindet.

An dieser Stelle sollen kurz drei gute Beispiele vorgestellt werden, die jeweils mindestens eine Auszeichnung als Dekadeprojekt der UN erhalten haben und die unterschiedliche Hinweise für die Arbeit mit dem Bildungskonzept geben.

### Klimafrühstück

Die Kontaktstelle für Umwelt und Entwicklung e.V. (KATE e.V.) in Berlin hat mit dem Angebot „Das Klimafrühstück – Wie unser Essen das Klima beeinflusst" Materialien entworfen, die einen Zusammenhang zwischen dem Nahrungsangebot in Deutschland und den weltweiten Auswirkungen dieses Konsums am Beispiel des Frühstücks herstellen (www.kate-berlin.de/klimafruehstueck). Das besondere Potenzial dieses Bildungsangebots liegt in der differenzierten Aufbereitung, die schon zwischen den Schulformen unterscheidet und auch in Bezug auf die weiteren Angebote sowohl eine sehr eigenständige Arbeitsweise der Lehrkräfte als auch eine fundierte Hilfe durch ReferentInnen anbietet. Zum einen werden Module für den Kindergarten, die Grundschule und die Sekundarstufe I angeboten, die in ihren zeitlichen und inhaltlichen Dimensionen der jeweiligen Altersgruppe entsprechen. Zum anderen gibt es drei mögliche Wege, das Projekt durchzuführen: Lehrpersonen können sich einen Leitfaden kaufen und das Klimafrühstück selbst durchführen. Es besteht auch die Möglichkeit einen „Klimakoffer" auszuleihen, in dem nicht nur der Leitfaden sondern auch weitere Materialien enthalten sind. Als dritte Variante ist es auch möglich, ein/eine ReferentIn zu buchen, die das Klimafrühstück durchführt. Dieses Material der KATE e.V. eignet sich sowohl für erfahrene Lehrpersonen als auch für Einsteiger in die Arbeit mit dem Konzept „Bildung für eine nachhaltige Entwicklung". Je nach eigenen Wissenstand und Ideen zur Durchführung kann der Leitfaden nur als Impulsgeber dienen oder die Einladung eines/ einer ReferentIn einen ersten Einstieg in die Arbeit mit dem Bildungskonzept ermöglichen. Die gesamten Materialien bieten ein gutes Beispiel für die Auseinandersetzung mit einem komplexen Problem, das einen lokalen und globalen Bezug hat und Gestaltungspotenzial aufweist. Des Weiteren wird gezeigt, wie das traditionelle Projekt eines „gesunden Frühstücks" hin zu einem „nachhaltigen Frühstück" weitergeführt werden kann.

### Sevengardens

Der gemeinnützige Verein avatus e.V. hat mit „Sevengardens" eine global agierende Netzwerkinitiative gegründet (www.sevengardens.eu). Die Gewinnung von Naturfarben aus Färberpflanzen ist der Ausgangspunkt für einen kulturellen und ästhetischen Zugang zu ökologischen Zusammenhängen. Es soll kulturelles Erbe, z. B. das Wissen um alte Handwerkstechniken, erhalten werden und ein Verständnis für Bedingungen Fairen Handels gefördert werden. Dazu werden nicht nur Färbergärten und -werkstätten in Deutschland eingerichtet, sondern ebenfalls international, um regionale Kultur zu erhalten, wertzuschätzen, aber auch um eine Lebensgrundlage zu bieten. Dies geschieht im Sinne der UNESCO-Konvention zum Erhalt der Vielfalt kultureller Ausdrucksformen (vgl. UNESCO 2005a).

Das besondere Potenzial der „Sevengardens" besteht in der Idee eines Netzwerks, das innerhalb Deutschlands aktiv arbeitet und gleichzeitig globale Bezüge herstellt und weltweite Zusammenarbeit ermöglicht. Lehrpersonen, die sich mit ihren SchülerInnen engagieren und beteiligen wollen, können lokal aktiv werden und die internationalen Verbindungen des Netzwerkes nutzen, das unter anderem die Zusammenarbeit der Projekte untereinander unterstützt. Sevengardens ermöglicht zudem einen weltweiten Erfahrungsaustausch durch die Ausbildung von MultiplikatorInnen, LehrerInnen-Fortbildungen, KünstlerInnen-Partnerschaften, die Einrichtung von Lern- und Erlebnisorten, z. B. in Museen, Freizeiteinrichtungen und durch Austauschprojekte. Des Weiteren werden Informationsmaterialien erstellt und Begegnungs-, Kultur- und Informationsveranstaltungen organisiert.

## Aqua-Agenten

Das von der Michael Otto Stiftung initiierte Bildungsangebot „Aqua-Agenten – Mission Wasser" zeichnet sich durch die zahlreichen Akteure aus, die an der Realisierung dieses in Hamburg angesiedelten Projekts beteiligt sind (www.aqua-agenten. de). Institutionen aus Bildung und Wissenschaft, Wirtschaft und Naturschutz haben ein Bildungsprojekt zum Thema Wasser entwickelt, das SchülerInnen der dritten und vierten Klassen ein Grundverständnis für ökologische, ökonomische, soziale und kulturelle Zusammenhänge eröffnen soll. Die SchülerInnen erlangen ein Bewusstsein für das eigene Handeln und seine Konsequenzen und werden motiviert, sich aktiv für eine lebenswerte Zukunft einzusetzen und andere zu ermutigen mitzumachen. Den Aqua-Agenten-Koffer erhalten Lehrkräfte in Hamburg im Rahmen einer Fortbildung, die sie mit dem Konzept und der Perspektive einer nachhaltigen Entwicklung und der Idee des Bildungsmaterials vertraut macht. Der Koffer enthält ein Lehrerbegleitheft und Materialien für SchülerInnen, mit denen diese direkt arbeiten können. Für die SchülerInnen gilt es, 38 „Agentenaufträge" zu bearbeiten, um am Schluss ein Wasser-Experte zu werden. Als besondere Maßnahme zur Fortführung der Ideen, die sich während der Auseinandersetzung mit dem Themenbereich Wasser ergeben, bietet die Michael Otto Stiftung das Förderprogramm „aquaprojekte", das Anschlussprojekte finanziell unterstützt. Im Grundkonzept sind keine Exkursionen angelegt, allerdings bieten die Materialien Ideen, welche Orte in Hamburg als Ziel eines außerschulischen Projekttages angesteuert werden könnten, es gibt auch die Möglichkeit einer finanzielle Förderung. Diese Ideen wiederum sind übertragbar auf andere Regionen, die vorgeschlagenen Institutionen sind exemplarisch für die Beschäftigung mit dem Themenfeld Wasser. In diesem Sinne ist das gesamte Konzept der Aqua-Agenten modellhaft für die Auseinandersetzung mit einem Themenfeld im Rahmen der Arbeit mit dem Konzept einer Bildung für eine nachhaltige Entwicklung. Es handelt sich hier um ein Beispiel der guten Praxis vor dem Hintergrund der Entwicklung einer Bildungslandschaft (vgl. den Beitrag von Susanne Offen in diesem Band).

## Bildungsmaterialien

Im Rahmen der UN-Dekade „Bildung für nachhaltige Entwicklung 2005-2014" wurden vielfältige Materialen im Sinne des Bildungskonzepts entwickelt und u.a. im bne portal (www.bne-portal.de) strukturiert veröffentlicht. Es werden nicht nur Materialien zu den jeweiligen einzelnen Jahresthemen der Dekade (vgl. den Beitrag von Ute Stoltenberg in diesem Band) veröffentlicht, vielmehr können Lehrende nach Materialien zu weiteren Themen, auch bezogen auf den jeweiligen Bildungsbereich, und hinsichtlich des Formats suchen. Alle Materialien, unabhängig davon, ob es sich um Lehrbücher, Projektideen, Computerspiele, Arbeitsblätter oder gesamte Unterrichtseinheiten handelt, sollten immer als exemplarische Beispiele betrachtet werden, die ergänzt oder angepasst werden müssen. Auch die Durchsicht verschiedener Materialien ersetzt nicht die Kenntnis der theoretischen Grundlagen einer nachhaltigen Entwicklung und der entsprechenden Ansätze des Bildungskonzepts. Es besteht die Chance für die Lehrkräfte, ihr eigenes Unterrichtskonzept und -material unter der Perspektive nachhaltiger Entwicklung neu denken und neue Perspektiven an bekannten Themen zu entdecken. Vielfältige Materialien werden von wissenschaftlichen Institutionen, aber auch Bundes- und Länderministerien, Nichtregierungsorganisationen, im Bereich der Umwelt- und Entwicklungszusammenarbeit, von privatwirtschaftlichen Akteuren oder öffentlichen Einrichtungen auf lokaler Ebene und globalen Institutionen wie der UNESCO veröffentlicht.

Ein besonderes Potenzial von bereits erstellten Materialien liegt in der Chance, die Perspektiven unterschiedlicher Akteure zusammenführen zu können. Wird eine Recherche zum Thema ‚Holz' durchgeführt, so lassen sich zum Beispiel Materialien vom Bundesamt für Naturschutz als auch von der Holzwirtschaft finden. Die Lehrpersonen als Rezipienten können so eine breite Expertise mit zum Teil kontroversen Sichtweisen einzubeziehen. Es werden auch Materialien direkt für die SchülerInnen erstellt; hier bietet sich die Möglichkeit, die Kinder nicht nur mit diesen Angeboten arbeiten, sondern diese auch zu bewerten zu lassen. Beispielhaft sind hier die Materialien von OroVerde, einer gemeinnützigen Stiftung, die sich den Schutz der Tropenwälder zur Aufgabe gemacht hat (www.oroverde.de). Die Stiftung bietet nicht nur Unterrichtsmaterialien für LehrerInnen und Kinder, sondern auch einen eigenen Bereich für Kinder auf ihrer Homepage. In diesem Bereich steht Sachwissen zu Tropenwäldern zur Verfügung, es werden Wettbewerbe beworben und Anreiz zu Aktionen gegeben. Letzteres bietet vielfältige Ideen für die Gestaltungsmöglichkeiten von Kindern, sowohl individuell als auch im Klassenverband und motivieren, dass erlangte Wissen in eine aktive Gestaltung der Mitwelt umzusetzen.

## Netzwerke

Die Gründung von Netzwerken geht auf den Wunsch nach mehr Kommunikation zwischen jenen PartnerInnen zurück, die dieselben Tätigkeiten ausführen oder Aufgabenfelder bearbeiten. Im Rahmen einer Bildung für eine nachhaltige Entwicklung bedeutet dies, dass Institutionen, einzelne Schulen oder Bildungsträger sich über die Arbeit mit dem Bildungskonzept austauschen, von Erfahrungen berichten und gemeinsam versuchen Hindernisse abzubauen. Dabei können die Akteure nicht nur voneinander lernen und sich gegenseitig unterstützen und Impulse geben, vielmehr kann es gemeinsam auch zu einem Engagement kommen, das bildungspolitische Veränderungen anstrebt. Die Kommunikation untereinander zeigt zunächst aber auch, wie man in der derzeitigen bildungspolitischen Lage mit dem Konzept arbeiten kann und macht Mut für die weitere Arbeit aller Beteiligten.

Als großes institutionelles Netzwerk lässt sich das der UNESCO-Projektschulen nennen (www.ups-schulen.de), die das Ziel der UNESCO, die Förderung internationaler Verständigung und Zusammenarbeit, verfolgen. Die teilnehmenden Schulen zeichnen sich durch diesen gemeinsamen Werterahmen aus: Im Rahmen von Bildung für eine nachhaltige Entwicklung soll durch Menschenrechtsbildung, Demokratiebildung, interkulturelles und globales Lernen, Umweltbildung und Bildung in Zusammenhang mit dem UNESCO-Weltkulturerbe eine „Kultur des Friedens" entwickelt werden. Dabei orientieren sich die Lehrpersonen an offenen, projektorientierten Arbeitsweisen, die Partizipation und Aktion der Lernenden in den Vordergrund stellt. Die Anerkennung der Schulen als UNESCO-Projektschule und die daraus resultierende Mitarbeit im Netzwerk fordert unter anderem die Erstellung eines Schulprogramms und die regelmäßige Kommunikation von Aktionen an alle Schulmitglieder und Eltern. Des Weiteren unterhalten die Schulen untereinander aktiv Kontakt, auch über neue Medien. Dieser wird auch durch das Netzwerk unterstützt, welches über Mailinglisten, Tagungen und Newsletter den Informationsfluss zwischen den Projektschulen garantiert. Außerdem werden Anregungen und Materialien über das Netzwerk angeboten und es wird eine Plattform für Aktionen, zum Beispiel Partnerschaftsprojekte, Seminare, Tagungen, Austauschprogramme und Projekttage, geboten. Die Projektschulen sind zur kontinuierlichen Mitarbeit im Netzwerk angehalten, der Implementierungsprozess der Leitlinien der UNESCO kann durch diesen Austausch und die Kooperation entscheidend vorangebracht werden. Das besondere Potenzial dieses Netzwerks ergibt sich aus der regen Kommunikation untereinander, die Schulen arbeiten alle im Rahmen desselben Leitbildes und können so im Rahmen dessen Erfahrungen austauschen und sich gegenseitig mit dem bereits erlangten Wissen unterstützen und motivieren.

Ein regionales Bespiel für ein gelungenes Netzwerk bieten die „Nachhaltigen Schülerfirmen in Niedersachsen" (www.bne.niedersachsen.de). Seit 2004 wurden in Niedersachsen 400 „Nachhaltige Schülerfirmen" (NaSch) und 50 „Nachhaltige Schülergenossenschaften" (NaGeno) gegründet. Im Rahmen des Netzwerks stehen 20 RegionalkoordinatorInnen in Arbeitskreisen zur Verfügung. Sie beraten die SchülerInnen von der Planung bis zur Umsetzung ihrer Idee einer Firma und betreuen sie auch im Anschluss weiterhin. Des Weiteren werden Workshops zu verschiedenen Themen, wie zum Beispiel Marketing, Buchführung etc. angeboten. Auch wirtschaftliche und rechtliche Fragen werden im Rahmen des Netzwerkes für Lehrpersonen und SchülerInnen aufbereitet. Dabei wird auch die besondere Rolle einer Genossenschaft als Wirtschaftsform thematisiert . Das besondere Potenzial dieses Netzwerks besteht in der guten Betreuung der engagierten und motivierten SchülerInnen und LehrerInnen, die durch die Unterstützung ihre Ideen in die Tat umsetzen und dabei auf den vorhandenen Wissensbestand und die Kontakte zu genossenschaftlichen Unternehmen und des regional organisierten Genossenschaftsverbands zurückgreifen können.

Abschließend sollen an dieser Stelle noch zwei weitere Netzwerkinitiativen vorgestellt werden, welche sich nicht auf die schulische Praxis sondern auf LehrerInnenbildung richten. Das „UNESCO Network on Reorientation of Teacher Education towards Sustainability", das bei dem UNESCO-Chair mit dem gleichnamigen Titel bei Prof. Charles Hopkins, Toronto, angesiedelt ist, bietet eine Plattform für Austausch und gemeinsame Aktivitäten von Institutionen der LehrerInnenbildung und publiziert im Rahmen der UNESCO konzeptionelle Paper zu LehrerInnenbildung für eine nachhaltige Entwicklung (vgl. UNESCO 2012, 2005). Am letzten Kongress in Toronto nahmen Institutionen aus über 70 Nationen teil. Im Sinne dieses Netzwerks wird derzeit ein „Deutschsprachiges Netzwerk LehrerInnenbildung für eine nachhaltige Entwicklung" aufgebaut. Dieses ist an der Leuphana Universität Lüneburg angesiedelt. In diesem Netzwerk arbeiten bisher Hochschulen und andere Institutionen der LehrerInnenbildung aus Deutschland, Österreich und der Schweiz zusammen. Damit soll die Arbeit mit dem Konzept „Bildung für eine nachhaltige Entwicklung" in der LehrerInnenbildung angeregt, unterstützt und ausgebaut werden.

# Literaturverzeichnis

Ackermann, Paul/ Breit, Gotthart/ Cremer, Will/ Massing, Peter (2010): Politikdidaktik kurzgefasst. 13 Planungsfragen für den Unterricht. Schwalbach/Ts.

Albers, Olaf/ Broux, Arno (1999): Zukunftswerkstatt und Szenariotechnik. Ein Methodenbuch für Schule und Hochschule. Weinheim

Andersson, Björn/ Wallin, Anita (2000): Students' understanding of the Greenhouse Effect, the social consequences of reducing $CO_2$ emissions and the problem of Ozone layer depletion. In Journal of Research in Science Teaching, 37(10), pp. 1096-1111

Aristoteles (1995): Philosophische Schriften. Physik. Vorlesung über die Natur, Bd. 6. Hamburg

Asmussen, Sören (2012): Lernen im Science-Center am Beispiel Phänomenta – Eine explorative Fragebogenuntersuchung zur Perspektive von Lehrerinnen und Lehrern. In: Dernbach, Beatrice/ Kleinert, Christian/ Münder, Herbert (Hrsg.): Handbuch Wissenschaftskommunikation. Wiesbaden

Asmussen, Sören/ Löw Beer, David (2012): Teilhabe durch Fachlichkeit. Erste Grundzüge einer Konzeption ökonomischer Bildung im Sachunterricht. In: Widerstreit Sachunterricht, Ausgabe Nr. 18. [30. 06. 2013] (www.widerstreit-sachunterricht.de/ebeneI/superworte/oekonom/loew_asmussen.pdf)

Assmann, Aleida (1999): Erinnerungsräume. Formen und Wandlungen des kulturellen Gedächtnisses. München

Assmann, Jan (2000): Religion und kulturelles Gedächtnis. München

Barth, Matthias (2008): Das Lernen mit Neuen Medien als Ansatz zur Vermittlung von Gestaltungskompetenz. In: Bormann Inka/ de Haan, Gerhard (Hrsg.): Kompetenzen der Bildung für nachhaltige Entwicklung. Operationalisierung, Messung, Rahmenbedingungen, Befunde. Wiesbaden, S. 199-213

Barthes, Roland (1964): Mythen des Alltags. Frankfurt a. M.

Beck, Ulrich/ Lau, Christoph/ Bonß, Wolfgang (2004): Entgrenzung und Entscheidung: Was ist neu an der Theorie reflexiver Modernisierung? Frankfurt a. M.

Belke, Benno/ Leder, Helmut (2006): Annahmen eines Modells der ästhetischen Erfahrung aus kognitionspsychologischer Perspektive. In: Sonderforschungsbereich 626 (Hrsg.): Ästhetische Erfahrung: Gegenstände, Konzepte, Geschichtlichkeit. Berlin

Berger, Peter L./ Luckmann, Thomas (1969): Die gesellschaftliche Konstruktion der Wirklichkeit. Eine Theorie der Wissenssoziologie. Frankfurt a. M.

Berti, Anna E./ Bombi, Anna S. (1988): The child's construction of economics. Cambridge

Berti, Anna E./ Grivet, A. (1990): The development of economic reasoning in children from 8 to 13 years old: Price mechanismn. In: Contributi di Psicologia, 3, pp. 37-47

Bertschy, Franziska/ Gingins, Francois/ Künzli, Christine/ Di Giulio, Antonietta/ Kaufmann-Hayoz, Ruth (2007): Bildung für eine Nachhaltige Entwicklung in der Grundschule. Schlussbericht zum Expertenmandat der EDK: ‚'Nachhaltige Entwicklung in der Grundschulausbildung – Begriffsklärung und Adaption' (http://www.edk.ch/PDF_Downloads/BNE/BNE_Schlussbericht_2007_d.pdf)

Biesecker, Adelheid (2009): Vorsorgendes Wirtschaften als Alternative. In: Friedrich-Ebert-Stiftung (Hrsg.): Antworten aus der feministischen Ökonomie auf die globale Wirtschafts- und Finanzkrise. Tagungsdokumentation. S. 32-48

Birke, Franziska/ Seeber, Günther (2011): Using a Fox to Guard the Geese? A German Debate on the Purposes of Economic Education in Relation to Sustainability and the Role of Values. In: Citizenship, Social and Economics Education, Jg. 10, No. 2-3, pp. 170-181

Bleckmann, Peter/ Schmidt, Volker unter Mitarbeit von Mindermann, Florian/ Wippler, Marlen (Hrsg.) (2012): Bildungslandschaften. Mehr Chancen für alle. Wiesbaden

Blömeke, Sigrid/ Kaiser, Gabriele/ Lehmann, Rainer (Hrsg.) (2010): TEDS-M 2008. Professionelle Kompetenz und Lerngelegenheiten angehender Primarstufenlehrkräfte im internationalen Vergleich. Münster

Bockhorst, Hildegard/ Reinwand, Vanessa-Isabelle/ Zacharias, Wolfgang (Hrsg.) (2012): Handbuch Kulturelle Bildung. Schriftenreihe Kulturelle Bildung. München

Bord, Richard/ Fisher, Ann/ O'Connor, Edward (1998): Public perceptions of global warming: United States and internatiional perspectives. In: Climate Research, 11, pp. 75-84

Bormann, Inka/ de Haan, Gerhard de (Hrsg.) (2008): Kompetenzen der Bildung für nachhaltige Entwicklung: Operationalisierung, Messung, Rahmenbedingungen, Befunde. Wiesbaden

Both, Kees (1994): Weltorientierung in den Niederlanden. In: Lauterbach, Roland et al. (Hrsg.): Curriculum Sachunterricht (Probleme und Perspektiven des Sachunterrichts, 5). Kiel, S. 51-70

Bourdieu, Pierre (1992): Die verborgenen Mechanismen der Macht. Hamburg

Boyes, Edward/ Stanisstreet, Martin (1993): The Greenhouse-Effect – Childrens Perceptions of Causes, Consequences and Cures. In: International Journal of Science Education, 15(5), pp. 531-552

Brecht, Bertold (1989) [1957]: Schriften zum Theater. Frankfurt a. M.

Breyer, Friedrich (2008): Die Chancen der Sozialen Marktwirtschaft und die Rolle der Ökonomen. In: Perspektiven der Wirtschaftspolitik, 9(2), S. 125-138

Brezowar, Gabriela/ Mair, Michael/ Olsowski, Gunter/ Zumbach, Jörg (2012): Problem-Based Learning im Dialog. Anwendungsbeispiele und Forschungsergebnisse aus dem deutschsprachigen Raum. Wien

Brüning, Barbara (2001): Philosophieren in der Grundschule. Grundlagen, Methoden, Anregungen. Berlin

Bund ökologischer Landwirtschaft (BÖLW) (2012): Zahlen, Daten, Fakten. Die Biobranche 2011. (www.boelw.de/uploads/media/pdf/Dokumentation/Zahlen__Daten__Fakten/ ZDF2011.pdf) [30. 06. 2013]

Bundesregierung (2012): Nationale Nachhaltigkeitsstrategie. Fortschrittsbericht 2012. Berlin

Burke, Kenneth (1966): Language as Symbolic Action. Berkeley

Bögeholz, Susanne (1999): Qualitäten primärer Naturerfahrung und ihr Zusammenhang mit Umweltwissen und Umwelthandeln. Opladen

Böke-Englert, Kristin (2011): Lerntagebuch zum Seminar „Unsere Erde – für Kinder" aus dem Wintersemester. Lüneburg (unveröffentlicht)

Calabrese Barton, Angela/ Ermer, Jason L./ Burkett, Tanahia A./Osborne, Margery D. (2003): Teaching Science for Social Justice. New York

Common, Michael/ Stagl, Sigrid (2005): Ecological Economics: an Introduction. Cambridge

Conrads, Nicole (2011): Erwerb von Modellkompetenz als Bildungsziel des Sachunterrichts. In: Widerstreit Sachunterricht, Ausgabe Nr.17 (www.widerstreit-sachunterricht.de) [27. 06. 2013]

Csikszentmihalyi, Mihaly/ Rochberg- Halton, Eugene (1989): Der Sinn der Dinge. München

Daly, Hermann E. (1992): Allocation, Distrtibution, and Scale: Towards an Economics that is Efficent, Just, and Sustainable. In: Ecological Economics, 6 pp. 185-193

Daum, Egbert (1999): Lebensorientierung und Lernen – Neue Aufgaben für Schule und Unterricht. In: Frohne, Irene (Hrsg.): Sinn- und Wertorientierung in der Grundschule. Bad Heilbrunn, S. 77-96

Davies, Ian (2010): Political Literacy – Entwicklung politischer Urteils- und Handlungsfähigkeit an britischen Schulen. In: Geissler, Christian (Hrsg.): Elemente einer zeitgemäßen historisch-politischen Bildung. Berlin, S. 73-93

Davies, Ian (2008): Political Literacy. In: James; Arthur/ Davies, Ian/ Hahn Carole(ed.): SAGE Handbook of Education for Citizenship and Democracy. London, pp. 377-387

Davies, Ian/ Pitt, James (2010): Sustainable Democracy: Issues, Challenges and Proposals for Citizenship Education in an Age of Climate Change. In: Kagawa, Fumiyo/ Selby, David (ed.): Education and Climate Change: Living and Learning in Interesting Times. Abingdon; Cheltenham, Glos (UK), pp. 125-140

Die 12 Veränderer. (www.ueber-lebenskunst.org/schule/projekte/die-12-veraenderer) [30.06.2013]

DJI (Deutsches Jugendinstitut) (2007-2010): Projekt: Lokale Bildungslandschaften in Kooperation von Ganztagsschule und Jugendhilfe. (http://www.ww.dji.de/cgi- bin/projekte/output.php?projekt=596) [24. 06. 2013]

DKJS (Deutsche Kinder- und Jugendstiftung)/ Hasse, Claudia (2012): Wie geht's zur Bildungslandschaft? Die wichtigsten Schritte und Tipps. Ein Praxishandbuch. Seelze

Duit, Reinders/ Gropengießer, Harald/ Kattmann, Ulrich (2005): Towards science education research that is relevant for improving practice: The model of educational reconstruction. In: Fischer, H. (ed.): Developing standards in research on science education – the ESERA Summer School 2004. London

Duit, Reinders/ Treagust, David (1998): Learning in science – From behaviourism towards social constructivism and beyond. In: International handbook of science education, pp. 3-25

Duit, Reinders/ Treagust, David (2003): Conceptual change: a powerful framework for improving science teaching and learning. In: International Journal of Science Education, 25(6), pp. 671-688

During, Simon (2007): The cultural studies reader. London

Eco, Umberto (1994): Im Wald der Fiktionen. Sechs Streifzüge durch die Literatur; Harvard-Vorlesungen (Norton lectures 1992 – 93). München

Ehlers, Eckart/ Krafft, Thomas (2006): Earth System Science in the Anthropocene. Heidelberg

Ekborg, Margareta/ Areskoug, Martin (2006): How students teacher's understanding of the greenhouse effect develops during a teacher education programme. In: NorDiNa(5), pp. 17-29

Engdahl, Ingrid/ Rabusicova, Milada (2011): Children's Voices about the State of the Earth. In: International Journal of Early Childhood, 43 (2), pp. 153-176

Engelhardt, Wolf/ Stoltenberg, Ute (Hrsg.) (2002): Die Welt zur Heimat machen? Bad Heilbrunn

Engelhardt, Wolf/ Stoltenberg, Ute (2002): Die Welt zur Heimat machen? – mehr als nur eine Frage. In: Engelhardt, Wolf/ Stoltenberg, Ute (Hrsg.): Die Welt zur Heimat machen?, Bad Heilbrunn, S. 121-26

Faust-Siehl, Gabriele (1996): Welterkundung statt Sachunterricht. In: Die Grundschulzeitschrift. H. 93, S. 60-64

Feige, Bernd (2004): Der Sachunterricht und seine Konzeptionen. Bad Heilbrunn

Feynman, Richard (2001) [1963]: Vorlesungen über Physik. Band I: Mechanik, Strahlung, Wärme. München

Fischer, Miriam/ Rieck, Karen/ Schoormans, Gesa/ Sommer, Cornelia/ Bayrhuber, Horst (Hrsg.) (2006): Unsere Erde: Für Kinder, die die Welt verstehen wollen. Seelze

Frank, Sandra/ Sliwka, Anne/ Zentner, Sandra (2009): Service Learning – Lernen durch Engagement. In: Edelstein, Wolfgang/ Sliwka, Anne (Hrsg.): Praxisbuch Demokratiepädagogik – Sechs Bausteine für die Unterrichtsgestaltung und den Schulalltag. Weinheim; Basel, S. 151-192

Freeman, Mark (1993): Rewriting the self. History, memory, narrative. London

Friedrich, Rainer/ Quinet, Emile (2011): External costs of transport in Europe. In: Palma, André de/ Lindsey, Robin/ Quinet, Emile/ Vickerman, Roger (ed.): A Handbook of Transport Economics. Cheltenham; Glos (UK), pp. 369-395

Furth, Hans (1980): The world of grown-ups. New York

Galilei, Galileo (2007) [1638]: Unterredungen und mathematische Demonstrationen über zwei neue Wissenszweige, die Mechanik und die Fallgesetzte betreffend. Frankfurt a. M.

Gallese, Vittorio/ Lakoff, George (2005): The brain's concepts: The role of the sensory-motor system in conceptual knowledge. In: Cognitive Neuropsychology, 21(0), pp. 1-26

Gardner, Gerald/ Stern, Paul (2002): Environmental Problems and Human Behaviour. Boston

GDSU – Gesellschaft für Didaktik des Sachunterrichts e.V. (Hrsg.) (2013): Perspektivrahmen Sachunterricht. Bad Heilbrunn

GDSU – Gesellschaft für Didaktik des Sachunterrichts e.V. (Hrsg.) (2010): Sachunterricht in Schule und Lehrerbildung. (www.gdsu.de/wb/pages/sachunterricht-in-der-grundschule-und-in-der-lehrerbildung.php#_ftn1) [24. 06. 2013]

GDSU – Gesellschaft für Didaktik des Sachunterrichts e.V. (Hrsg.) (2002): Perspektivrahmen Sachunterricht. Bad Heilbrunn

Gebauer, Gunter/ Wulf, Christoph (1993): Mimesis. Kultur – Kunst – Gesellschaft. Reinbek

Glasser, Harold (2007): Minding the gap: The role of social learning in linking our stated desire for a more sustainable world to our everyday actions and politics. In: Wals, Arjen E.J. (ed.) (2007): Social Learning Towards a Sustainable World. Wageningen, pp. 35-62

Godemann, Jasmin/ Stoltenberg, Ute (2004): Subjektive Theorien und biographische Erfahrungen im Professionalisierungsprozess von Lehrkräften – am Beispiel von Umweltbildung. In: Hartinger, Andreas/ Fölling-Albers, Maria (Hrsg.): Lehrerkompetenzen für den Sachunterricht. Bad Heilbrunn, S. 67-77

Gore, Al (2006): An Inconvenient Truth: The Planetary Emergency of Global Warming and What We Can Do About It. New York

Grammes, Tilmann (1995): Brücken von der Mikro- zur Makrowelt. In: Massing, Peter/ Weißeno, Georg (Hrsg.): Politik als Kern der politischen Bildung. Wege zur Überwindung unpolitischen Politikunterrichts. Opladen, S. 133-159

Gropengießer, Harald (2007): Theorie des erfahrungsbasierten Verstehens [Experientialism]. In: Krüger, Dirk/ Vogt, Helmut (Hrsg.): Theorien in der biologiedidaktischen Forschung. Berlin; Heidelberg

Gropengießer, Harald (2003): Lebenswelten, Denkwelten, Sprechwelten: Wie man Schülervorstellungen verstehen kann. Oldenburg

Grossberg, Lawrence/ Nelson, Cary/ Treichler, Paula A. (1992): Cultural Studies. New York de Haan, Gerhard (2008): Gestaltungskompetenz als Kompetenzkonzept der Bildung für nachhaltige Entwicklung. In: Bormann, Inka/ de Haan, Gerhard (Hrsg.): Kompetenzen der Bildung für nachhaltige Entwicklung: Operationalisierung, Messung, Rahmenbedingungen, Befunde. Wiesbaden, S. 23-43

de Haan, Gerhard (2004): Politische Bildung für Nachhaltigkeit. In: Aus Politik und Zeitgeschichte, S. 7-8

de Haan, Gerhard (2002): Die Kernthemen der Bildung für eine nachhaltige Entwicklung. In: ZEP. Zeitschrift für internationale Bildungsforschung und Entwicklungspädagogik, 25(1): „Rio + 10. 10 Jahren nach dem Weltgipfel", S. 13-20

de Haan, Gerhard / Kamp, Georg/ Lerch, Achim/ Martignon, Laura/ Müller-Christ, Georg/ Nutzinger, Hans-G. (2008): Nachhaltigkeit und Gerechtigkeit. Grundlagen und schulpraktische Konsequenzen. Berlin

Habermas, Jürgen (1981): Theorie des kommunikativen Handelns. Frankfurt a. M.

Halbwachs, Maurice (1967): Das kollektive Gedächtnis. Stuttgart

Harrison, Alan/ Treagust, David (2006): Teaching and Learning with Analogies – Friend or Foe. In: Aubusson, Peter J./ Harrison, Allan G./ Ritchie, Stephen M. (ed.): Metaphor and analogy in science education. Dordrecht, pp. 11-24

Hart, Roger (2012): Foreword. In: Hayward, Bronwyn: Children, Citizenship and Environment. Nurturing a democratic imagination in a changing world. London; New York

Hauenschild, Katrin/ Bolscho, Dietmar (2009): Bildung für nachhaltige Entwicklung in der Schule: ein Studienbuch. Umweltbildung und Zukunftsfähigkeit. Frankfurt a. M.

Hauenschild, Katrin/ Bolscho, Dietmar (2005): Bildung für nachhaltige Entwicklung in der Schule: ein Studienbuch. Frankfurt a. M.

Hauff, Volker (Hrsg.) (1987): Unsere gemeinsame Zukunft. Der Brundtland-Bericht der Weltkommission für Umwelt und Entwicklung. Greven

Hedtke, Reinhold (2008): Sozialwissenschaftliche Bildung. In: Hedtke, Reinhold/ Weber, Birgit (Hrsg.): Wörterbuch ökonomische Bildung. Schwalbach/Ts., S. 298

Hentschel, Klaus (2010): Die Funktion von Analogien in den Naturwissenschaften, auch in Abgrenzung zu Metaphern und Modellen. In: ders. (Hrsg.): Analogien in Naturwissenschaften, Medizin und Technik. Stuttgart

Hepp, Andreas/ Krotz, Friedrich/ Thomas, Tanja (2009): Schlüsselwerke der Cultural Studies. Wiesbaden

Hertz, Heinrich (1894): Die Prinzipien der Mechanik in neuem Zusammenhang dargestellt. Leipzig

Hesse, Joseph/ Anderson, Charles (1992): Students' conceptions of chemical change. In: Journal of Research in Science Teaching, 29(3), pp. 277-299

Hierdeis, Helmwart/ Hug, Theo (Hrsg.) (1992): Pädagogische Alltagstheorien und erziehungswissenschaftliche Theorien. Bad Heilbrunn

Heydorn, Heinz J. (1980): Zu einer Neufassung des Bildungsbegriffs. In: ders.: Ungleichheit für alle. Bildungstheoretische Schriften Bd. 3, Frankfurt a.M.

Hildebrandt, Kristin (2006): Die Wirkung systemeatischer Darstellungsformen und multiperspektivischer Wissenspräsentationen auf das Verständnis des globalen Kohlenstoffkreislaufs. Dissertation, Kiel (download: http://eldiss.uni-kiel.de/ macau/receive/dissertaion_diss_2412

Hiller, Gotthilf Gerhard/ Popp, Walter (1994): Unterricht als produktive Irritation – oder: Zur Aktualität des Mehrperspektivischen Unterrichts (MPU). In: Duncker, Ludwig/ Popp, Walter (Hrsg.): Kind und Sache. Weinheim; München, S. 93-115

Hilpinen, Risto (1995): Belief Systems as Artifacts. In: The Monist, 78, pp. 136–155

Hollenstein, Erich/ Kollmann, Thomas (2010): Stadtteilarbeit und Wohnraumspekulation. Wie lässt sich Widerstand organisieren? In: Soziale Arbeit – Kompetenzen von Lehramtsstudierenden in gering strukturierten Domänen: Erste Ergebnisse aus TEDS-LT, 59(8), S. 302-312

Holz, Verena (2010): Meeting the challenges of global change: the significance of cultural questions to Education for Sustainable Development – theoretical approaches and practical experience. In: Lifelong Learning and Active Citizenship. London

Holz, Verena/ Stoltenberg, Ute (2011): Mit dem kulturellen Blick auf den Weg zu einer nachhaltigen Entwicklung. In: Sorgo, Gabriele: Die unsichtbare Dimension. Bildung für nachhaltige Entwicklung im kulturellen Prozess. Wien

Houghton, John (2002): Physics of the Atmospheres. Cambridge

Höges, Clemens/ Jung, Alexander/ Laub, Malte/ Schiessl, Michaela/ Traufetter, Gerald (2012): Hunger hoch vier. In: Der SPIEGEL, 34/2012, S. 64-65

Iser, Wolfgang (1991): Das Fiktive und das Imaginäre: Perspektiven literarischer Anthropologie. Frankfurt a.M.

Jahoda, Gustav/ France, Anatole (1979): The construction of economic reality by some Glaswegian children. In: European Journal of Social Psychology, 9, pp. 115-127

Jeffries, Howard/ Boyes, Edward/ Stanisstreet, Martin (2001): Knowledge about the Greenhouse Effect: Have college students improved? In: Research in Science & Technological Education, 19(2), pp. 205-221

Jevons, William S. (1866): The Coal Question: An Inquiry Concerning the Progress of the Nation, and the Probable Exhaustion of Our Coal-Mines. London

JFMK und KMK (2009): Den Übergang von der Tageseinrichtung für Kinder in die Grundschule sinnvoll und wirksam gestalten – Das Zusammenwirken von Elementarbereich und Primarstufe optimieren. [27.06.2013] (www.kmk.org/fileadmin/veroeffentlichungen_Beschluesse/2010/2010_06_18-Uebergang_Tageseinrichtungen-Grundschule.pdf)

JMK und KMK (2004): Gemeinsamer Rahmen der Länder für die frühe Bildung in Kindertageseinrichtungen. [27. 06. 2013] (www.kmk.org/fileadmin/veroeffentlichungen_Beschluesse/2004/2004_06_03-Fruehe-Bildung-Kindertageseinrichtungen.pdf)

Joas, Hans (1992): Die Kreativität des Handelns. Frankfurt a. M.

Johann, David (2011): Spielregeln und AkteurInnen: Politisches Wissen als Ressource politischer Partizipation. In: Österreichische Zeitschrift für Politikwissenschaft (ÖZP), 40(4), S. 377-394

Johnson, Marc (1987): The body in the mind – the bodily basis of meaning, imagination, and reason. Chicago

Jung, Eberhard (2009): Partizipationskompetenz: Bildungsziel der Ökonomischen Bildung. In: Seeber, Günther (Hrsg.): Befähigung zur Partizipation. Gesellschaftliche Teilhabe durch ökonomische Bildung. Schwalbach/Ts., S. 11-26

Kaiser, Astrid/ Miller Susanne (2009): Die Sache als Brücke zwischen Elementar- und Primarbereich. In: Lauterbach, Roland/ Giest, Hartmut/ Marquardt-Mau, Brunhilde (Hrsg.): Lernen und kindliche Entwicklung. Bad Heilbrunn, S. 77 – 84

Kaiser, Astrid/ Pech, Detlef (Hrsg.) (2004): Basiswissen Sachunterricht. Baltmannsweiler

Kattmann, Ulrich (2001): Aquatics, flyers, Creepers and Terrestrials – students' conceptions of animal classification. In: Journal of Biological Education, 35(3), pp. 141-147

Kellner, Douglas (1992): Popular culture and the construction of postmodern identities. In: Lash, Scott/ Friedman, Jonathan (ed.): Modernity & identity. Oxford UK, pp. 141-177

Kiper, Hanna (2007): Vom Kindergarten zur Grundschule: Sachunterricht im Anfangsunterricht. In: Gläser, Eva (Hrsg.): Sachunterricht im Anfangsunterricht. Lernen im Anschluss an den Kindergarten. Baltmannsweiler, S. 12-30

Klafki, Wolfgang (2007): Neue Studien zur Bildungstheorie und Didaktik. Weinheim; Basel

Klafki, Wolfgang (2005): Allgemeinbildung in der Grundschle und der Bildungsauftrag des Sachunterrichts. In: Widerstreit Sachunterricht. Ausgabe Nr.4, März, S. 1-10 (www.widerstreit-sachunterricht.de) [27. 06. 2013]

Klafki, Wolfgang (1992): Allgemeinbildung in der Grundschule und der Bildungsauftrag des Sachunterrichts. In: Lauterbach, Roland/ Köhnlein, Walter/ Spreckelsen, Kay/ Klewitz, Elard (Hrsg.): Brennpunkte des Sachunterrichts. Kiel, S. 11-31

Klafki, Wolfgang (1962): Didaktische Analyse als Kern der Unterrichtsvorbereitung. In: Roth, Heinrich/ Blumenthal, Alfred (Hrsg.): Grundlegende Aufsätze aus der Zeitschrift „Die Deutsche Schule: Didaktische Analyse“. Hannover, S. 5-34

Klee, Andreas (2008): Entzauberung des politischen Urteils. Eine didaktische Rekonstruktion zum Politikbewusstsein von Politiklehrerinnen und Politiklehrern. Wiesbaden

Koller, Hans-Christoph (2012): Grenzsicherung oder Wandel durch Annäherung. Zum Spannungsverhältnis zwischen Bildungstheorie und empirischer Bildungsforschung. In: Zeitschrift für Pädagogik, 58(1), S. 6-21

Koulaidis, Vassilidis/ Christidou, Vasilia (1999): Models of students´ thinking concerning the greenhouse effect and teaching implications. In: Science Education, 83(5), S. 559-576

Krol, Gerd-Jan (2001): Enviromental Problems, Morals an Incentives in Modern Societies. In: Tolba Mostafa K. (ed.) Our Fragile World. Challenges and Orportunities for Sustainablöe Development. Vol. I. Oxord, pp. 973-982.

Kruse, Lenelis (2013): Vom Handeln zum Wissen – ein Perspektivwechsel für eine Bildung für nachhaltige Entwicklung. In: Puetz, Norbert/ Schweer, Martin K. W./ Logemann, Niels (Hrsg.): Bildung für nachhaltige Entwicklung. Aktuelle Theoretische Konzepte und Beispiele Praktischer Umsetzung. Frankfurt a.M., S. 31-57

Kurrat, Anika (2010): Bildung für eine nachhaltige Entwicklung in der Grundschule. Implementationschancen aus der Perspektive Partizipation. Berlin

Kyburtz-Graber, Regula (Hrsg.) (2006): Kompetenzen für die Zukunft Nachhaltige Entwicklung konkret. Bern

Köhnlein, Walter (2012): Sachunterricht und Bildung. Bad Heilbrunn

Königsberger, Konrad (1990): Analysis 1. Berlin

Künzli David, Christine (2007): Zukunft mitgestalten. Bildung für eine nachhaltige Entwicklung – Didaktisches Konzept und Umsetzung in der Grundschule. Bern; Stuttgart; Wien

Künzli David, Christine/ Bertschy, Franziska/ de Haan, Gerhard/ Plesse, Michael (2010): Learning to shape the future through education for sustainable development. An educational guide towards changes in primary school. Berlin

Lakoff, George (1987): Women, Fire, and Dangerous Things: What Categories Reveal about the Mind (Vol. 64). Chicago

Lakoff, George/ Johnson, Marc (1980): Metaphors we live by (Vol. 56). Chicago; London

Lefebvre, Henri (1991): The Production of Space. Oxford; Cambridge

Leiser, David/ Halachmi, Reut Beth (2006): Children's understanding of market forces. In: Journal of Economic Psychology, 27(1), pp. 6-19

Leisner-Bodenthin, Antje (2006): Zur Entwicklung von Modellkompetenz im Physikunterricht. In: ZfDN, H. 12, S. 91-108

Levi, Paul (1987): Das perodische System, München

Liegle, Ludwig (2011): Pädagogische Prinzipien zur Rechtfertigung von Kontinuität in den Bildungsverläufen von Kindern. In: Oehlmann, Sylvia/ Manning-Chlechowitz, Yvonne/ Sitter, Miriam (Hrsg.): Frühpädagogische Übergangsforschung. Von der Kindertageseinrichtung in die Grundschule. Weinheim; München, S. 159-170

Loske, Reinhard/ Weizsäcker, Ernst Ulrich von (1997): Zukunftsfähiges Deutschland – Ein etwas ungewöhnliches Forschungsprojekt. In: Landesinstitut für Schule und Weiterbildung des Landes Nordrhein-Westfalen in Zusammenarbeit mit Bund für Umwelt und Naturschutz Deutschland e.V. (BUND), „Brot für die Welt", Bischöfliches Hilfswerk Misereor e.V. (Hrsg.): Die Zukunft denken – die Gegenwart gestalten. Weinheim; Basel

Louv, Richard (2005): Last child in the woods: saving our children from nature-deficit disorder. Chapel Hill, NC

Löw, Martina (2000): Raumsoziologie. Frankfurt a. M.

Lück, Gisela (2007): Forschen mit Fred. Oberursel

Mahr, Bernd (2003): Modellieren. Beobachtungen und Gedanken zur Geschichte des Modellbegriffs. In: Krämer, Sybille/ Bredekamp, Horst: Bild, Schrift, Zahl. München

Martens, Ekkehard (1999): Philosophieren mit Kindern: eine Einführung in die Philosophie. Stuttgart

Marx, Karl (1975) [1867]: Das Kapital. Bd. 1. In: Institut für Marxismus-Leninismus beim ZK der SED (Hrsg.): Karl Marx – Friedrich Engels Werke, Bd. 23. Opladen

Mayring, Phillip (2002): Qualitative Content Analysis – Research Instrument or Mode of Interpretation? In: Kiegelmann, M. (ed.): The Role of the Researcher in Qualitative Psychology. Tübingen, pp. 139-148

Mecheril, Paul (2009): Hybride Zugehörigkeiten. Zur pädagogischen Relevanz kultureller Differenz und Identität. In: Mertens, Gerhard et al. (Hrsg.): Handbuch der Erziehungswissenschaft (Teilband: Umwelten; hrsg. von Ch. Alleman-Ghionda). Bonn

Menger, Julia (2010): Lastentransport mit einfachen mechanischen Maschinen. Didaktische Rekonstruktion als Beitrag zum technischen Sachunterricht in der Grundschule. Oldenburg

Meyer-Drawe, Käte (2008): Diskurse des Lernens. München

Michalik, Kerstin/ Schreier, Helmut (2006): Wie wäre es, einen Frosch zu küssen? Philosophieren mit Kindern im Grundschulunterricht. Braunschweig

Michelsen, Gerd (2012): Nachhaltigkeit – zentrales Element des Lüneburger Studienprogramms. Gaia, 21(2), S. 150-151

Michelsen, Gerd (2007): Von der Umweltbildung zur Bildung für eine nachhaltige Entwicklung: Historische Entwicklung, Inhalte und Selbstverständnis. In: Hiller, Bettina/ Lange, Manfred (Hrsg.): Bildung für nachhaltige Entwicklung. Perspektiven für die Umweltbildung. Zentrum für Umweltforschung (ZUFO) der Westfälischen Wilhelms-Universität, H. 16. Münster, S. 13-27

Michelsen, Gerd/ Adomßent, Maik/ Godemann, Jasmin (Hrsg.) (2008): „Sustainable University": nachhaltige Entwicklung als Strategie und Ziel von Hochschulentwicklung. Frankfurt a. M.

Michelsen, Gerd/ Rode, Horst (2012): Die Verbreitung einer wegweisenden Idee: Der Beitrag der UN-Dekade für die Diffusion von Bildung für nachhaltige Entwicklung. In: Bundesministerium für Bildung und Forschung (BMBF) (Hrsg.): Bildung für nachhaltige Entwicklung – Beiträge der Bildungsforschung. Bildungsforschung, Bd. 39. Berlin

Ministerium für Bildung, Frauen und Jugend (2006): Rahmenplan Grundschule: Teilrahmenplan Sachunterricht. Mainz

Mikelskis-Seifert, Silke/ Kasper, Lutz (2011): Modellieren in der Physik, im Alltag und im Unterricht. In: Naturwissenschaft im Unterricht Physik, H. 22, S. 4-12

Mohan, Lindsey/ Chen, Jing/ Anderson, Charles (2009): Developing a multi-year learning progression for carbon cycling in socio-ecological systems. In: Journal of Research in Science Teaching, 46(6), pp. 675-698

Moore, George (1996): Principia Ethica. Dover

Müller, Rainer (2010): Klassische Mechanik. Vom Weitsprung zum Marsflug. Berlin

Nds.MasterVO-Lehr – Verordnung über Masterabschlüsse für Lehrämter in Niedersachsen vom 8.11.2007 (Nds.GVBl. Nr. 33/2007 S.488) – VORIS 20411

Nesbit, John C./ Adesope, Olusola O. (2006): Learning with concept and knowledge maps: a meta-analysis. In: Review of Educational Research, 76, pp. 413-448

Neumann, Gerhard/ Sigrid Weigel (Hrsg.) (2000): Lesbarkeit der Kultur. Literaturwissenschaften zwischen Kulturtechnik und Ethnographie. München

Newton, Isaak (1988) [1687]: Philosophia naturalis principia mathematica. Mathematische Grundlagen der Naturphilosophie; ausgewählt, übersetzt, eingeleitet und herausgegeben von Ed Dellian. Hamburg

Niebert, Kai (2010): Den Klimawandel verstehen. Eine Didaktische Rekonstruktion der globalen Erwärmung. Oldenburg

Niebert, Kai (2009): Der Kohlenstoffkreislauf im Klimawandel. In: Probst, W. (ed.): Unterricht Biologie Stoffkreisläufe, Vol. 349. Velber, pp. 34-40

Niebert, Kai/ Gropengiesser, Harald (2012): Understanding and communicating climate change in metaphors. In: Environmental Education Research, 0(0), pp.1-21

Niebert, Kai/ Gropengießer, Harald (2011): »$CO_2$ causes a hole in the atmosphere« Using laypeople's conceptions as a starting point to communicate climate change. In: Leal, Walter (ed.): The Economic, Social and Political Elements of Climate Change. Berlin; Heiedelberg, pp. 603-622

Niebert, Kai/ Marsch, Sabine/ Treagust, David (2012): Embodied metaphor as an imaginative thinking tool for engendering conceptual change. In: Science Education, 96(5), pp. 849-877

Niebert, Kai/ Riemeier, Tanja/ Gropengiesser, Harald (2012): The hidden hand that shapes conceptual understanding. Choosing effective representations for teaching cell division and climate change. In: Tsui, Chi-Yan/ Treagust, David F. (ed.): Multiple representations in biological education. New York

Niedersächsisches Kultusministerium (2006): Kerncurriculum für die Grundschule. Schuljahrgänge 1-4. Sachunterricht. Niedersachsen. (http://db2.nibis.de/1db/cuvo/datei/kc_gs_sachunterricht_nib.pdf) [11.03.2013]

(NSchG) Niedersächsisches Schulgesetz in der Fassung vom 3. März 1998. (http://www.nds-voris.de/jportal/;jsessionid=96F317E3CF836129BA69864E633A5A99.jp95?quelle=jlink&query=SchulG+ND&psml=bsvorisprod.psml&max=true&aiz=true#jlr-SchulGNDrahmen) [11.03.2013]

Nora, Pierre (1990): Zwischen Geschichte und Gedächtnis. Berlin

Nunner-Winkler, Gertrud (1999): Development of Moral Understanding and Moral Motivation. In: Weinert, Franz E./ Schneider, Wolfgang: Individual Development from 3 to 12: Findings from the Munich Longitudinal Study. New York, pp. 253-290

Nussbaum, Martha (2006): Frontiers of Justice. Disability, Nationality, Species Membership. Cambridge; London

Nussbaum, Martha (1999): Gerechtigkeit oder das gute Leben. Frankfurt a. M.

OECD (2010): PISA 2009 Ergebnisse: Zusammenfassung. [11.03.2013] (www.oecd.org/berlin/46615935.pdf)

OMEP Appeal: [07.06.2013] www.youtube.com/watch?v=6_qGu4_4vUM

Ortlieb, Claus Peter (2008): Heinrich Hertz und das Konzept des mathematischen Modells. In: Wolfschmidt, Gudrun (ed.): Heinrich Hertz (1857-1894) and the Development of Communication. Norderstedt (Hamburg), pp. 53-71

Ortlieb, Claus Peter (2004): Mathematische Modelle und Naturerkenntnis. In: mathematica didacta 27, Bd. 1, S. 23-40

Otto, Gunter (1998): Lernen und Lehren zwischen Didaktik und Ästhetik. Bd. III: Didaktik und Ästhetik. Seelze-Velber

Paech, Niko (2011): Wachstumsdämmerung – Versorgungssysteme in der Postwachstumsökonomie: Konsumieren oder Selbermachen? In: Oya, März/April 2011, S. 52-55

Papadimitriou, Vasiliki (2004): Prospective Primary Teachers' Understanding of Climate Change, Greenhouse Effect, and Ozone Layer Depletion. In: Journal of Science Education and Technology, 13(2), pp. 299-307

Pearce, Francis (2001): The Kingdoms of Gaia. In: New Scientist, 170, pp. 30-33

Pech, Detlef (2013): Konstruktion Instruktion. Überlegungen zu einer didaktischen Verwirrung. Bad Heilbrunn

Pech, Detlef (2009): Sachunterricht – Didaktik und Disziplin. Annäherung an ein Sachlernverständnis im Kontext der Fachentwicklung des Sachunterrichts und seiner Didaktik. In: Widerstreit Sachunterricht, Ausgabe Nr. 13, Oktober (www.widerstreit-sachunterricht.de) [30.06.2013]

Pech, Detlef/ Kaiser, Astrid (2004): Problem und Welt. Ein Bildungsverständnis und seine Bedeutung für den Sachunterricht. In: Kaiser, Astrid/ Pech, Detlef (Hrsg.): Die Welt als Ausgangspunkt des Sachunterrichts. Baltmannsweiler, S. 3-25

Pepels, Werner (2006): Pricing leicht gemacht. Höhere Gewinne durch optimale Preisgestaltung. Heidelberg

Petsch, Cordula/ Gönnenwein, Annette/ Nickolaus, Reinhold (2012): Effekte des Modelversuchsprogramms Transfer 21 – ein Beitrag zur Transferforschung und zu Effekten von BNE. In: Bundesministerium für Bildung und Forschung (BMBF): Bildung für nachhaltige Entwicklung – Beiträge zur Bildungsforschung. Bd. 39. Bonn; Berlin, S. 43-69

Preissing, Christa (2009): Qualität im Situationsansatz: Qualitätskriterien und Materialien für die Qualitätsentwicklung in Kindertageseinrichtungen. Berlin

Preissing, Christa/ Dreier Annette (2007): Handreichungen für die Praxis zum Bildungsprogramm für saarländische Kindergärten. Weimar; Berlin

Prengel, Annedore (1995): Pädagogik der Vielfalt. Opladen

Pohl, Kerstin (2004): Demokratie-Lernen als Aufgabe des Politikunterrichts? Die Rezeption von Deweys Demokratiebegriff und die Parallelisierungsfalle. In: Breit, Gotthard/Schiele, Siegfried (Hrsg.): Demokratie braucht politische Bildung. Schwalbach/Ts., S. 166-180

Pozo, Juan/ Crespo, Miduel (2005): The Embodied Nature of Implicit Theories: The Consistency of Ideas about the Nature of Matter. In: Cognition and Instruction, 23(3), pp. 351-387

Pruneau, Diane/ Liboiron, Linda/ Vrain, Emilie (2001): People's Ideas about Climate Change: A Source of Inspiration for the Creation of Educational Programs. In: Canadian Journal of Environmental Education (CJEE), 6(1), pp. 121-138

Radermacher, Franz Josef/ Beyers, Bert (2011): Welt mit Zukunft. Die ökosoziale Perspektive. Hamburg

Ramseger, Jörg (2004): Welterkundung. In: Kaiser, Astrid/ Pech, Detlef (Hrsg.): Basiswissen Sachunterricht, Bd. 6 Die Welt als Ausgangspunkt des Sachunterrichts. Baltmannsweiler, S. 54-63

Rauch, Franz (2004): Education for Sustainability: A Regulative Idea and Trigger for Innovation. In: Scott, William/ Gough, Stephen (ed.): Key Issues in Sustainable Development and Learning: A Critical Review. London, pp. 149-151

Read, Daniel/ Bostrom, Ann/ Morgan, Granger/ Fischhoff, Baruch/ Smuts, Theodor (1994): What do people know about global climate change? 2. Survey studies of educated laypeople. In: Risk Analysis, 14(6), pp. 971-982

Reeken, Dietmar von (2004): Sachunterricht aus globaler Perspektive? In: Kaiser, Astrid/ Pech, Detlef (Hrsg.) (2004): Basiswissen Sachunterricht, Bd. 3, Integrative Dimensionen für den Sachunterricht. Neuere Zugangsweisen. Baltmannsweiler, S. 130-136

Reyer, Jürgen (2006): Einführung in die Geschichte des Kindergartens und der Grundschule. Bad Heilbrunn

Richter, Dagmar (2012): Politik – nein danke? Warum, was und wie – Politische Bildung im Sachunterricht. In: Grundschulunterricht. Sachunterricht, 59(4), S. 4-7

Richter, Dagmar (2009): Sachunterricht – Ziele und Inhalte: Ein Lehr- und Studienbuch zur Didaktik. Hohengehren

Richter, Dagmar (2007): Politische Bildung von Anfang an. Demokratie-Lernen in der Grundschule. Schwalbach/Ts.

Richter, Dagmar (2002): Sachunterricht. Ziele und Inhalte. Baltmannsweiler

Ricoeur, Paul (1988): Zeit und Erzählung I. München

Rieckmann, Marco/ Stoltenberg, Ute (2011): Partizipation als zentrales Element von Bildung für eine nachhaltige Entwicklung. In: Heinrichs, Harald/ Kuhn, Katina/ Newig, Jens (Hrsg.): Nachhaltige Gesellschaft. Welche Rolle für Partizipation und Kooperation? Wiesbaden, S. 117-131

Rio+20 – United Nations Conference on Sustainable Development (2012): The Future we want – Zero draft of the outcome document [27. 06. 2013] (http://www.uncsd2012.org/index.php?menu=144#sthash.AqRT5oVx.dpuf )

Rockström, Johan et al. (2009): A safe operating space for humanity. In: Nature, 461, pp. 472-475

Rode, Horst (2005): Motivation, Transfer und Gestaltungskompetenz. Ergebnisse der Abschlussevaluation des BLK-Programms „21" (1999-2004). Paper 05-176.

Forschungsgruppe Umweltbildung. Berlin (http://www.transfer-21.de/daten/evaluation/Abschlusserhebung.pdf) [27. 06. 2013]

Rode, Horst (2005a): Bildung für eine nachhaltige Entwicklung („21"). Abschluss-bericht des Programmträgers zum BLK-Programm. Materialien zur Bildungspla-nung und zur Forschungsförderung, H.123. (http://www.blk-bonn.de/papers/heft123.pdf) [27. 06. 2013]

Rohrer, Tim (2005): Image schemata in the brain. In: Hampe, B. / Grady, J. (ed.): From perception to meaning: images schemas in cognitive linguistics. Berlin, pp. 165-196

Rohrer, Tim (2001): Understanding through the body: fMRI and ERP investigations into the neurophysiology of cognitive semantics. Paper presented at the 7th International Cognitive Linguistics Association. Santa Barbara/CA

Rye, James/ Rubba, Peter/ Wiesenmayer, Randall (1997): An investigation of middle school students' alternative conceptions of global warming. In: International Journal of Science Education, 19(5), pp. 527-551

Scherr, Albert (2003): Subjektbildung als Distanzierung. Elemente einer kritischen Bildungstheorie in Zeiten der funktionalen Aktivierung des Subjekts. In: Höffer-Mehlmer, Markus (Hrsg.): Bildung: Wege zum Subjekt. Hohengehren; Baltmanns-weiler, S. 85-93

Schmitt, Rudolf (2005): Systematic Metaphor Analysis as a Method of Qualitative Research. In: The Qualitative Report, 10(2), pp. 358-394

Schomaker, Claudia (2007): Der Faszination begegnen. Ästhetische Zugangsweisen im Sachunterricht für alle Kinder. Oldenburg

Schomaker, Claudia/ Stockmann, Ruth (Hrsg.) (2007): Der (Sach-)Unterricht und das eigene Leben. Bad Heilbrunn

Schreier, Helmut (Hrsg.) (1999): Nachdenken mit Kindern: aus der Praxis der Kin-derphilosophie in der Grundschule. Bad Heilbrunn

Schreier, Helmut (1997): Mit Kindern über Natur philosophieren. Heinsberg

Schulz, Wolfgang (1988): Die Perspektive heißt Bildung. In: Jahresheft VI „Bildung". Velber, S. 6-11

Schütz, Alfred/ Luckmann, Thomas (1979): Strukturen der Lebenswelt (Bd.1). Frankfurt a. M.

Scott, William (o.J.): Sustainable Schools: seven propositions around young people's motivations, interests and knowledge. Bath

Seeber, Günther (2001): Ökologische Ökonomie. Eine kategorialanalytische Einführung. Wiesbaden

Sen, Amartya K. (1999): Development as Freedom. Oxford

Shell Deutschland Holding (Hrsg.) (2006): Jugend 2006. Eine pragmatische Jugend unter Druck. Frankfurt a. M.

Shepardson, Daniel/Niyogi, Dev/ Choi, Soyuong/ Charusombat, Umarporn (2009): Seventh grade students' conceptions of global warming and climate change. In: Environmental Education Research, 15(5), pp. 549-570

Siegler, Robert S./ Thompson, Douglas R. (1998): "Hey, would you like a nice cold cup of lemonade on this hot day?": Children's unterstanding of economic causation. In: Developmental, Psychology, 34, pp. 146-160

Sigmund, Jana (2012): Forscherkids? – Experimentieren als Arbeitsweise im Elementarbereich. Masterarbeit an der Leuphana Universität Lüneburg. Lüneburg (unveröffentlicht)

Simonneaux, Laurence (2001): Role-play or debate to promote students' argumentation and justification on an issue in animal transgenesis. In: International Journal of Science Education, 23, pp. 903 – 927

Solomon, Susan et al. (ed.) (2007): Climate Change 2007. The Physical Science Basis. Cambridge

Sonntag da Cruz, Stella (2011): Lerntagebuch zum Seminar „Unsere Erde – für Kinder" aus dem Wintersemester. Lüneburg (unveröffentlicht)

Spiller, Achim (2006): Zielgruppen im Markt für Bio-Lebensmittel: Ein Forschungsüberblick. Department für Agrarökonomie und rurale Entwicklung. Göttingen. [30. 06. 2013] (www.bund-lemgo.de/download/oekoland-obstbau/Zielgruppen_Bio.pdf)

Spreckelsen, Kay (2007): Modelle. In: Kahlert, Joachim et al.: Handbuch Didaktik des Sachunterrichts. Bad Heilbrunn

Spreckelsen, Kay (1984): Strukturorientierung in der Didaktik des Physikalischen Lernbereichs. In: Studientexte zur Grundschuldidaktik. Bad Heilbrunn, S. 100-104

Steffe, Leslie/ Thompson, Patrick/ von Glaserfeld, Ernst (2000): Teaching Experiment Methodology: Underlying Principles and Essential Elements. In: Kelly Anthony E./ Lesh, Richard A. (ed.): Handbook of Research Design in Mathematics and Science Education. London

Steiner, Regina/ Rauch, Franz/ Felbinger, Andrea (Hrsg.) (2010): Professionalisierung und Forschung in der LehrerInnenbildung. Wien

Steinke, Ines (2004): Quality Criteria in Qualitative Research. In: Flick, U./ Kardorff, E./ Steinke, I. (ed.): A Companion to Qualitative Research. London

Sterman, John/ Sweeney, Linda (2007): Understanding public complacency about climate change: adults' mental models of climate change violate conservation of matter. In: Climatic Change, 80(3), pp. 213-238

Stoltenberg, Ute (2013): Bildungslandschaften für eine nachhaltige Entwicklung. In: Umweltdachverband GmbH (Hrsg.): Bildung für nachhaltige Entwicklung. Forum edition Jahrbuch. Wien, S. 30-37

Stoltenberg, Ute (2011): Bildung für eine nachhaltige Entwicklung für pädagogische Fachkräfte in Kitas. In: Stoltenberg, Ute/ Thielebein-Pohl, Ralf (Hrsg.) (2011) KITA21 – Die Zukunftsgestalter. Mit Bildung für eine nachhaltige Entwicklung Gegenwart und Zukunft gestalten. München, S. 27-55

Stoltenberg Ute (2011a): Von Kita21 lernen: Gelingensbedingungen für die Implementation von Bildung für eine nachhaltige Entwicklung im Elementarbereich. In: Stoltenberg, Ute/ Thielebein-Pohl, Ralf (Hrsg.): KITA21 – Die Zukunftsgestalter. Mit Bildung für eine nachhaltige Entwicklung Gegenwart und Zukunft gestalten. München, S. 123-159

Stoltenberg, Ute (2010): Bildung für eine nachhaltige Entwicklung als innovatives Konzept für Qualitätsentwicklung und Professionalisierung in der LehrerInnenbildung. In: Steiner, Regina/ Rauch, Franz/ Felbinger, Andrea (Hrsg.): Professionalisierung und Forschung in der LehrerInnenbildung. Einblicke in den Universitätslehrgang BINE. Wien, S. 39-65

Stoltenberg, Ute (2009): Mensch und Wald. Theorie und Praxis einer Bildung für eine nachhaltige Entwicklung am Beispiel des Themenfelds Wald. München

Stoltenberg, Ute (2008): Bildungspläne im Elementarbereich. Ein Beitrag zur Bildung für nachhaltige Entwicklung? Bonn

Stoltenberg, Ute (2008a): Außerschulisches Lernen und nachhaltige Entwicklung. In: Burk, Karlheinz/ Rauterberg, Marcus/ Schönknecht, Gudrun (Hrsg.): Schule außerhalb der Schule. Lehren und Lernen an außerschulischen Orten. Beiträge zur Grundschulreform 125. Frankfurt a. M., S. 73-84

Stoltenberg, Ute (2007): Bildung für eine nachhaltige Entwicklung und das eigene Leben. In: Schomaker, Claudia/ Stockmann, Ruth (Hrsg.): Der (Sach-)Unterricht und das eigene Leben. Bad Heilbrunn, S. 201-212

Stoltenberg, Ute (2007a): Bildung und Region. Ein neues Verhältnis für eine nachhaltige Entwicklung. In: Lernraum Region. In: umwelt & bildung, H. 2, S. 10-12

Stoltenberg, Ute (2006): Chancen des Konzepts der Bildung für nachhaltige Entwicklung für die Kooperation von Schule und außerschulischer (Umwelt-) Bildung. In: Ökoprojekt – Mobilspiel e.V.: Loewenfeld, Marion/ Kreuzinger, Steffi (Hrsg.): Fit für die Zukunft. München, S. 20-29

Stoltenberg, Ute (2006a): Ein neuer Blick auf Inhalte der Grundschule – insbesondere des Sachunterrichts. In: Transfer-21. Zukunft gestalten lernen – (k)ein Thema für die Grundschule? Grundschule verändern durch Bildung für nachhaltige Entwicklung. Berlin

Stoltenberg, Ute (2006b): Region und Bildung. Zukunftsfähige Bildung durch Sachunterricht. In: Cech, Diethard/ Fischer, Hans-Joachim/ Holl-Giese, Waltraud/ Knörzer, Martina/ Schrenk, Marcus (Hrsg.): Bildungswert des Sachunterrichts. Bad Heilbrunn, S. 117-132

Stoltenberg, Ute (2005): Klafki – macht Sinn. Ausgabe Nr. 4/März (www.widerstreit-sachunterricht.de) [27. 06. 2013]

Stoltenberg, Ute (2004): Sachunterricht: Innovatives Lernen für eine nachhaltige Entwicklung. In: Kaiser, Astrid/ Pech, Detlef (Hrsg.): Basiswissen Sachunterricht: Bd. 2. Neuere Konzeptionen und Zielsetzungen. Baltmannsweiler, S. 58-66

Stoltenberg, Ute (2002): Nachhaltigkeit lernen mit Kindern. Wahrnehmung, Wissen und Erfahrungen von Grundschulkindern unter der Perspektive einer nachhaltigen Entwicklung. Bad Heilbrunn

Stoltenberg, Ute/ Asmussen, Sören/ Golly, Nadine/ Holz, Verena/ Kosler, Thorsten/ Offen, Susanne/ Uzun, Bahadir (2013): Sachunterricht für das 21. Jahrhundert. Mit dem Konzept Bildung für eine nachhaltige Entwicklung arbeiten. In: Fischer, Hans-Joachim/ Giest, Hartmut/ Pech, Detlef (Hrsg.): Der Sachunterricht und seine Didaktik. Bestände prüfen und Perspektiven entwickeln. Bad Heilbrunn, S. 91-99

Stoltenberg, Ute/ Benoist, Barbara/ Kosler, Thorsten (2013): Modellprojekte verändern die Bildungslandschaft: Am Beispiel des Projekts "Leuchtpol. Enerige und Umwelt neu erleben!" Bildung für eine nachhaltige Entwicklung im Elementarbereich. Bad Homburg

Stoltenberg, Ute/ Holz, Verena (ed.) (2012): Education for Sustainable Development – European Approaches. Bad Homburg

Stoltenberg, Ute/ Emmermann, Claudia (Hrsg./ red.) (2007): Tradition und Innovation. Region und Bildung in einer nachhaltigen Entwicklung. Traycja i innowacja. Region i edukacja w kontekscie zrownowazonego rozwoju. Frankfurt a. M.

Stoltenberg, Ute/ Michelsen, Gerd (1999): Lernen nach der Agenda 21: Überlegungen zu einem Bildungskonzept für eine nachhaltige Entwicklung. In: Stoltenberg, Ute/ Michelsen, Gerd/ Schreiner, Johann (Hrsg.): Umweltbildung – den Möglichkeitssinn wecken. NNA-Berichte, 12(1), S. 45-54

Terhart, Ewald (2012): „Bildungswissenschaften". Verlegenheitslösung, Sammelkategorie, Kampfbegriff? In: Zeitschrift für Pädagogik, 58(1), S. 22-39

Tilbury, Daniella (2012): Learning to Connect: Reflections along a Personal Journey of Education and Learning for a Sustainable Future in the Context of Rio + 20. In: Journal of Education for Sustainable Development, 6, pp. 59-62

Tilbury, Daniella (2011): Education for Sustainable Development. An Expert Review of Processes and Learning (http://unesdoc.unesco.org/images/0019/001914/191442e.pdf) [30. 06. 2013]

Tomasello, Michael (2010): Warum wir kooperieren. Berlin

Transfer-21 (2007): Zukunft gestalten lernen – (k)ein Thema für die Grundschule? Grundschule verändern durch Bildung für nachhaltige Entwicklung. Berlin

Trempler, Kati/ Schellenbach-Zell, Judith/ Gräsel, Cornelia (2012): Effekte des Transfermodellversuchsprogramms „Transfer 21" auf Schul- und Unterrichtsebene. In: Bundesministerium für Bildung und Forschung (BMBF): Bildnug für nachhaltige Entwicklung – Beiträge zur Bildungsforschung (Bd. 39). Bonn; Berlin. S. 25-42

Ulfig, Alexander (1997): Lexikon der philosophischen Begriffe. Wiesbaden

UNECE – UNITED NATIONS ECONOMIC COMMISSION FOR EUROPE (ed.) (2013): Empowering educators for a sustainable future. Tools for policy and practice workshops on competences in education for sustainable development. Geneva

UNECE – UNITED NATIONS ECONOMIC COMMISSION FOR EUROPE (ed.) (2012): Learning for the Future. Competences in Education for Sustainable Development. Geneva

UNECE – UNITED NATIONS ECONOMIC COMMISSION FOR EUROPE (2009): Learning from each other. The UNECE Strategy for Education for Sustainable Development. New York; Geneva

UNESCO (2012): Education for Sustainable Development. Source-book. Learning and Training Tools No. 4 (http://unesdoc.unesco.org/images/0021/002163/216383e.pdf) [30. 06. 2013]

UNESCO (ed.) (2009): World Conference on Education for Sustainable Development. Bonner Erklärung. Bonn 31. März – 1. April (www.esd-world-conference-2009.org) [30. 06. 2013]

UNESCO (ed.) (2005): Guidelines and Recommendations for Reorienting Teacher Education to Address Sustainability. Technical Paper No. 2

UNESCO General Conference (2005a): Convention on the Protection and Promotion of the Diversity of Cultural Expressions. Paris. (http://portal.unesco.org/culture/en/ev.php-URL_ID=29388&URL_DO=DO_TOPIC&URL_SECTION=201.html) [30.06.2013]

Vollmer, Gerhard (1984): Mesocosm and objective knowledge. In Wutketits, F.M. (Ed.), Concepts and approaches in evolutionary epistemology (pp. 69-121). Dordrecht, The Netherlands

Vosniadou, Stella/ Ionnides, Christos (1998): From conceptual development to science education: a psychological point of view. In: International Journal of Science Education No. 20 (10): 1213-1230

Voß, Jan-Peter (2008): Nebenwirkungen und Nachhaltigkeit: Reflexive Gestaltungsansätze zum Umgang mit sozial-ökologischen Ko-Evolutionsprozessen. In: Lange, Hellmuth (Hrsg.): Nachhaltigkeit als radikaler Wandel. Wiesbaden, S. 237-260

Wachbroit, Robert (1994): Normality as a Biological Concept. In: Philosophy of Science, 61, pp. 579–591

Walker, Kenneth/ Zeidler, Dana (2003): Students' understanding of the nature of science and their reasoning on socioscientific issues: A Web-based learning inquiry. Paper presented at the Annual Meeting of the National Association of Research in Science Teaching. Philadelphia

Wals, Arjen E.J. (2012): Shaping the Education of Tomorrow. Full-length Report on the UN Decade of Education for Sustainable Development. Paris

Wals, Arjen E.J. (ed.) (2007): Social Learning Towards a Sustainable World. Wageningen

Wals, Arjen E. J./ van der Hoeven, Noor/ Blanken, Harm (2009): The acoustics of social learning. Designing learning processes that contribute to a more sustainable world. Wageningen

Warburg, Aby (1932): Gesammelte Schriften. Leipzig; Berlin

WBGU – Wissenschaftlicher Beirat der Bundesregierung Globale Umweltveränderungen (2011): Hauptgutachten. Welt im Wandel Gesellschaftsvertrag für eine Große Transformation. Berlin

WBGU – Wissenschaftlicher Beirat der Bundesregierung Globale Umweltveränderungen (1996): Welt im Wandel – Herausforderungen für die deutsche Wissenschaft. Jahresgutachten. Berlin

Weber, Andreas (2012): Mehr Matsch! Kinder brauchen Natur. Berlin

Webley, Paul 2005): Children's understanding of economics. In: Barrett, Martyn/ Buchanan-Barrow, Eithene (Eds.): Children's understanding of Society. Hove

Weide, Maria (2012): Mode ist doch nicht so wichtig ...!? Vorstellungen von GrundschülerInnen zu Mode, Bekleidung und dem modischen Wandel. Oldenburg

Weiher, Dana Farina (2012): Portfolio zum Seminar „Bildung für eine nachhaltige Entwicklung für Kinder und Jugendliche" aus dem Sommersemester. Lüneburg (unveröffentlicht)

Weiher, Dana Farina (2011): Lerntagebuch zum Seminar „Unsere Erde – für Kinder" aus dem Wintersemester. Lüneburg (unveröffentlicht)

Weltzien, Dörte (2009): Dialoggestützte Interviews mit Kindern im Kindergarten- und Grundschulalter unter Berücksichtigung ihrer Peerbeziehungen. Methode und empirische Ergebnisse. In: Fröhlich-Gildhoff, Klaus/ Nentwig-Gesemann, Iris (Hrsg.): Forschung in der Frühpädagogik II. Freiburg im Breisgau, S. 69-100

Wiek, Arnim/ Withycombe, Lauren/ Redman, Charles L. (2011): Key competencies in sustainability: a reference framework for academic program development. In: Sustainable Science, 6, S. 203–218

Winterfeld, Uta von (2011): Vom Recht auf Suffizienz. In: Rätz, Werner/ von Egan-Krieger, Tanja/ Muraca, Barbara/ Passadakis, Alexis/ Schmelzer, Matthias/ Vetter, Andreas (Hrsg.): Ausgewachsen: Ökologische Gerechtigkeit. Soziale Rechte. Gutes Leben. Hamburg, S. 57-66

Wodzinski, Rita (1996): Untersuchungen von Lernprozessen beim Lernen Newtonscher Mechanik im Anfangsunterricht. Münster

Wodzinski, Rita (2011): Naturwissenschaftliche Fachkonzepte anbahnen – Anschlussfähigkeit verbessern. Handreichungen des Programms SINUS an Grundschulen. Kiel

Zeidler, Dana (2001): Participating in program development: Standard F. In: Siebert, Eleanor D./ McIntosh, Wiliam J. (ed.): College pathways to the science education standards. Arlington, pp. 18–22

Zeidler, Dana L./ Keefer, Matthew (2003): The role of moral reasoning and the status of socioscientific issues in science education: Philosophical, psychological and pedagogical considerations. In: Zeidler, Dana L. (ed.): The role of moral reasoning on socioscientific issues and discourse in science education. Dordrecht

Zimmer, Jürgen (1998): Das kleine Buch zum Situationsansatz. Ravensburg

Zimmer, Jürgen (1973a): Curriculumentwicklung im Vorschulbereich. Bd. 1 und Bd. 2. München

Zimmer, Jürgen (1973b): Situationsbezogene Curriculumentwicklung in der Eingangsstufe. In: Die Deutsche Schule 10. Frankfurt a.M., S. 684-691

Zohar, Anat/ Nemet, Flora (2002): Fostering students' knowledge and argumentation skills through dilemmas in human genetics. In: Journal of Research in Science Teaching, 39, pp. 35 – 62

# AutorInnen

**Barbara Benoist**
(Bildungs- und Sozialwissenschaftlerin (M.A.) arbeitet seit 2009 als wissenschaftliche Mitarbeiterin der Leuphana Universität Lüneburg. Vor ihrer Lehr- und Forschungstätigkeit im Sachunterricht war sie in der Begleitforschung und Evaluation des bundesweiten Projekts „Leuchtpol" zur Implementierung von Bildung für eine nachhaltige Entwicklung im Elementarbereich tätig. Ihre Lehr- und Forschungsinteressen sind Bildung für eine nachhaltige Entwicklung im Elementar- und Primarbereich sowie Soziologie und Pädagogik der Frühen Kindheit, Methoden der Kindheitsforschung und Evaluation im Bildungswesen. Sie ist Mitglied am Runden Tisch und Sprecherin der AG Elementarbereich zur nationalen Umsetzung der UN-Dekade Bildung für eine nachhaltige Entwicklung 2005-2014 und engagiert sich in einem Projekt der Gesellschaft für internationale Zusammenarbeit (GIZ) für Bildung für eine nachhaltige Entwicklung in chinesischen Kindergärten.

**Verena Holz**
ist seit 2009 wissenschaftliche Mitarbeiterin am Institut für integrative Studien der Leuphana Universität Lüneburg. Als Kulturwissenschaftlerin (M.A.) und Dozentin forscht und arbeitet sie an der Weiterentwicklung und Implementation des Konzepts Bildung für eine nachhaltige Entwicklung im akademischen Bereich und in der Weiterbildung. Ein spezifischer Forschungsschwerpunkt liegt im Bereich der kulturwissenschaftlichen Ausdifferenzierung spezifischer Frage- und Problemstellungen im Rahmen nachhaltiger Entwicklung. Derzeit arbeitet sie an einem Promotionsprojekt in diesem Kontext. Verena Holz hat in zahlreichen transdisziplinären und internationalen Projekten im an der Schnittstelle von Kultur und nachhaltiger Entwicklung gearbeitet.

**Thorsten Kosler**
(Diplom Physiker und Philosoph) ist seit 2009 wissenschaftlicher Mitarbeiter am Institut für integrative Studien der Leuphana Universität Lüneburg. Vor seiner Lehr- und Forschungstätigkeit im Sachunterricht war er in der wissenschaftlichen Begleitung und Evaluation des bundesweiten Projekts „Leuchtpol" zur Implementierung von

Bildung für eine nachhaltige Entwicklung im Elementarbereich tätig. Gegenwärtig ist er an einem Forschungsprojekt in Kooperation mit der RMIT University Melbourne beteiligt, in dem die Entwicklung von Nachhaltigkeitskompetenzen Studierender untersucht wird. Seine Lehr- und Forschungsschwerpunkte liegen in den Bereichen naturwissenschaftliche Bildung für eine nachhaltige Entwicklung, naturwissenschaftliche und politische Perspektiven im Elementarbereich und in der Grundschule sowie Wissenschaftsphilosophie und Evaluation im Bildungswesen.

**David Löw Beer**

(Diplom-Volkswirt) promoviert seit Oktober 2011 mit einem Stipendium der Hans-Böckler-Stiftung am Institut für integrative Studien und der Fakultät Nachhaltigkeit der Leuphana Universität Lüneburg. Sein Promotionsprojekt trägt den Titel „Ökonomische Bildung im Kontext einer Bildung für eine nachhaltige Entwicklung". Vor seiner Promotion hat er zwei Jahre an einer Gesamtschule in Dortmund als Fellow von Teach First Deutschland gearbeitet. Seine Schwerpunkte in Forschung und Lehre sind Bildung für eine nachhaltige Entwicklung, ökonomische Bildung sowie die Erforschung von Vorstellungen von Lernenden zu Nachhaltigkeit.

**Kai Niebert**

ist seit 2013 Professor für Didaktik der Naturwissenschaften an der Fakultät Nachhaltigkeit der Leuphana Universität Lüneburg. Er hat ein Studium der Biologie, Chemie und Politik für das Lehramt an Gymnasien abgeschlossen und anschließend als wissenschaftlicher Mitarbeiter an der Leibniz Universität Hannover gearbeitet. Seine Forschungsschwerpunkte sind naturwissenschaftliche Bildung im Konzept Bildung für eine nachhaltige Entwicklung und naturwissenschaftsdidaktische Lehr-Lernforschung. Er war Stipendiat der Studienstiftung des Deutschen Volkes und wurde für seine Promotion mit dem Nachwuchspreis der Fachsektion Didaktik der Biologie ausgezeichnet. Ehrenamtlich engagiert sich Kai Niebert seit 33 Jahren bei den NaturFreunden Deutschlands für Umwelt-, Naturschutz und Nachhaltigkeit. Von 2005 bis 2011 war er Bundesleiter der Naturfreundejugend Deutschlands; 2011 ist er Stellvertretender Bundesvorsitzender der NaturFreunde. Er hat als Präsidiumsmitglied des Deutschen Naturschutzrings 2012 ein Netzwerk mit gewerkschaftlichen und kirchlichen Jugendverbänden geknüpft, um die Perspektive junger Menschen in die gesellschaftliche Transformationsdebatte einzubringen.

**Susanne Offen**

ist Bildungswissenschaftlerin (Dr. phil) und seit Mai 2009 wissenschaftliche Mitarbeiterin am Institut für integrative Studien der Leuphana Universität Lüneburg. Seit 2005 ist sie Lehrbeauftragte an der Universität Hamburg, Fakultät für Erziehungswissenschaft, Psychologie und Bewegungswissenschaft und ist seit 2003 als Dozentin in der politischen Jugend- und Erwachsenenbildung tätig. Derzeit ist sie Kooperationspartnerin in der wissenschaftlichen Begleitung von „inklusiv VERbunden", einem Projekt zur kommunalen Verankerung von Inklusion. Ihre Schwerpunkte in Lehre und Forschung sind politische Bildung, Inklusion im Kontext gesellschaftlicher Exklusionsrisiken, Didaktik der Sozialwissenschaften und des Sachunterrichts sowie Weiterbildungsforschung.

**Julia Preisigke**

hat Grund- und Hauptschullehramt an der Leuphana Universität Lüneburg mit der Fächerkombination Deutsch und Sachunterricht studiert (M.Ed.). Im Rahmen des Sachunterrichtstudiums sind sowohl die Bachelor- als auch die Masterarbeit im Bereich des Konzepts einer Bildung für nachhaltige Entwicklung und dessen Implementierung verfasst worden. Derzeit arbeitet Julia Preisigke als wissenschaftliche Hilfskraft an der Leuphana Universität Lüneburg im Modul „Wissenschaft trägt Verantwortung", einem verpflichtenden Modul für Erstsemester, dass sich fächerübergreifend mit der Frage der gesellschaftlichen Verantwortung von Wissenschaft auseinandersetzt.

**Stella Sonntag da Cruz**

ist seit dem Wintersemester 2011/2012 Studentin im Bachelor-Studiengang „Lehren und Lernen" an der Leuphana Universität Lüneburg. Ihre Fächer sind Deutsch und Sachunterricht mit dem Bezugsfach Geschichte.

**Ute Stoltenberg**

(Sozialwissenschaftlerin, Dr. rer. soc.) wurde 1995 als Professorin für Sachunterricht und seine Didaktik an die Universität Lüneburg berufen. Sie ist Leiterin des Instituts für integrative Studien und Mitglied der Fakultät Bildung und der Fakultät Nachhaltigkeit. Sie hat seit Bestehen der Fakultät Nachhaltigkeit 2010 die Professur „Bildung für eine nachhaltige Entwicklung" inne. Sie ist seit vielen Jahren daran beteiligt, das Konzept Bildung für eine nachhaltige Entwicklung in Theorie und Praxis zu entwickeln – durch Lehre (auch an der Freien Universität Bozen, Italien (2000-2011), an der Universidad Tecnica del Norte Ibarra, Ecuador (2010), sowie 2013 als Gastprofessorin an der Alpen-Adria-Universität Klagenfurt) durch Forschung und Publikationen sowie durch Weiterbildung und Vorträge.

Sie ist Mitglied des Deutschen Nationalkomitees für das UNESCO-Programm „Der Mensch und die Biosphäre" (MAB) und Mitglied des Stiftungsrats der Hamburger Klimaschutzstiftung sowie in Beiräten für verschiedene Nachhaltigkeitsauszeichnungen. Fünf ihrer Projekte wurden als offizielle UNESCO-Dekade-Projekte ausgezeichnet, zwei im Rahmen des Wettbewerbs „Land der Ideen".

### Dana Farina Weiher

ist seit dem Wintersemester 2011/2012 Studentin im Bachelor-Studiengang „Lehren und Lernen" an der Leuphana Universität Lüneburg. Ihre Fächer sind Mathematik und Sachunterricht mit dem Bezugsfach Biologie.

Institut für integrative Studien (infis)

Der Studiengang „Sachunterricht und seine Didaktik" an der Leuphana Universität Lüneburg, Institut für integrative Studien (infis), wurde 2012/13 als offizielles UNESCO-Dekadeprojekt ausgezeichnet. Weitere Informationen zu dem Institut und seinen Mitgliedern finden sich unter www.leuphana.de/institute/infis.html

# Dank

geht an

Katrin Eismann, Susanne Laudien und Rainer Hautau, das Grafik-Team der Leuphana Universität Lüneburg, für die Gestaltung der Grafiken

Jeremias Herberg und Viktoria von Prittwitz und Gaffron für Lektoratsaufgaben

die Michael Otto Stiftung für die Nutzung des Fotos (Büro K. Angerer) aus dem Projekt AQUA-AGENTEN für die Titelseite

an Eva Kristina Rahe für die Nutzung des Baum-Fotos für die Titelseite

**Band 2**

Ute Stoltenberg •
Barbara Benoist • Thorsten Kosler

# Modellprojekte verändern die Bildungslandschaft: Am Beispiel des Projekts Leuchtpol

Energie & Umwelt neu erleben –
Bildung für eine nachhaltige
Entwicklung im Elementarbereich

ISBN 978-3-88864-515-0 • 2013 • 312 S. • 24,80 €

Das Projekt „Leuchtpol. Energie & Umwelt neu erleben" war das erste bundesweite Modellprojekt zur Implementation von Bildung für eine nachhaltige Entwicklung im Elementarbereich. Dieses Projekt war in vielerlei Hinsicht außergewöhnlich. Es wurde durch Kooperation eines Umweltverbands mit einem Energieunternehmen ermöglicht und von der Leuphana Universität Lüneburg wissenschaftlich begleitet und erreichte 4000 Kindergärten. Es konnte dazu beitragen, dass die pädagogischen Fachkräfte das Potenzial des Konzepts „Bildung für eine nachhaltige Entwicklung" für ihre Arbeit im Elementarbereich kennenlernten und auch nutzten. Die Ergebnisse basieren auf einer vierjährigen prozessbegleitenden Evaluation. Sie zeigen die Notwendigkeit einer Weiterbildung von ErzieherInnen als auch die Entwicklung eines Bildungskonzepts.

## Neue Reihe im VAS-Verlag

Bildung für eine nachhaltige Entwicklung in Kindergarten und Grundschule. Lüneburger Beiträge.
Hrsg. von Ute Stoltenberg / Verena Holz / Susanne Offen, Leuphana Universität Lüneburg

## Vorausschau auf 2. Hj. 2013

- Bd. 3: Golly, Nadine / Stoltenberg, Ute (Hrsg.): Weltorientierung in der Grundschule international – Sozialwissenschaft-liche, naturwissenschaftliche und integrative Zugänge
- Bd. 4: Stoltenberg, Ute / Drexhage, Julia / Lienau, Robin / Preisigke, Julia (unter Mitarbeit einer Studierendengruppe): Mit Komplexität und Mehrperspektivität umgehen lernen – Exemplarisch lernen an der „Lüneburger Heide"

# REIHE Innovation in den Hochschulen – Nachhaltige Entwicklung

Herausgeber: Prof. Dr. Andreas Fischer, Prof. Dr. Gerd Michelsen
und Prof. Dr. Ute Stoltenberg, Universität Lüneburg

**Band 1:**
Gerd Michelsen (Hrsg.)
**Sustainable Universität**
Auf dem Weg zu einem universitären Agendap-
rozeß
ISBN 3-88864-290-6 • 250 S. • 14 €

**Band 2:**
Ute Stoltenberg (Hrsg.)
**Lebenswelt Hochschule**
– Raum-Bildung, Konsum-Muster und Kommuni-
kation für eine nachhaltige Entwicklung
ISBN 3-88864-310-4 • 181 S. • 14 €

**Band 3:**
Andreas Fischer (Hrsg.)
**Vom schwierigen Vergnügen einer Kommuni-
kation über die Idee der Nachhaltikeit**
ISBN 3-88864-311-2 • 235 S. • 14 €

**Band 4:**
Joachim Müller/Harald Gilch / Kai-Olaf Basten-
horst (Hrsg.)
**Umweltmanagement an Hochschulen**
Dokumentation eines Workshops von Januar 2001
an der Universität Lüneburg
ISBN 3-88864-315-5 • 187 S. • 14 €

**Band 5:**
Günter Altner / Gerd Michelsen (Hrsg.)
**Ethik und Nachhaltigkeit**
Grundsatzfragen und Handlungsperspektiven im
universitäten Agendaprozess
ISBN 3-88864-321-X • Doppelband •
386 S. • 19,50 €

**Band 6:**
Andreas Fischer / Gabriela Hahn (Hrsg.)
**Interdisziplinarität fängt im Kopf an**
ISBN 3-88864-335-X • 187 S. • 14 €

**Sonderband:**
Günter Altner / Gerd Michelsen (Hrsg.)
**Friede den Völkern**
Nachhaltigkeit als interkultureller Aspekt
– Festschrift für Udo Simonis –
ISBN 3-88864-361-9 • 226 S. • 15 €

**Band 7:**
Peter Paulus / Ute Stoltenberg
**Agenda 21 und Universität**
– auch eine Frage der Gesundheit
ISBN 3-88864-356-2 • 2002 • 170 S. • 14 €

**Band 8:**
Rietje van Dam-Mieras / Gerd Michelsen /
Hans-Peter Winkelmann (Eds.)
**COPERNICUS in Lüneburg**
Higher Education in the Context of Sustainable
Development and Globalization
ISBN 3-88864-357-0 • 252 S. • 2002 • 14 €

**Sonderband:** *deutsch/italienisch*
Ute Stoltenberg / Eriuccio Nora (Ed.)
**Lokale Agenda 21/Agenda 21 Locale**
– Akteure und Aktionen in Deutschland und Italien
ISBN 3-88864-307-4 • 293 S. • 16,50 €

**Sonderband:**
Konrad Maier / Gerd Michelsen (Hrsg.)
**Nachhaltige Stadtentwicklung**
Eine Herausforderung für Umwelt-
kommunikation und Soziale Arbeit
ISBN 3-88864-370-8 • 348 S. • 19 €

**Sonderband:** *deutsch/italienisch*
Ute Stoltenberg /Barbara Muraca /Eriuccio Nora
(Ed.)
**Nachhaltigkeit ist machbar**
Das "Schaufenster für eine nachhaltige Entwick-
lung" als innovatives Projekt zur Kommunikation
und Entwicklung von Nachhaltigkeit.
ISBN 3-88864-393-7 • 2005 • 332 S. • 17,80 €

Band 9:
Katina Kuhn / Marco Rieckmann (Hrsg.)
Wi(e)der die Armut?
**Positionen zu den Millenniumszielen
der Vereinten Nationen**
ISBN 978-3-88864-413-9 • 2006 • 219 S. • 14,80 €

**Sonderband:** *deutsch/polnisch*
Ute Stoltenberg / Claudia Emmermann
(Hrsg. / Wydawcy)
**Tradition und Innovation /
Tradycja i innowacja**
Region und Bildung in einer nachhaltigen Entwick-
lung /
Region i edukacja w kontekście zrównoważonego
rozwoju
ISBN 978-3-88864-427-6 • 2007 • 359 S. • 19,80 €

Band10
Gerd Michelsen / Maik Adomßent / Jasmin Gode-
mann (Hrsg.)
**Sustainable University**
Nachhaltige Entwicklung als Strategie und Ziel von
Hochschulentwicklung
ISBN 978-3-88864-450-4 • 2008 • 186 S. • 14 €

## SERIES    Higher Education for Sustainability

**Volume 1**
Maik Adomssent / Jasmin Godemann/
Alexander Leicht/Anne Busch (Eds.)
**Higher Education for Sustainability**
Challenges from a Global Perspective
ISBN 978-3-88864-423-8 • 2006 • 271 S. • 16,80 €

**Volume 2**
Joop de Kraker / Angelique Lansu /
Rietje van Dam-Mieras (Eds.)
**Crossing Boundaries**
Innovative Learning for Sustainable
Development in Higher Education
ISBN 978-3-88864-439-9 • 2007 • 304 S. • 16,80 €

**Volume 3**
Sacha Kagan / Volker Kirchberg (Eds.)
**Sustainability: a new frontier for the arts
and cultures**
ISBN 978-3-88864-440-5 • 2008 • 570 S. • 24,80 €

**Volume 4**
Maik Adomssent / Almut Beringer / Matthias Barth
(Eds.)
**World in Transition: Sustainability**
Perspectives for Higher Education
ISBN 978-3-88864-464-1 • 2009 • 280 S. • 16,80 €

**Volume 5**
Matthias Barth / Marco Rieckmann / Zainal Abidin
Sanusi (Eds.)
**Higher Education for Sustainable
Development: Looking back and moving
forward**
ISBN 978-3-88864-485-2 • 2011 • 180 S. • 14,80 €

**Volume 6**
Aklilu Dalelo
**Environment and Sustainability in
Ethiopian Education System:
A Longitudinal Analysis**
ISBN 978-3-88864-487-0 • 2012 • 108 S. • 12,80 €

**Volume 7**
Ute Stoltenberg / Verena Holz
**Education for Sustainable Development – Eu-
ropean Approaches**
ISBN 978-3-88864-509-9 • 2012 • 206 S. • 17,80 €

**Volume 8**
Maik Adomßent / Insa Otte
**Higher Education for Sustainable Development
in Central and Eastern Europe**
ISBN 978-3-88864-513-6 • 2013 • 150 S. • 14,80 €

# SUSTAINABLE DEVELOPMENT AND MANAGEMENT

## Internationaler Masterstudiengang
## International Master's Programme
## Programa de Maestría Internacional

### Sonderbände

Gerd Michelsen / Marco Rieckmann (Hrsg.)
**Internationaler Masterstudiengang
'Sustainable Development and
Management'**
*Band 1:* Handbuch für den Masterstudien-
gang
ISBN 978-3-88864-441-2 • 2008 • 315 S. • 24,80 €

Gerd Michelsen / Marco Rieckmann (Hrsg.)
**Internationaler Masterstudiengang
'Sustainable Development and
Management'**
*Band 2:* Einführung in nachhaltige
Entwicklung
ISBN 978-3-88864-446-7 • 2008 • 131 S. • 14,80 €

Gerd Michelsen / Marco Rieckmann (eds.)
**International Master's Programme in
Sustainable Development and
Management**
*Volume 1:* Handbook for the Master's
Programme
ISBN 978-3-88864-442-9 • 2008 • 301 S. • 24,80 €

Gerd Michelsen / Marco Rieckmann (eds.)
**International Master's Programme in
Sustainable Development and
Management**
*Volume 2:* Introduction to Sustainable
Development
ISBN 978-3-88864-447-4 • 2008 • 116 S. • 14,80 €

Gerd Michelsen / Marco Rieckmann (eds.)
**Programa de Maestría Internacional
'Sustainable Development and
Management'**
*Volumen 1:* Manual para el Programa de
Maestría
ISBN 978-3-88864-443-6 • 2008 • 313 S. • 24,80 €

Gerd Michelsen / Marco Rieckmann (eds.)
**Programa de Maestría Internacional
'Sustainable Development and
Management'**
*Volumen 2:* Introducción al Desarrollo
Sustentable
ISBN 978-3-88864-448-1 • 2008 • 124 S. • 14,80 €

Ludwigstr. 12 d, 61349 Bad Homburg v.d.H.
Telefon 06172 6811 656 , Fax 06172 6811 657
E-Mail: info@vas-verlag.de, Internet: www.vas-verlag.de

Gerd Michelsen / Horst Siebert / Jan Lilje
**Nachhaltigkeit lernen**
Ein Lesebuch

- ISBN 978-3-88864-484-9
- 2011
- 124 Seiten
- 12,00 €

Gerd Michelsen / Claudia Nemnich
**Bildungsinstitutionen und nachhaltiger Konsum**
Nachhaltigen Konsum fördern und Schulen verändern

- ISBN 978-3-88864-478-8
- 2011
- Materialien 4-farbig im Schuber
- DIN A4
- 49,80 €

Claudia Nemnich / Daniel Fischer (Hrsg.)
**Bildung für nachhaltigen Konsum**
Ein Praxisbuch

- ISBN 978-3-88864-498-6
- 2011
- 140 Seiten
- 4-farbig
- 18,80 €

Gerd Michelsen / Heiko Grunenberg / Horst Rode
**Was bewegt die Jugend?**
Greenpeace – Nachhaltigkeitsbarometer

- ISBN 978-3-88864-500-6
- 2013
- 213 Seiten
- 15,00 €

Ludwigstr. 12 d, 61349 Bad Homburg v.d.H.
Telefon 06172 6811 656 , Fax 06172 6811 657
E-Mail: info@vas-verlag.de, Internet: www.vas-verlag.de